Adrienne Lochte

Sie werden dich nicht finden

Adrienne Lochte

Sie werden dich nicht finden

Der Fall Jakob von Metzler

Droemer

Das auf Seite 20 bis 22 abgedruckte Gedicht »Die Rechenstunde« ist dem Band *Gedichte und Chansons* von Jacques Prévert entnommen, der 1962 beim Rowohlt Taschenbuch Verlag, Reinbek bei Hamburg, erschienen ist.

Die Folie des Schutzumschlags sowie die Einschweißfolie sind PE-Folien und biologisch abbaubar.
Dieses Buch wurde auf chlor- und säurefreiem Papier gedruckt.

Besuchen Sie uns im Internet:
www.droemer.de

Umschlaggestaltung: ZERO Werbeagentur, München
Umschlagabbildung: Mauritius/DDP
Satz: Ventura Publisher im Verlag
Druck und Bindung: Ebner & Spiegel, Ulm
Printed in Germany
ISBN 3-426-27345-4

2 4 5 3 1

»Wenn etwas ist gewaltiger als das Schicksal,
dann ist's der Mut,
der's unerschüttert trägt.«

Wahlspruch der Familie von Metzler
aus dem Buch »Ein Kampf um Rom« von Felix Dahn

Vorwort

Im ersten Moment sah ich mein Gegenüber nur skeptisch an. »Schreiben Sie doch ein Buch über den Fall Jakob von Metzler«, hatte er gesagt. Was gibt es denn über diesen Fall noch zu sagen?, fragte ich mich. Es war im Dezember 2002, und ich war Polizeireporterin der *Frankfurter Allgemeinen Zeitung*. Der Mord an dem Kind prominenter Eltern war zweifellos erschütternd und tragisch, aber der Täter war bekannt, das Opfer gefunden, das Verbrechen gestanden … aber tatsächlich, es gab etwas, das unbeantwortet geblieben war und einen nicht mehr losließ.

Der Kindermörder war ein junger Mann, den wir uns zum Freund oder wenigstens zum Kumpel hätten wählen können, wenn er uns denn über den Weg gelaufen wäre. Ein Magnus Gäfgen hätte uns im Hörsaal begegnen können, in einem Seminar der Rechtswissenschaften, und wir hätten mit ihm gewissenhaft für das Examen gelernt. An einer Bar im Frankfurter Stadtteil Sachsenhausen wäre er ein angenehmer Gesprächspartner gewesen, im Waldstadion hätte man mit ihm für die Eintracht jubeln können. Wir hätten Kinder in seine Obhut gegeben und zugeschaut, wie der Jugendbetreuer einer katholischen Kirchengemeinde mit ihnen herumgetollt wäre …

Als ich mich damals intensiver mit dem Verbrechen zu beschäftigen begann, war der Mord an Jakob von Metzler zwar schon »ein Verbrechen, das unser Vorstellungsvermögen übersteigt« (Oberbürgermeisterin Petra Roth), eines, das »in Frankfurt ohne Beispiel ist« (Polizeipräsident Harald Weiss-Bollandt), dann aber wurde es auch noch zu einem Fall, der einmalig in der deutschen Rechtsgeschichte ist und zu einer bundesweiten, ja sogar internationalen Debatte führte. Im Januar 2003 wandelte sich die Geschichte einer grausamen

Entführung zur »Causa Daschner«, die noch Generationen von Juristen beschäftigen dürfte.

Ich hatte den Polizei-Vizepräsidenten Wolfgang Daschner während meiner Arbeit für die *FAZ* kennen gelernt. In einem Interview zum Umzug der Polizei in das neue Frankfurter Polizeipräsidium hatte ich erlebt, wie sorgfältig er sogar bei diesem meiner Ansicht nach lapidaren Thema jedes Wort prüfte, bevor er es in die Welt entließ. Kontrolliert und korrekt bis in die Haarspitzen, fielen seine Antworten um keine Silbe länger aus als notwendig. Was war geschehen, bevor ausgerechnet dieser Mensch einem Verdächtigen Schmerzen androhte, um ihn zum Reden zu bringen? Wohlgemerkt in vollem Wissen um die Konsequenzen, die eine solche Androhung mit sich bringen würde.

Die Suche nach Antworten schien zunächst aussichtslos. Dafür gab es gute Gründe: Zum einen war ein Ende der Verfahren sowohl gegen Magnus Gäfgen als auch gegen Wolfgang Daschner nicht in Sicht. Insofern gab es weder von Seiten der Staatsanwaltschaft noch der Verteidigung die Bereitschaft, etwas preiszugeben, das über das öffentlich Bekannte hinausging. Zum anderen war der Fall Daschner zu einem Politikum geworden und die Polizei zum Schweigen verdammt. Gegen einige Beamte wurde schon wegen Verrats von Dienstgeheimnissen an einen Reporter ermittelt.

Freunde und Bekannte der Familie von Metzler, Lehrer und Mitschüler von Jakob und Elena wollten zunächst nichts erzählen, um das Leid der Betroffenen nicht zu vergrößern.

Freunde und Bekannte des Täters standen unter Schock, wollten mit ihrem Schmerz allein sein oder in nichts hineingezogen werden. Manche fühlten sich von den Medien ungerecht behandelt.

Obwohl sich das Buch vielleicht streckenweise wie ein Kriminalroman liest: Es beruht auf authentischen Quellen, auf unzähligen Gesprächen mit stark Betroffenen bis hin zu Randfiguren, Besuchen der Gerichtsverhandlungen, Vor-Ort-Recherchen und Informationen aus den Medien. Wenn ich die Fantasie habe spielen lassen, Szenen literarisch beschrieben habe, dann lediglich, um eine Stimmung zu verstärken, eine Atmosphäre zu schaffen, ein Gefühl für eine Situation oder eine Person zu vermitteln – immer auf Grundlage der mir vorliegenden Angaben.

So habe ich zum Beispiel das erste Kapitel »Gewinkt« überwiegend aus der Perspektive von Magnus Gäfgen geschrieben. Natürlich weiß ich nicht, was tatsächlich in ihm vorging, was er dachte und fühlte, aber aufgrund seiner Aussagen vor Gericht über seine Ängste, seine innere Gespaltenheit, bis Jakob auftauchte und winkte, könnte es so gewesen sein. In dem Kapitel »Mittagessen« habe ich die Fantasie am stärksten spielen lassen. Ob Magnus tatsächlich seine Schuhe vor der Tür abgestellt und worüber sich die Familie wirklich unterhalten hat, weiß ich nicht. Die Dialoge in diesem Kapitel sind weitgehend erfunden, aber nur so, dass die Aussagen an den Tatsachen nichts ändern. Auch in diesem Kapitel sind die zugrunde liegenden Fakten sehr genau recherchiert: Magnus fuhr nach dem Verstecken der Leiche zum Mittagessen bei seinen Eltern, er ist Eintracht-Fan, und auch die Atmosphäre, die Beziehungen zwischen den Familienmitgliedern, das Kleinbürgerliche, bis hin zu der Anrede »Lütte« und »Vatter« – all diese Informationen entsprechen den Angaben der Beteiligten ebenso wie alles Biografische.

Erfunden sind auch folgende atmosphärische Kurzdialoge:

- im Kapitel »Jakob« der Einstieg, als sich Frau Fink über Jakobs Fernbleiben vom Unterricht erkundigte,
- das Gespräch zwischen Michaela und Vanessa im Kapitel »Ausgewählt«,
- die Gespräche zwischen Katharina und Magnus Gäfgen

bzw. zwischen Katharina und Susi im Kapitel »Verwarnung«,
- die Begrüßung und das Gespräch zwischen Magnus Gäfgen und Jakob auf dem Weg in die Wohnung von Gäfgen im Kapitel »Ruhe«.

Die Inhalte dieser Dialoge entsprechen jedoch den Tatsachen, lediglich aus stilistischen Gründen, um die Szenen lebendiger zu machen und damit dem Leser näher zu bringen, habe ich hier auf die Dialogform zurückgegriffen. (So berichtete Magnus etwa vor Gericht, er habe auf dem Weg zu seiner Wohnung mit Jakob über dessen Urlaub, seine Lehrer und über Fußball geredet.) Alle Zitate und andere Gespräche sind in Wirklichkeit gefallen bzw. so geführt worden (wie z. B. im Kapitel »Der Maggi? Ach Quatsch!«).

Um die betroffenen Personen zu schützen, habe ich nur die tatsächlichen Namen der Hauptfiguren beibehalten. Vor allem im Falle der Brüder, die Magnus Gäfgen sexuell missbraucht haben soll, schien dies nötig, da die jungen Männer, wie ihre Mutter berichtete, »ein neues Leben« begonnen hatten und um dieses bangten.

Bei aller Akribie in der Recherche wäre es anmaßend, den Anspruch zu erheben, die vollständige Wirklichkeit – sofern es eine solche überhaupt gibt – abzubilden. Ob Magnus Gäfgen beispielsweise wirklich, wie er sagte, vor dem Verbrechen aus Angst geschwitzt und gehofft hat, es möge etwas dazwischenkommen, weiß letztlich nur er allein. Ob sich der Mord tatsächlich so abspielte, wie er es in allen Einzelheiten beschrieb, oder ob der Akt der Tötung nicht auch eine sexuelle Komponente enthielt, wie Kriminalpsychologen vermuten, bleibt ebenfalls sein Geheimnis. Manchmal haben wir keine andere Wahl, als die Wahrheit des anderen zu teilen oder wenigstens hinzunehmen.

Die Recherche dauerte gut anderthalb Jahre, oft brauchte es Monate, das Vertrauen der Beteiligten zu gewinnen. Am Ende war es die Grundidee des Projektes, die sie überzeugte und für die sie sich oftmals weit über meine Hoffnungen und Erwartungen hinaus einsetzten: diesen einen Fall genau anzuschauen, ganz nahe heranzugehen, um im Kleinen etwas zu entdecken, das auch im Großen steckt und uns alle angehen könnte.

Adrienne Lochte, im August 2004

Gewinkt

Als Initiator möchte ich im Namen aller hier unterzeichneten Mithäftlinge unser tiefstes Mitgefühl über das feige und heimtückische Verbrechen an Ihrem Sohn aussprechen. Alle hier Unterzeichneten distanzieren sich von solch grausam-bestialischen Taten, insbesondere an Kindern und Jugendlichen etc.
Butzbach, 01. Okt. 02

(Unterschriften von Häftlingen der Justizvollzugsanstalt Butzbach)

Magnus Gäfgen saß in seinem roten Honda Civic mit Wackelkopfdackel auf der Hutablage und wartete auf das Kind, das er töten würde. Seine Hände hinterließen auf dem Lenkrad feuchte Spuren. Er rubbelte sie mit dem Ärmel seines Pullovers fort und strich sich über die Hose, auch dann noch, als sie längst trocken waren. Er merkte nicht, wie er dabei die Hände immer fester auf den Oberschenkel drückte, wie er die Knie umkrallte und die Fingerspitzen tief in den harten Jeansstoff grub. Durch das Seitenfenster konnte er über die Mörfelder Landstraße hinweg auf eine Shell-Tankstelle sehen. Es gab dort Menschen, die vor eine Zapfsäule fuhren, den Tankverschluss abschraubten und den Schlauch heranzogen, die ihr Auto saugten, die Windschutzscheibe putzten oder einfach nur im Kiosk verschwanden; die ihre ölverschmierten Hände mit einem Papiertuch reinigten und dann ein wenig herumstanden, um die anderen Fahrzeuge zu beäugen. Das alltägliche Treiben schien unwirklich. Beruhigend unwirklich.

Schon einige Male hatte er so dagesessen. Wie oft genau,

hätte er nicht mehr sagen können. Bis zu dieser Stelle, an diesen Punkt, war er allerdings noch nie gekommen. Nun hatte er seinen Platz ziemlich genau in der Mitte des Weges von seiner Wohnung zum Anwesen der Familie von Metzler. Andere Male hatte er in etwa fünf Autominuten Entfernung von diesem Ort gestanden, vor der Carl-Schurz-Schule an der Holbeinstraße, und manchmal stundenlang auf die verrostete schwarze Tür des gelb gekachelten Nachkriegsgebäudes gestarrt. Ob Jakob von Metzler der Nächste war, der herauskommen würde? Allein oder in Begleitung? Und was wäre, wenn er wirklich einmal allein kommen sollte?

Das Klebeband haftete seit Wochen in Streifen geschnitten unter dem Tisch in seiner Wohnung. Jakob war entweder nicht erschienen oder nie allein. Und Magnus war darüber immer auch ein wenig erleichtert gewesen, aus Angst vor dem, was geschehen würde.

Dieses Mal aber war seine Angst davor, dass Jakob womöglich wieder nicht auftauchen oder nicht allein sein würde, größer als alles andere. Er sah sich am Ende. Das Lügengebäude, in dem er seit geraumer Zeit lebte, musste am Montag zusammenbrechen. Gestern hatte er in seinem Postkasten eine Kreditkartenrechnung über 2000 Euro gefunden, mit der er nicht so früh gerechnet hatte. Gestern war Donnerstag, am Montag, wenn sich herausstellen würde, dass er keinen Cent mehr auf dem Konto hatte, sogar ins Minus gerutscht war, wäre alles vorbei. Magnus presste die Fingerspitzen vor die Augen. Es würde auffliegen. Er würde seine Freunde verlieren, mit denen er den Rest seines Lebens verbringen wollte, und mit ihnen Abschied von einer Welt nehmen müssen, die ihm Erfüllung aller Träume war. Ihm schauderte. Zurückkehren, woher er gekommen war?

Zwei Jungen rannten an seinem Wagen vorbei, einer packte den anderen am Ranzen, der schrie, drehte sich einmal wild um sich selbst, schleuderte den Angreifer von sich. Lachte. Der andere taumelte ein paar Schritte, setzte seine Torkelei dann zum Schein noch etwas fort, bis er seinen Kumpel erreicht hatte, und trat ihm johlend gegen das Schienbein.

Was, wenn er das Examen nicht schaffen würde? Magnus fühlte sich alles andere als sicher. Jura hatte ihm eigentlich nie besonders viel Spaß gemacht. Aber vor allem würde damit sein Wunsch zerplatzen, endlich und tatsächlich in einer Kanzlei das große Geld zu machen. Und Katha würde ihn verlassen, eine Frau wie aus einem Traum, von dem er zwar wusste, dass es ein Traum war, den er aber weiterträumen wollte. Alles, alles, was ihm etwas bedeutete, würde er verlieren. Sein Leben würde er verlieren.

Eine junge Frau schob einen Kinderwagen vorbei und zupfte ein bunt verfärbtes Blatt, das der Wind dorthin entführt hatte, von der Decke. Was Katharina wohl gerade machte? Sie war vermutlich mit einer Freundin zum Shoppen in die Stadt gefahren. Schon vorige Woche hatte er keinen Cent mehr auf dem Konto gehabt, eine Rechnung nach der anderen war ins Haus geflattert, und er konnte ihr einfach nicht mehr jeden Wunsch erfüllen. Sie war betrübt, und er hatte schnell versprochen, ihr bald etwas Hübsches zu schenken. Was sie wollte. Schuhe zum Beispiel, die kaufte sie besonders gern. Außerdem hatte er vorgeschlagen, endlich einmal wieder mit ihrer Freundin Susi und deren Freund von der Börse auszugehen. Als er diese Versprechen dann nicht hielt, sie vielmehr Tag um Tag mit Ausflüchten aufschob, war Katharina sauer geworden. Sie nörgelte herum – zu Recht, wie Magnus meinte. Und er hatte Angst bekommen, wie immer, wenn sie unzufrieden war, weil er dieses oder jenes nicht für sie tat. Bei alledem musste Magnus auf einmal vor sich hinlächeln. Im Grunde liebte er es, wenn sie so zickig war, er liebte ihre Art, sich von niemandem etwas gefallen zu lassen, ihre Dickköpfigkeit, überhaupt alles, was sie schwierig machte, übte einen gewissen Reiz auf ihn aus. Zuletzt war sie aber so abweisend, dass sie kaum noch mit ihm sprach.

Magnus rutschte in seinem Sitz auf und ab, schaute auf die

Uhr, schaltete das Radio an, drehte es dann wieder leise, als könnte ihm etwas entgehen, suchte die Straße ab. Nichts, verflucht. Das Hemd klebte an seinem Rücken, er zog es mit spitzen Fingern ein paarmal von sich. In einem sinnlosen Reflex klappte er die Sonnenblende runter und hielt inne, als er in sein Spiegelbild blickte. Man sieht mir ja nichts an, dachte er. Irgendwie erschreckend, derart normal auszusehen, nichts von all dem, was in ihm war, in den Gesichtszügen wiederzufinden.

Er klappte die Blende weg – und sah Jakob.

Eine schier endlose Sekunde versank die Welt in vollkommener Stille. Dann begann es in ihm zu toben: Ich kann das nicht, ich will das nicht, und zugleich: Du musst. Jetzt sind zwei Wochen Ferien, das ist die letzte Chance. Wie gelähmt, wie eingeklemmt im Widerspruch saß er im Wagen, unfähig, seinen Blick von dem Jungen zu wenden. Da entdeckte Jakob ihn. Und winkte.

Jakob

Liebe Familie Metzler, lieber Jakob!
Als ich noch kleiner war, bin ich immer an Ihrem Haus mit meinen Großeltern vorbeigefahren. Zu der Zeit war ich ca. 3 bis 4 Jahre alt. Sie erzählten mir immer, dass dort ein Prinz, der sehr fröhlich und zufrieden sei, leben würde. Als ich Jakob in meiner Schule gesehen habe, sah er sehr fröhlich und zufrieden aus. Irgendjemand sagte mir dann, dass Jakob in diesem Haus wohnen würde. Erst dachte ich, dass meine Oma mich »reinlegen« wollte, indem sie sagte: »Dort wohnt ein glücklicher Prinz«, doch als ich traurig von seinem Tod erfuhr, kam mir immer sein glückliches Gesicht in Erinnerung, und so weiß ich, dass er wirklich ein Prinz war.

Ein Mädchen aus Jakobs Schule,
aus dem Erinnerungsbuch der Carl-Schurz-Schule

Frau Fink saß auf der Kante des Lehrerpultes und holte tief Luft. »Andreas, nun ist gut. Setz dich auf deinen Platz, du kannst Stefan später in der Pause alles erzählen.« Der Junge verdrehte die Augen, klopfte seinem Kumpel auf die Schulter und trollte sich betont langsam zu seinem Tisch. »Und du, Gregor, leg den Fußball weg. In der Ecke dahinten ist er gut aufgehoben. Da wird ihn schon keiner wegnehmen.« Die Klassenlehrerin seufzte, lächelte dann aber. Immer dasselbe. Nach den Ferien waren die Kinder kaum zu bändigen. Und am schlimmsten war die erste Stunde nach den Sommerferien. Sechs lange Wochen hatten sich die Jungen und Mädchen nicht gesehen, aber jede Menge erlebt. Das musste hinausposaunt werden. In ihrer »6e« war die Wiedersehensfreude besonders groß, weil sich die meisten Kinder schon seit dem ersten Schultag kannten. Sie waren gemeinsam in dieselbe Grundschule gegangen, die Textorschule in Sachsenhausen, und hatten dort eine bilinguale Klasse besucht, in der die Lehrer auf Französisch und Deutsch unterrichteten. Das hatte sie zusammengeschweißt.

Langsam kehrte Ruhe ein. Frau Fink griff nach dem Klassenbuch, schlug es auf und begann die Anwesenheit ihrer Schutzbefohlenen zu überprüfen. »Jakob von Metzler?« – »Der kommt etwas später«, rief einer der Knirpse. – »Und warum?« – Der Angesprochene kratzte sich an seiner Igelfrisur. »Äh ... hab ich jetzt vergessen«, grinste er und errötete. Frau Fink zog leicht die Augenbrauen hoch, aber ihre Mundwinkel zuckten. »Soso ...« Zwanzig Minuten später klopfte es leise, und ein Junge mit wuscheligen blonden Haaren trat ein. Er wirkte winzig, ja zart und zerbrechlich unter seinem Schulranzen und hielt den Kopf gesenkt. Kein »Guten Morgen« oder »Entschuldigen Sie die Verspätung« kam ihm über die Lippen. – »Da ist er ja, unser Jakob«, entfuhr es der Lehrerin. Der Ausruf hatte einen so zärtlichen Unterton, dass einer der Knirpse kicherte. Jakob hob kurz den Kopf und strahlte, wobei seine übergroßen Schneidezähne aufblitzten. Und da begann die Klasse zu klatschen und hörte erst wieder auf, als der Junge wie auf Zehenspitzen an der Lehrerin und seinen Kameraden vorbei an seinen Platz geschlichen war.

Frau Fink war über sich selbst erstaunt, aber Jakob rührte sie. Der Junge war nicht nur einen Kopf kleiner als die anderen Kinder seines Alters, er reichte auch mit seinen schulischen Leistungen bei weitem nicht an die Spitzenschüler heran. Jakob musste um seine Noten kämpfen, sich quälen, um überhaupt mithalten zu können. Schon in der ersten Klasse hatte er über die Sommerferien sämtliche Buchstaben wieder vergessen, und er bekam nach der Grundschule keine Empfehlung für das Gymnasium. Dennoch hatte Frau Fink es gutgeheißen, ihn an der Carl-Schurz-Schule aufzunehmen. Sie hielt ihn für einen Spätzünder und war sicher, dass er sich im Laufe der Zeit entwickeln würde. Die Lehrerin hatte mit ihrer eigenen Tochter ähnliche Erfahrungen gemacht – und Recht behalten. Auch Jakobs ältere Schwester Elena, die ebenfalls in die Carl-Schurz-Schule ging, war nach anfänglichen Schwierigkeiten eine richtig gute Schülerin geworden.

Jakob wollte unbedingt mit seinen Freunden zusammenbleiben, die er vom ersten Schultag an kannte. Seine Klassenlehrerin hatte häufig das Gefühl, dass diese für ihn das Wichtigste waren und er sich eigentlich nur um gute Noten bemühte, um bei ihnen bleiben zu können. Die Geborgenheit, die Jakob in dieser Gemeinschaft fand, war wichtiger für ihn als alles andere, so schien es ihr. Wie viel Verzicht leistete er dafür auf seinen geliebten Fußball. Die Carl-Schurz-Schule in Sachsenhausen stellte hohe Anforderungen an die Kinder, die aus allen gesellschaftlichen Schichten kamen. Der Direktor des Gymnasiums wehrte sich zwar gegen den Ruf, einer »Paukschule« vorzustehen, da ihm in diesem Begriff das soziale Engagement zu kurz kam, auf das er mindestens so viel Wert legte wie auf Leistung, doch die Schwerpunkte, die er setzte, sprachen für sich: Französisch war Eingangssprache, der Unterrichtsplan stark geprägt von Naturwissenschaften, und er ließ begabten Kindern eine anspruchsvolle Musikausbildung zuteil werden.

Jakob war gut in Sport. In der Schule bewies er das vor allem bei Ballspielen. Es entsprach seinem Naturell, dauernd herumzuwuseln, entsprechend schwer fiel es ihm, still zu sitzen und sich zu konzentrieren. Er dachte auch nicht gern um mehrere Ecken. Zu Beginn des Schuljahres beschäftigte sich die Klasse mit Fabeln. Sie waren gefordert, den hinter der Bildebene verborgenen Sinn herauszufinden, was die Fähigkeit zur Abstraktion voraussetzte. Diese Metasprache erfasste Jakob nicht, stellte Frau Fink dabei fest. Der Junge versank in der Fabelwelt, nahm sie für wahr, für gegeben hin.

Jakobs Naivität war so entwaffnend, dass er viele Fürsprecher in der Klasse fand, die ihn verteidigten, wann immer es geboten schien. Seine Klassenkameraden wussten, wie schwer Jakob das Lernen fiel, und sie freuten sich, wenn seine Leistungen doch noch im grünen Bereich lagen. Umgekehrt freute sich Jakob über die Erfolge der anderen und bestärkte sie darin. Er bewunderte seine Freunde, den Gregor für sein schauspielerisches Talent und den Mut, unbefangen vor Menschen aufzutreten, Stefan und Cedrick für ihr Geschick im Fußball und Andreas für seine große Klappe.

Wenn Jakob sich meldete, schob er den Finger nur sehr zaghaft in die Luft und ließ ihn auf halber Strecke stehen. Die Klasse hielt die Luft an. Meist aber rutschte er auf seinem Stuhl herum und war mit seiner Aufmerksamkeit dort, wo getuschelt wurde. Wenn alles seinen gewohnten Gang ging, schaute er gedankenverloren aus dem Fenster oder gähnte. Sprach ihn die Lehrerin an, dann war es ihr oft, als risse sie den Jungen aus einem Traum. Auch bei der Führung seiner Hefte war Jakob mit den Gedanken anderswo, Frau Fink fand Notizen aus dem Erdkundeunterricht in seinem Vokabelheft. Irgendwann wollte sie mit ihm darüber sprechen. Sie bat ihn, nach der Stunde noch kurz zu bleiben. Jakob kam auch artig auf sie zu und stand neben ihr am Tisch. Die Lehrerin bückte sich zu ihrer Tasche, um ein Taschentuch hervorzuholen, murmelte etwas von einer Sekunde Geduld, doch als sie wieder auftauchte, war der Junge weg. Er ist nicht greifbar, flutscht einfach davon, ging es ihr durch den Kopf, und ein Gedicht des französischen Dichters Jacques Prévert fiel ihr ein, das sie fortan mit Jakob verbinden würde:

Rechenstunde

Zwei und zwei sind vier
Vier und vier sind acht
Acht und acht sind sechzehn

Wiederholen! Sagt der Lehrer
Zwei und zwei sind vier
Vier und vier sind acht
Acht und acht sind sechzehn
Aber da fliegt der Wundervogel
Am Himmel vorbei
Das Kind sieht ihn
Das Kind hört ihn
Das Kind ruft ihn
Rette mich
Spiel mit mir
Vogel!
Da schwebt der Vogel nieder
Und spielt mit dem Kind
Zwei und zwei sind vier …
Wiederholen! Sagt der Lehrer
Und das Kind spielt
Der Vogel spielt mit ihm
Vier und vier sind acht
Acht und acht sind sechzehn
Und wie viel sind sechzehn und sechzehn?
Sechzehn und sechzehn sind nichts
Und erst recht nicht zweiunddreißig
Denn das gibt ja keinen Sinn
Also schwinden sie dahin
Und das Kind hat den Vogel
In seinem Pult versteckt
Und alle Kinder
Hören sein Lied
Und alle Kinder
Hören die Musik
Und nun verschwinden auch die acht und acht
Und die vier und vier und die zwei und zwei
Trollen sich
Und eins und eins sind weder eins noch zwei

Eins ums andre ziehn sie ab
Und der Wundervogel spielt
Und das Kind singt
Und der Lehrer schreit:
Wann hört ihr endlich mit dem Unsinn auf?
Aber alle Kinder
Horchen auf die Musik
Und die Wände des Klassenzimmers
Sinken friedlich ein
Und die Fensterscheiben werden wieder Sand
Die Tinte wird wieder Wasser
Die Pulte werden wieder Bäume
Die Kreide wird wieder Felsen
Der Federhalter wird wieder Vogel.

Nach Jakobs Tod fragte sich Frau Fink, ob Jakob, wenn er sich denn allen Wünschen entsprechend entwickelt hätte, nicht sehr traurig gewesen wäre.

Unwillkürlich musste auch der Kunstlehrer häufig über den etwas zu kleinen Jungen nachdenken. Er fragte sich, warum, denn Jakob war unauffällig. Der Schüler grölte nie herum und gehörte nicht zu jenen Rabauken, denen er dauernd die Bälle abnehmen musste. Er versuchte auch nie, sich in den Vordergrund zu schieben, »irgendeinen Käse zu machen«, um aufzufallen, und hatte dennoch seine feste Position in der Klasse. Im Kunstunterricht meldete er sich selten zu Wort, und was er in Arbeiten zu Papier brachte, war mittelmäßig, aber aus seinen Bildern und aus der Art, wie er malte, meinte der Kunstlehrer einiges über Jakob lesen zu können, was ihn von den meisten anderen Kindern unterschied. Jakob ging locker mit Arbeitsaufgaben um. Er malte nicht sorgfältig vor, sondern frei drauflos und war mit seinen Werken meist schneller fertig als die anderen. Kritisch betrachtet arbeitete Jakob schlampig, wohlwollend beurteilt führte er Stift und Pinsel leger, nicht mit der

Zunge im Mundwinkel. Bei allen Freiheiten, die er sich herausnahm, verletzte er aber nie die Grenzen des Themas.

Der Lehrer beobachtete häufig, dass die Schüler herauszufinden versuchten, was er wolle, bevor sie sich an die Arbeit machten – Magnus Gäfgen, so erinnerte er sich später, war auch einer von jenen gewesen. Jakob hingegen besaß die selbstverständliche Sicherheit, etwas eigenständig zu entwickeln. Er strahlte eine Souveränität aus, sinnierte der Kunstlehrer, wie sie vielleicht nur jemand in sich trug, der eine Familie im Rücken hatte wie die von Metzlers – eine Bankiersfamilie mit Tradition, die zu den ersten und einflussreichsten Familien der Stadt zählt und großes Ansehen genießt.

Es gehörte zu den geheimen Höhepunkten im Frankfurter Gesellschaftsleben, wenn Jakobs Vater, Friedrich von Metzler, im Namen seiner Privatbank in das Landhaus am Stadtrand von Frankfurt einlud, und er versammelte Freunde, Bekannte und Geschäftspartner häufig und gern um sich in der Villa, deren Säle nicht nur repräsentativ, sondern auch gemütlich in Biedermeier eingerichtet sind.

Das Bankhaus, das Friedrich von Metzler in der elften Generation führt, ist die älteste deutsche Privatbank in permanentem Familienbesitz. Als sich die ersten Metzlers in Frankfurt niederließen und mit einem Tuchhandel im Geschäftsleben der Stadt Fuß fassten, war der Dreißigjährige Krieg gerade zu Ende. Jakob hatte Vorfahren, die gemeinsam mit Johann Wolfgang Goethe Schlittschuh auf dem zugefrorenen Main gelaufen waren; ein Ahne hatte das Haus gekauft, in dem Goethe mit seiner späteren Verlobten Anna Elisabeth Schoenemann, genannt »Lili«, zusammengetroffen war. Andere von Jakobs Vorfahren hatten sich um die Stadt in öffentlichen Ämtern verdient gemacht, auch als Bürgermeister. Das »von« in seinem Namen hatte der Junge seinem Urgroßvater Albert von Metzler zu verdanken, der 1901 von Preußen in den erblichen Adelsstand erhoben wurde, weil er öffentliche

Angelegenheiten sowohl der Stadt als auch des preußischen Staates engagiert vertreten hatte.

Eine starke und prägende Persönlichkeit war auch Jakobs Urgroßmutter »Mia« gewesen. Sie galt bis zu ihrem Tod als Oberhaupt der Familie. Bezeichnend für sie ist eine Szene aus dem Zweiten Weltkrieg: Als die damalige Villa der Metzlers am Schaumainkai, die zu den prächtigsten der Stadt gehörte, bei einem der beiden Märzangriffe 1944 völlig zerstört wurde und »Mia« nach der Entwarnung mit ihrem treuen Diener aus dem Keller kam, waren ihre ersten Worte: »Josef, wo empfangen wir denn jetzt?«

Die Geschichte des langen Sterbens der Bankhäuser – in der Blütezeit im Deutschen Reich hatte es etwa 2500 gegeben, 1997 waren es noch 59 – hatte das Haus Metzler mit etwa einem Dutzend anderer überlebt. Friedrich von Metzler hielt die unauffällige kleine, aber feine Privatbank in der Frankfurter Innenstadt zwischen Commerzbank-Turm und Japan-Tower auf Erfolgskurs. Wie seine Vorgänger wich er niemals von einem Grundsatz ab, den die Metzlers über Jahrhunderte sowohl in der Familie als auch im Unternehmen verfolgten: Unabhängigkeit bewahren.

Wer das Bankhaus besucht, wird von einem Etagenpförtner in schwarzem Anzug und Weste in Empfang genommen und in ein Zimmer im Stile eines englischen Landhauses geleitet, in dem es so still ist, dass der Gast leicht vergessen kann, mitten in der City zu sein. Ein weicher, hellblauer Teppich verschluckt den Schritt, auf einem glänzend geschliffenen antiken Tisch warten Kekse aus dem Feinkostladen und silberne Kännchen mit Kaffee und Tee; in einer Vitrine stehen, einzeln angestrahlt, historische Wertpapiere, vor dem Fenster lädt ein in Pastelltönen gestreiftes Sofa zum Verweilen ein. Notizblöcke des Bankhauses liegen auf einem Beistelltisch exakt übereinander, daneben Bleistifte, alle gespitzt und gleich lang. Wartende können sich in alte Stiche, die die Stadt Frankfurt abbilden, vertiefen, acht Stück hängen davon an der Wand, und wenn Friedrich von Metzler kommt, wird er auch das Gemälde gern von der Wand nehmen und ausführlich erklären, welcher seiner Ahnen darauf porträtiert ist.

Der Privatbankier fährt einen zwölf Jahre alten Audi, und er trägt immer die gleichen grauen Anzüge, »so dass es auffällt, wenn ihm seine Frau hin und wieder ein etwas peppigeres Hemd kauft«, wie ein Mitarbeiter erzählt. Auf Führungskräftetagungen in der Bank lässt er auch schon einmal Würstchen und Bohnensuppe servieren, bei Partys in der Villa die Gäste an Gartentischen sitzen. Zum Skifahren geht es dorthin, wo tausend andere auch hinfahren, und gemeinsam mit seiner Frau hat er sich bewusst gegen Eliteschulen oder Internate entschieden. Die Kinder wollten das nicht, und sie sollten normal aufwachsen.

Er habe Interesse am Charakter und am Wissen eines Menschen, sagt Friedrich von Metzler von sich selbst. Freundliche Gelassenheit verbreitet er, seine Augen wirken wach und strahlen Wärme aus. Sie passen im Grunde gar nicht zu dem ebenso kühlen wie harten Geschäft, in das er hineingewachsen ist. Aber über den Tellerrand hinausschauen – das war schon immer ein erklärtes Anliegen seiner Vorfahren, die sich, der Frankfurter Bürgertradition verhaftet, häufig für die Belange der Stadt einsetzten. Mitglieder der Familie von Metzler zitieren gern die Worte Henry Fords II., der einst sagte: »Ein Unternehmen, das nur Geld verdient, ist ein armes Unternehmen.«

So kam das Bankhaus Metzler als erstes auf die Idee, der Goethe-Universität eine Gastprofessur für internationale Finanzwirtschaft zu stiften. Großzügig erwies sich die Familie auch zum 325. Geburtstag ihres Unternehmens: Im Jahr 1999 beschenkte das Bankhaus die Kultureinrichtungen seiner Heimatstadt mit zwei Millionen Mark, forderte sie aber gleichzeitig zu mehr Eigenleistung heraus, indem es ihnen nur die Hälfte der Summe sofort auszahlte, die andere erst, nachdem die Museen ihrerseits mindestens eine weitere Million

Spendengelder gesammelt hatten; rund sieben Millionen kamen auf diese Weise zusammen.

Anlässlich der Jubiläumsfeier bekam auch die Mutter von Jakob, Sylvia von Metzler, eine neue Aufgabe: Sie übernahm die Schirmherrschaft für die im Bankhaus geborene Initiative »Mehrwert – Lebenswert«, mit der soziale und karitative Projekte in ganz Deutschland mit zwei Millionen Mark unterstützt werden. Damit kümmerten sich Jakobs Eltern, Mitarbeiter und Angehörige der Bank um sterbende Kinder eines Hospizes in Olpe, um junge Straftäter in einem Heim in Welschbillig, die auf dem freien Markt kaum eine Chance hätten, sowie um weitere Einrichtungen, die für Behinderte, hilflose Mütter mit ihren Kindern und Süchtige sorgten; durch die Unterstützung eines Arbeitslosencafés in Dreieich bei Frankfurt hofften sie, den Betroffenen neues Selbstvertrauen geben zu können. Auch Jakob wollte wie die Großen einmal einen Beitrag leisten, und so begleitete er seine Tante Barbara, die er besonders gern hatte, ins Städel-Kunstmuseum. Die Schwester Friedrich von Metzlers hatte als Vorsitzende des Museums die Restaurierung des Gebäudes angeregt und gefördert und der Einrichtung auch namhafte Mittel aus ihrem Privatbesitz gespendet, ohne dass dies in der Öffentlichkeit bekannt wurde. Jakob hatte sein Sparschwein unter dem Arm und schüttete im Foyer sein erspartes Taschengeld in einen Spendentopf.

Nichts lag der Familie von Metzler ferner als sich abzuschotten, lieber öffnete sie das schmiedeeiserne Tor zu ihrem Anwesen an der Mörfelder Landstraße in Sachsenhausen. An einem Tag im Juni 2002, es war ein Sonntag, hatte sie Jakobs Klasse und die Eltern der 33 Schüler zu einem Sommerfest eingeladen. Bis in den Abend hinein bewirteten sie ihre Gäste und freuten sich, dass Jakob sich im Kreise seiner Freunde wohl fühlte, obwohl der Kleine als Co-Gastgeber manchmal peinlich berührt zu sein schien, weil Lehrer, Eltern und

Klassenkameraden aus ihrer Dankbarkeit für den gelungenen Tag keinen Hehl machten. Die Kinder tollten durch den großen Park, spielten Fußball und Verstecken auf dem Gelände, das von alten Buchen bewachsen – woher das Haus auch den Namen »Hohenbuchen« hat – und von Wänden aus Rhododendren und Azaleen durchzogen ist; sie planschten im Pool und führten Sketche eines französischen Komikers auf. In einem der Stücke, *Le Plombier* (Der Handwerker), unterhielt Jakob das Publikum gemeinsam mit seinem Freund Gregor. Er spielte einen Papageien, der einen Handwerker – Gregor – zur Verzweiflung treibt, indem er ihm unzählige Male die Frage »Qui est-ce?« entgegenkrächzt. Immer wieder antwortet der Malträtierte der Stimme, die sich ihm als Person nicht zu erkennen gibt, mit »Le plombier«, bis er vor Erschöpfung zusammenbricht. Der Hausherr findet schließlich den Darniederliegenden und ruft erschrocken: »Qui est-ce?« – Der Papagei gurrt: »Le plombier.«

Jakob würde in dieser einfachen Papageienrolle, die er einige Male spielen musste, vielen in Erinnerung bleiben. »›Qui est-ce?‹, hast du auf der Einschulungsfeier für die neuen Fünftklässler immer wieder in der Rolle als Papagei so lustig und fröhlich gesagt. Der Schalk und die Lebenslust, die Begeisterung hat nur so gesprüht. Doch dieses Lachen und vor allem deine Fröhlichkeit hat für immer Spuren hinterlassen, die nie vergessen werden. Bestimmt ist dort, wo du jetzt bist, auch deine Fröhlichkeit so ansteckend wie hier auf der Erde«, schrieb ein Ehepaar ihm zum Abschied. Ein Mädchen aus einer Klasse über ihm wandte sich mit ähnlichen Worten an ihren ermordeten Mitschüler: »Deinen Auftritt als Papagei werde ich nie vergessen. Ich werde dich so in Erinnerung behalten, wie du auf der Bühne warst.«

Seinen wirklich großen Auftritt, über den die Zuschauer sich amüsierten, weil er so von keinem Regisseur geplant war, aber letztlich alle Aufmerksamkeit auf sich zog, hatte Jakob in dem Musical »Der kleine Prinz«, an dem Schüler aus allen Klassenstufen mitwirkten. In der Geschichte, in der es um Freundschaft geht, darum, sich einem anderen behutsam zu nähern und für dieses Wesen Verantwortung zu übernehmen, in diesem Märchen, in dem sich schließlich der Fuchs von seinem neuen Freund mit dem einfachen Geheimnis verabschiedet: »Man sieht nur mit dem Herzen gut. Das Wesentliche ist für die Augen unsichtbar«, spielte Jakob eine winzige Nebenrolle, die es im Original nicht einmal gab. Er sang im Chor. Der Musiklehrer hatte aus dem Buch »Der kleine Prinz« von Antoine de Saint-Exupéry ein Musical gemacht und die Melodien dazu selbst komponiert. Bei der Aufführung am 1. März 2002 war die Aula der Carl-Schurz-Schule bis auf den letzten Platz gefüllt.

Jakobs Freund Gregor spielte die Hauptrolle, Jakob selbst betrat während des Stückes ein einziges Mal die Bühne, in einer Szene, die der Musiklehrer frei erfunden hatte. Er kam nicht einmal allein daher, sondern mit sieben anderen. Während die Übrigen zügigen Schritts in einer Reihe aufmarschierten, fiel er in Galopp und piekste seinen Vordermann in den Rücken. Mit den anderen Kindern ließ er sich nieder und beäugte einen Mitschüler, der in dunklem Talar, offenbar als Lehrer verkleidet, und mit gebeugtem Rücken hektisch vor ihnen auf und ab lief. Ein Mädchen aus der Reihe musste sich erheben und bekam eine »6« verpasst, die so groß war, dass sie von dem weißen Papier bis ans Ende des Zuschauerraumes strahlte. Ein anderer Junge aus der Reihe beendete das Gebaren des unseligen Pädagogen, indem er ihn mit einer zusammengerollten Zeitung niederschlug. Da war Jakob blitzschnell auf den Beinen, um den Ohnmächtigen aufzuheben und fortzutragen.

Den Rest der Aufführung saß er neben seinem Freund Cedrick im Publikum vorne, ganz dicht am Geschehen, dort, wo das spärliche Licht von der Bühne auch noch ein wenig auf ihn fallen konnte.

Jakobs eigentlicher Auftritt begann, als der Auftritt der anderen beendet und keiner mehr geplant war. Als sich alle noch einmal auf der Bühne versammelten, um den Applaus entgegenzunehmen, stand er inmitten der Kinderschar, von den Großen verdeckt, in der zweiten Reihe und klatschte und klatschte und klatschte. Er streckte dazu die Arme in die Höhe, damit wenigstens diese zu sehen waren, begann zu hüpfen und steckte ein Mädchen neben sich an, das ebenso klein war wie er. Gemeinsam mogelten sie sich außen an den Vorderen vorbei, spendeten den Hauptpersonen eine Weile Beifall vom Rande, zogen sich wieder zurück auf ihren Platz im Hintergrund. Während die anderen Darsteller artig und würdevoll stehend den Applaus entgegennahmen, winkte ein Händepaar über ihren Köpfen unermüdlich, bis sich die Körperwand, die den Rest des Jungen verdeckte, unwillkürlich öffnete und Jakob durchschlüpfen konnte. Ganz nach vorn.

Da stand er nun, neben dem König, winkte mit dem rechten Arm, mit dem linken, klatschte, hob beide Arme in die Höhe, hüpfte und warf Kusshände. Jemand drückte ihm im Vorbeigehen eine Rose in die Hand. Dann betrat der Schuldirektor die Bühne und es wurde still. »Ich habe an diesem Abend leider auch etwas Trauriges zu verkünden«, hob er an. »Es heißt nämlich Abschied nehmen.« Er wandte sich dem Musiklehrer zu, der neben ihn getreten war. »Herr Dr. Schiller wird uns verlassen. Er hat eine Professur in Dresden bekommen.« Während er weitersprach, wandte sich Jakob immer wieder zu den Kindern hinter ihm, drehte seine Rose gedankenverloren in der Hand, machte O-Beine, stand wieder gerade. Beim Abgesang legte er sich, die Arme wieder in die Höhe gereckt, nach rechts und nach links, winkte mit dem ganzen Körper, bis alle es ihm nachtaten.

»Es wird aussehen, als wäre ich tot, aber ich bin nicht tot«, hatte der kleine Prinz zum Schluss gesagt. »Wenn du getröstet sein wirst, wirst du froh sein, mich gekannt zu haben. Ich werde auf einem Stern wohnen und von dort herunterlachen und wenn du nachts den Sternenhimmel betrachtest, so wird es sein, als ob alle Sterne lachten.« An dieser Stelle hatte das Orchester geschwiegen und nur der Chor ganz ehrfürchtig gesungen.

Der Vorhang schloss sich.

Als alle schon verdeckt waren, schlüpfte Jakob hindurch, winkte ein letztes Mal und lief von der Bühne.

Freunde

Du bist anders als ich, und ich bin anders als du. Gehen wir aufeinander zu, schauen uns an, erzählen uns dann, was du gut kannst, was ich nicht kann. Was ich so treibe, was du so machst, ob du Angst spürst bei Nacht, welche Sorge ich trag, welche Wünsche du hast, welche Farben ich mag, was mich traurig stimmt, was mir Freude bringt. Und plötzlich erkennen wir – waren wir blind? –, dass wir uns innen äußerst ähnlich sind.

»Du und ich« von Karlhans Frank,
Widmung einer Mitschülerin Jakobs
im Erinnerungsbuch der Carl-Schurz-Schule

Jakob saß kerzengerade im Bett und sah sein neues Au-pair-Mädchen mit aufgerissenen Augen an: »Was machst du da?« Nathalie hatte ihm einen Gute-Nacht-Kuss auf sein Haar gedrückt. Die junge Französin lächelte den erschrockenen Jungen an. »Das machen alle so in Paris«, sagte sie beschwichtigend und zwinkerte ihm noch einmal zu, bevor sie seine Zimmertür hinter sich schloss. Einige Wochen später küsste Jakob seine Freunde zur Begrüßung.

Nathalie hatte den Jungen vom ersten Augenblick an in ihr Herz geschlossen und sich vorgenommen, dem Nesthäkchen der Familie, das an seine älteren Geschwister Elena und Franz noch lange nicht heranreichte, zu zeigen, wie wichtig es war. Die beiden Großen gingen schon auf Partys oder zogen abends mit Freunden durch die Stadt, was dem jüngsten Spross der Metzlers noch nicht vergönnt war. Er musste oft zu Hause bleiben, während all die anderen Erwachsenen unterwegs sein durften, und fühlte sich wie das Kleinkind der Familie. Nathalie versuchte ihn auf ihre Weise zu trösten. »Wenn du älter wärest, würde ich dich heiraten«, erzählte sie dem Jungen immer wieder, und dieses Kompliment einer echten Frau schien Jakob aufzumuntern.

Eines Tages wollte das Au-pair-Mädchen ihrem Schützling eine besondere Freude machen. Sie organisierte eine Faschingsparty für den Jungen, ohne dass er davon wusste. Unter fadenscheinigen Gründen hielt sie ihn an dem Tag oben in seinem Zimmer, bis die Gäste versammelt waren. Als Jakob die Treppe herunterstieg und all seine Freunde in den bunten Kostümen sah, konnte er zuerst kein Wort herausbringen. Dann sagte er leise: »Und das alles für mich.«

Das Haus der Metzlers war so groß, dass für eine Cocktailparty mit 150 Personen kein Möbelstück verschoben werden musste. In der Villa lebten auch Freunde der Familie, die eigenen Beschäftigungen nachgingen, sich aber zwischendurch immer wieder einmal an einem Tisch in der Küche trafen, an dem elf Personen Platz fanden. Wer gerade Lust und Zeit zum Plaudern hatte, ließ sich dort nieder. Am Wochenende verfiel das Haus aber meist in Stille. Jakob hasste es, allein durch die Gänge zu wandeln, und Nathalie hatte es auch lieber gesellig.

Eines Tages lernte sie über Jakobs Schulfreund Gregor dessen Mutter kennen, Anne Verlinden, eine gebürtige Belgierin. Seit einiger Zeit lebte sie von ihrem Mann getrennt, und Gregor litt darunter nicht nur, wenn er nach Hause kam und den leeren Parkplatz sah; es graute ihm auch vor Sonntagen. Die beiden Frauen freundeten sich an und mit ihnen die Kinder. Jakob bekam durch Gregor das Gefühl, gebraucht zu werden. Nur er wusste, wie sehr sein Freund, der überall als stark und erfolgreich galt, unter der Abwesenheit seines Vaters litt. Jakob genoss es, für den anderen da sein zu dürfen und zu spüren, wie gut es ihm tat. Gregor sprach mit niemandem über seinen Vater, er war ehrgeizig in der Schule und trieb extrem viel Sport. Zu Hause war er dreisprachig aufgewachsen, seine Mutter hatte mit ihm auch Französisch, sein Vater, der aus Großbritannien kam, auch Englisch gesprochen. Überall war er der Erste und Beste, während sein Gefährte alle Kräfte aufbieten musste, um mitzuhalten. Dennoch schien Jakob niemals neidisch zu sein und Gregor teilte, sobald er zu Hause eintraf und eine Klassenarbeit zurückbekommen hatte, als Erstes mit, wie die Prüfung für seinen Kameraden ausgegangen war. Es tat ihm leid, wenn sein Freund nicht sonderlich gut abgeschnitten hatte, und dann übten sie gemeinsam. Da Gregor sogar im Musikunterricht glänzen wollte, griffen sie mittwochnachmittags hin und wieder sogar zur Blockflöte, um sich auf die Stunde am nächsten Tag vorzubereiten. Einer traf die Töne weniger als der andere, musste Frau Verlinden dabei stets aufs Neue erleben. Nach Jakobs Tod war Gregor fast zwei Monate lang kaum ansprechbar. Er lief durch das Haus und flötete.

Jakob machte auf Frau Verlinden stets den Eindruck eines fröhlichen und unkomplizierten Kindes. Wie ihr Sohn begeisterte er sich für Fußball und trainierte manchmal auch in dessen Mannschaft in Walldorf mit. Dass der kleine blonde Junge der Sohn der Familie von Metzler war, erfuhr der Trainer erst, als das Verbrechen durch alle Medien ging. Stundenlang kickten die Kinder im Wohnzimmer der großzügigen Maisonettewohnung der Verlindens in Mörfelden-Walldorf mit einem Softball. Manchmal besuchten sie auch ein Spiel »ihrer« Eintracht, und da die Familie von Metzler die Frankfurter Mannschaft sponserte, konnten die Jungen von VIP-Plätzen aus beobachten, was ihre Helden auf dem Platz vollbrachten.

Irgendwann einmal präsentierte Jakob stolz ein paar neue Laufschuhe. Ein paar Tage später schlenderte Gregor mit Schulkameraden durch ein Frankfurter Sportgeschäft und stellte dabei fest, dass Jakobs »Laufschuhe« tatsächlich Aerobicschuhe waren. Die Kinder amüsierten sich köstlich, was den Besitzer des Fußwerks aber nicht im Mindesten irritierte:

Er trug, was ihm gefiel. An Klamotten am liebsten die Marke »Ralph Lauren«, seine Eltern kauften ihm die teuren Hemden nur zu besonderen Anlässen. Trotzdem trug Jakob das eine oder andere Designerstück und hatte dafür auch eine etwas sonderbare Erklärung, die in ihrer Ernsthaftigkeit für Belustigung sorgte: »Ich habe ja so ein Glück, einen großen Bruder zu haben. Ich kann die ganzen alten Sachen tragen.«

Frau Verlinden staunte manchmal, wie einfach dieses Kind glücklich zu machen war. Es konnte sich riesig freuen, wenn Gregor ihm Reste eines seiner Lieblingsgerichte – kleine Pfannekuchen, gebraten in ganz viel Fett – als Pausensnack gab: Da hatte jemand etwas für ihn gemacht, an ihn gedacht. Das war es offenbar, wonach ihn ständig hungerte. Wenn Gregor oder seine zwei Jahre jüngere Schwester quengelten, weil sie ins Kino oder Eis essen gehen wollten, und Jakob spürte, dass dies der Mutter ungelegen kam, schlug er vor, doch lieber zu spielen. Solange Jakob mit anderen Menschen zusammen sein konnte, war er zufrieden. Er half gern beim Kochen, deckte ohne zu murren den Tisch und fügte sich in jede Gemeinschaft ein. Jakob kannte auch keine Berührungsängste, sondern fuhr sogar allein mit Gregor zu dessen Großmutter nach Belgien. Manchmal dachte Frau Verlinden: »Jakob ist engelsgleich.« Später fragte sie sich, ob ihn vielleicht gerade das getötet hat.

Nathalie war zwei Jahre vor dem Tod ihres Schützlings nach Paris zurückgekehrt, hielt aber den Kontakt und lud die Freunde zu sich ein. Für Jakob war diese Reise mit Frau Verlinden und Gregor ein überwältigendes Erlebnis, das er in Fotos festhielt, die bis zuletzt seine Kinderzimmertür von innen zierten. Nachdem er den Eiffelturm und Montmartre gesehen hatte, begann er sich für Architektur zu begeistern und hegte fortan den Wunsch, London zu besichtigen. Vor allem aber genoss Jakob den Moment, nach Hause zu kommen. Erstmals fühlte er sich wie der Heimkehrer und kostete diese Szene genüsslich aus: Neben Frau Verlinden und Gregor stand er in der Tür, als sein Vater freundlich herbeikam, um sie zu begrüßen und zu fragen: »Wie war's?« – »Wie immer«, antwortete Jakob betont gleichgültig und stolzierte zur Verblüffung aller an seinen Eltern vorbei. Später verriet er Gregor, sein Vater würde das nach Reisen auch immer sagen.

Das »Nesthäkchen« begann sich schon früh zu mausern. Es war gerade einmal sechs Jahre alt, als das auch sein großer Bruder zu spüren bekam. Ein enger Freund der Familie von Metzler und langjähriger Partner der Bank, Hans Hermann Reschke, versammelte einmal im Jahr alle Partner des Unternehmens und ihre Familien in seinem Haus am Bodensee. Die Jugendlichen absolvierten in dieser Zeit wie üblich einen Segelkurs, doch damals regnete es pausenlos, und die Metzler-Kinder waren nicht mit wasserdichter Kleidung ausstaffiert. Schon am ersten Tag kam Franz tropfnass und stocksauer vom offenbar für ihn nicht sonderlich erfolgreichen Wettsegeln wieder, und seine schlechte Laune hatte sich auch bis zum Abend nicht gelegt. Im Keller, wo die jungen Leute auf Luftmatratzen in Schlafsäcken übernachteten, kündigte er an, am nächsten Tag nicht zu segeln, und spickte diese Offenbarung mit einer Serie wohlüberlegter Argumente, bis das Küken der Gruppe, der bisher immer scheue Jakob, unter seiner Decke piepste: »Du brauchst dich gar nicht anzustrengen, so viel zu erzählen. Hättest ja sowieso nicht gewonnen.«

Aus dem Dunkel

Die Winde nur noch gehen,
Wehklagend um das Haus,
Wir sitzen einsam drinne
Und lauschen oft hinaus.

Es ist, als müßtest leise
Du klopfen an die Tür,
Du hätt'st dich nur verirret
Und kämst nun müd zurück.

Wir armen, armen Toren!
Wir irren ja im Graus
Des Dunkels noch verloren –
Du fandst dich längst nach Haus.

Aus dem Gedicht
»Auf meines Kindes Tod« von
Joseph von Eichendorff,
zitiert im Erinnerungsbuch
der Carl-Schurz-Schule

»Nein, nicht schon wieder«, stöhnte Lars Schüsseler und zog sich das Kissen über den Kopf. Seine Frau Stephanie murmelte etwas Unverständliches vor sich hin und schaute auf den Radiowecker: 06:12 zeigten die Leuchtziffern. Und das am Sonntagmorgen. Sie seufzte, dann setzte sie sich im Bett auf, schlüpfte in ihre Hausschuhe und schlurfte gähnend aus dem Schlafzimmer, immer den Stimmen nach, die ebenso laut wie falsch die Hymne der Eintracht sangen. Noch bevor sie über den langen Flur die Tür zum Zimmer ihres Sohnes Cedrick erreicht hatte, war das übermütige Gegröle verstummt. Stattdessen hörte sie nun, wie sich zwei Jungen abwechselnd anbrüllten: »Du Arschloch« – »Du Idiot« ... Frau Schüsseler trat in das Kinderzimmer: »Sagt mal, wie redet ihr denn miteinander?«, fragte sie und schaute in die verdutzten Gesichter von Jakob und Cedrick. Die Knirpse saßen vor dem Computer und hatten Fußballmanager gespielt. Auf die Frage hin strahlten sie sich an und fingen an zu lachen.

Sie waren seit der ersten Klasse eng befreundet. Jakob verbrachte oft die Wochenenden bei der Familie in Dreieich. Herr Schüsseler vermarktete Immobilien und hatte eine ehemalige Schule ausgebaut, in der er, seine Frau und ihre beiden Söhne die erste Etage bewohnten. Der Metzler-Sohn war ein häufiger Gast. Frau Schüsseler fand ihn »goldig«. Als sie einmal vom Einkaufen nach Hause kam, drückte sie auch dem Besucher etwas in die Hand: »Jakob, du brauchst deinen Krempel nicht mehr mitzuschleppen. Ich hab jetzt eine Zahnbürste für dich.« Der Junge strahlte. Nun gehörte er dazu.

Für ihren jüngeren Sohn Martin war Jakob wie ein zweiter großer Bruder und für Cedrick der einzige Mensch, der mit in seinem Himmelbett schlafen durfte. Von einer Klassenfahrt nach Frankreich im Mai 2001 schrieb Cedrick eine Ansichtskarte:

Liebe Familie!
In meinem Zimmer sind Gregor, Jakob und Jens und natürlich auch ich. Der Jakob hat am ersten Tag Brennnesseln ins Auge gekriegt.
Mir geht es gut.
Euer Cedrick

Heute steht auf Cedricks Nachtschrank ein gerahmtes Bild von Jakob.

Es zeigt seinen Freund zwischen Sportflugzeugen auf der Wasserkuppe. Jakob hat die Arme wie zum Fliegen ausgebreitet.

An der Wand hängen weitere Fotos: die beiden Freunde, wie sie sich in den Armen liegen; Jakob im Zug, die Zunge von innen gegen das Fenster gepresst. In den Alben seiner Eltern findet Cedrick ihn fast immer in einer Gruppe, lachend, mittendrin.

Jakob hatte auf Cedrick einen guten Einfluss, dachte Frau Schüsseler oft. Er lockerte den eher ernsten Jungen durch sein unbeschwertes Wesen auf und schaffte es ab und an sogar, ihn zu etwas Ordnung zu bewegen. Cedrick war furchtbar schlampig, ständig musste sie schimpfen, damit er sein Zimmer aufräumte und seine Sachen nicht überall herumwarf. Von einem Erzieher Jakobs wusste Frau Schüsseler, dass der Sohn aus reichem Hause zum pfleglichen Umgang mit seinen Sachen angehalten wurde. Wenn er seinen Ranzen in die Ecke feuerte, hieß es: »Wenn er kaputt ist, ist er kaputt. Einen neuen gibt's nicht.«

Einmal hörte sie beim Vorbeigehen am Kinderzimmer ihres Sohnes, wie Jakob sagte: »Komm Cedrick, wir räumen auf, dann machen wir deiner Mutter eine Freude.« Wenige Tage vor seinem Tod riss er sich beim Fußballspielen das Knie auf, wehrte aber alle mütterlichen Versuche, die Wunde zu versorgen, mit einem »Geht schon« ab.

Nach Jakobs Tod wollte Cedrick lange Zeit nicht mehr raus zum Spielen gehen, weil er die Fragen nach seinem besten Freund nicht ertrug. Bisweilen saß er einfach nur da, ohne etwas zu sagen, ohne zu weinen, und schrie dann los, rannte durch das Haus und war außer sich, schleuderte seine Schuhe durch die Gegend. Martin träumte, Magnus wäre in seinem Zimmer und würde ihn und seinen Bruder jagen. Erst als Frau Schüsseler ihm versicherte, dass der Mörder von Jakob mindestens zwanzig Jahre im Gefängnis sitzen müsse, war er einigermaßen beruhigt. »Dann bin ich so alt, dass ich ihm notfalls eine runterhauen kann«, hatte er ausgerechnet.

Cedrick ertrug es nicht, sich vorzustellen, was Jakob in seinen letzten Minuten durchgemacht haben musste. Angst stieg in ihm auf, wenn er daran denken musste, weil eine Schlagzeile oder Bilder im Fernsehen ihn erinnerten, und diese Angst war sogar noch größer als jene, die ihn vor kurzem im Keller gepackt hatte.

Es war an einem regnerischen Herbsttag gewesen. Jakob, Martin und er hatten trotz des Wetters zunächst draußen Basketball gespielt. Erst als es dunkel wurde, schnappten sie den Ball und zogen in den Gewölbekeller des alten Schulhauses. Dort gab es einen Raum, der so groß war, dass sie das Spiel im Trockenen fortsetzen konnten. Nach einer Weile hatte Martin keine Lust mehr. Er beschloss, oben in seinem Zimmer Computer zu spielen, verabschiedete sich, lief durch die Gänge des weitläufigen Kellers, die Treppe hoch – und schaltete gedankenverloren das Licht aus.

Jakob und Cedrick hörten die Tür zuschlagen. Dann standen die Zurückgebliebenen im Stockfinstern. Sie lauschten, wie der Ball noch ein paarmal aufsprang, in immer kürzeren Abständen, bis alles still war. Totenstill. Cedrick tastete ins Leere. Er hatte sich in dem Spiel so häufig gedreht, dass er nicht einmal mehr wusste, wie er in dem Raum stand, wo sich die Tür befand. Von einer Sekunde auf die andere schien es nichts mehr zu geben außer Dunkelheit. Das schwarze Loch. Er begann zu schluchzen.

Jakob blieb ruhig. »Keine Angst, Cedrick.« Der sich verloren glaubende Junge stand aber nur da, weinte und zitterte, bis er eine Hand in der seinigen spürte. »Komm«, hörte er Jakob sagen. »Wir schaffen das.« Und dann folgte er seinem Freund blind bis ins Licht.

Cedrick hatte Magnus Gäfgen zwei Tage vor der Tat kennen gelernt. Es war der Mittwoch vor den Herbstferien, und er war mit Jakob im 35er Bus in Richtung Sachsenhausen/Lerchesberg gefahren. Mittwochs begleitete er seinen Kameraden immer nach Hause und aß bei ihm zu Mittag, weil sie nachmittags in einer Schüler-AG Fußball spielten. Magnus Gäfgen hatte denselben Bus genommen und sich mit Jakobs Schwester Elena unterhalten. »Mama, der war so nett«, sagte Cedrick wenige Tage später entsetzt.

Herzblatt

Erst bist du für die Opfer der Flutkatastrophe gerannt und jetzt bist du selber das Opfer! Wie kann einem Menschen, der anderen Opfern hilft, nur so etwas passieren? Ich kann es immer noch nicht glauben! Du hast allen schöne Ferien gewünscht, doch du konntest sie nicht mehr erleben! Wie kann man nur so grausam in die »Ferien« gebracht werden?

Eine Klassenkameradin im Erinnerungsbuch der Carl-Schurz-Schule

Jakob hatte sich auf diesen Tag, seinen letzten, gefreut. Nur drei Stunden Schule, nichts Anstrengendes, bloß Kunst und Erdkunde, dann ging es in die Herbstferien. Aber sobald er Lara sah, wurde ihm das Herz ein wenig schwer. So lange ohne Lara … Er schaute zu dem Mädchen mit den langen braunen Haaren hinüber, seufzte und merkte dann, dass Cedrick seinem Blick gefolgt war und grinste, woraufhin auch er lachen musste. Sein Freund wusste, dass er sich Lara anvertraut hatte. Er hatte ihr einen Brief geschrieben, was er normalerweise ungern tat, und ihr seine Gefühle verraten – ja sogar, dass er sie heiraten wollte. Lara war auf das Angebot allerdings nicht eingegangen, aber angelächelt hatte sie ihn heute morgen, und das war schon was. Das fand Cedrick auch.

Ihm blieben noch knapp zehn Minuten mit Lara im selben Raum, dann war die Schule aus. Die letzte Stunde war schnell vergangen, denn statt Erdkunde zu unterrichten, hatte der Lehrer mit ihnen »Herzblatt« gespielt, womit er seine Wettschulden der Klasse gegenüber einlöste. Am Vortag hatte die

Carl-Schurz-Schule eine »Mainstaffel« zugunsten der Flutopfer im Osten organisiert, es gab eine Reihe von Laufteams, in denen die Schüler versuchten, abwechselnd eine möglichst große Strecke zwischen der Untermainbrücke und dem Holbeinsteg zurückzulegen. Die Kinder hatten sich selbst bei Frankfurter Unternehmen um Sponsoren bemüht, und tatsächlich waren zuletzt ein paar tausend Euro zusammengekommen. Ihr Erdkundelehrer hatte getippt, die Klasse 6e würde nicht über 20 Kilometer schaffen – und verloren. Daraufhin durften die Schüler sich aussuchen, was sie spielen wollten, und sie entschieden sich wieder einmal für »diese frühpubertäre Annäherung der Geschlechter«. Nun musste der Pädagoge also den Moderator und »Flirt-Spezialisten« Jörg Pilawa aus dem Ratespiel geben, mit dem die ARD jeden Freitag in früher Abendstunde tausende von Zuschauern beglückte: Ein Mann, eine Wand, drei Frauen. Eine Frau, eine Wand, drei Männer. Jeweils drei Fragen, neun Antworten – und schon hatten die Fernsehzuschauer unter den Singles zwischen 18 und 80 Jahren das Liebespaar der Woche. Die ganze Idee so raffiniert wie die Dekoration, die aus drei Barhockern, einem Pickerstuhl und – für das Happy End – aus einem Sofa bestand. Und freilich kein Problem für die Schüler, eine solche Szene nachzustellen: Ein Mädchen hinter der Tafel, drei Jungen auf Stühlen davor oder das Ganze in umgekehrter Geschlechterverteilung, und dann ging es nur noch darum, dass die Person hinter der Tafel den drei Kandidaten, die sie nicht sehen konnte, Fragen stellte, die lustige Antworten provozierten und dazu taugten, den Mann des Lebens zu finden.

Jakob war für solche Spielchen immer zu begeistern. Er hatte sich sofort als Gefragter gemeldet. So konnte er ja auch Lara spielerisch noch mehr von sich verraten. Zum Beispiel, welchen Anmachspruch er total peinlich fand, was er machen würde, wenn seine Partnerin flirtete, dass er viele Kinder haben wollte und seine Frau nicht arbeiten sollte. Die anderen könnten auch wissen, wofür er sparte. Einer guten Bekannten hatte er es einmal erzählt: »Ich spare das Geld, damit ich später einmal für meine wunderschöne Frau und meine wunderschönen Kinder ein wunderschönes Haus kaufen kann.« Die Frau müsste genauso schön sein wie seine Mammi. Außerdem musste sie frühzeitig wissen, dass er nicht Banker werden wollte, sondern Tennisprofi, auch wenn Gregor vor kurzem behauptet hatte, er müsse dazu erst »Wimbledon« gewinnen, und sich vor Lachen krümmte, als er »Was ist Wimbledon?« gefragt hatte. Jakob fand seinen Auftritt in dem Ratespiel recht gelungen. Er hatte sich in seinen Lieblingsklamotten – eine sandfarbene Hose, einen blau-weiß gestreiften Baumwollpulli und weiße Puma-Turnschuhe – total schick gefühlt und Antworten gegeben, über die die Klasse lachte – Lara auch.

Es schellte. Alle verabschiedeten sich mit lockeren Sprüchen. Jakob warf Lara noch einen Blick zu und seufzte. Vielleicht war es ja ganz gut, seine Traumfrau eine Weile nicht zu sehen, denn wie Jakob wusste, bevorzugte seine Angebetete unglücklicherweise einen anderen: Gregor. Einer Freundin der Familie von Metzler hatte er dies einmal traurig erzählt, jedoch nicht ohne hinzuzufügen: »Gregor ist aber trotzdem mein bester Freund. Er kann ja nichts dafür.«

Jakob machte sich mit Jens und Andreas auf den Weg zur Bushaltestelle, konnte aber nicht ruhig neben seinen Kameraden hergehen, sondern hüpfte den Bordstein auf und ab. Auch wenn Lara ihn nicht so sehr mochte wie seinen Freund, vielleicht würde sie in den Ferien trotzdem ein wenig an ihn denken. Außerdem würde die Zeit bestimmt verfliegen. Morgen wollten sie nach Südfrankreich fahren, an die Atlantikküste, gemeinsam mit sechs anderen Familien. Das wird sicher total lustig. Was aber das Schönste war: Cedrick und Gregor kamen diesmal mit. Sie drei würden mit seiner Mutter fahren und auf dem Hinweg wollten sie einen Zwischenstopp in Paris einlegen. In seinem Paris! Jakob konnte es kaum aushalten. Warum musste er bloß noch bis morgen warten. Sonst waren sie immer sofort nach Schulschluss aufgebrochen. Er hätte Cedrick und Gregor nach der Schule gleich mitnehmen können, die beiden hatten längst gepackt. Aber dann tröstete er sich: Auch der heutige Tag wird bestimmt schnell vergehen. Zu Hause warteten Oma, Opa und Tante, die ebenfalls alle mit nach Frankreich reisten.

Als die Linie 35 kam, stiegen Jakob und Jens ein, Andreas verabschiedete sich und zog weiter. Am 27. September 2002 gegen 10.30 Uhr verließ Jakob den Bus an der Haltestelle Ecke Stresemannallee/Mörfelder Landstraße. Er sprang die Stufe hinab, lief ein paar Schritte, drehte sich ruckartig, um seinem Freund zu winken, verlor das Gleichgewicht und fiel auf den Po. Jens sah ihn dasitzen und lachen, während der Bus davonfuhr. Es war das vorletzte Mal, dass Jakob winkte.

Einen Augenblick blieb er noch sitzen. Von seinem Platz aus konnte er geradeaus über die Straße auf die vierstöckigen Wohnblöcke sehen, von denen sich einer an den anderen reihte, alle sauber beige gestrichen. Vielleicht blieb sein Blick dabei an einem Balkon im ersten Stock hängen, an braunen Metallstäben, die sich zur Brüstung kreuzten. Da wohnt der Maggi, wusste Jakob von seiner Schwester. Er rappelte sich auf; Elena reagierte meist gereizt, wenn die Rede auf Magnus Gäfgen kam. Jakob verrenkte sich, um zu sehen, was von dem Sturz an seiner hellen Hose zurückgeblieben war, dann schlenderte er los, am Tengelmann vorbei, las auf einem Schild vor der Kleinen Kneipe neben dem Lebensmittelgeschäft: »Angebot: 2 Gref Völsinger Rindswürste mit Brot, 3,20 Euro«. Was es bei ihm gleich zu essen geben würde? Durch das Fenster der schmuddeligen Kneipe war nichts zu erkennen, Spitzenvorhänge verengten die Sicht, und der Raum dahinter war dunkel. Er spazierte weiter, vorbei am Wiener Wald, von dem sich flächenweise der Putz löste, und war nach einigen Metern in Versuchung, ein paar leere Bierdosen von einer Elektrobuchse zu schnippen.

Elena würde heute beim Mittagessen fehlen. Sie war noch mit Freundinnen zum Brunch gegangen. Warum Elena den Maggi wohl nicht mochte? Als Jakob ihn kennen lernte, war er sehr freundlich gewesen. Er hatte Elena höflich gefragt, ob er sie nach Hause fahren dürfe, und seine Schwester hatte ein wenig schnippisch geantwortet: »Ja, aber dann musst du auch meinen Bruder mitnehmen.« Elena ging in die Parallelklasse von Maggis Freundin Katha, aber womöglich hatte sich Maggi ja auch ein bisschen in seine Schwester verguckt. Ein paar Mal waren die beiden sich auf Partys über den Weg gelaufen. Und Elena erzählte, dass er sie einmal bat, ihn zu Tiffanis zu begleiten, um ein Versöhnungsgeschenk für seine Freundin auszusuchen. Ein andermal wollte er sie mit in seine Wohnung nehmen, um »Probleme zu besprechen«, ihr irgendwelche Fotos von seiner Freundin und einem Mann zeigen, weil er meinte, sie würde ihn betrügen oder so. Elena hatte sich weder auf das eine noch auf das andere eingelassen und wenig Nettes über ihn gesagt. »Maggi ist so geldgeil«, behauptete sie immer. Und dann nervte sie sein »Dauerlächeln« und seine »Fröhlichkeit«. – »Er lacht, ohne dass die Augen strahlen«, sagte sie.

Da entdeckte Jakob den Wagen von Magnus. Und er winkte.

Das Mittagessen

> **Wie es kam, dass mein Gewissen – ich – so versagen konnte, das weiß ich nicht.**
>
> *Magnus Gäfgen, bei seinem letzten Wort vor Gericht*

Frau Gäfgen öffnete die Wohnungstür und erstarrte. »Um Himmels willen, was hast du denn angestellt?«, entfuhr es ihr. Magnus stand da und schaute leicht verschämt. Er war dem Blick seiner Mutter gefolgt, hinab, zu seinen Füßen. Seine Turnschuhe waren mit Erde verschmiert, nichts Helles blitzte mehr durch die noch feuchte Dreckschicht. Bis über die Knie war der Schlamm an seiner Jeans hochgespritzt, an einigen Stellen begann die dunkle Kruste schon vom Stoff zu bröckeln. Bevor er etwas erwidern konnte, lachte seine Mutter auf. »Ich dachte, aus dem Alter wärest du raus, dich so einzusauen. Komm rein, mein Junge! Aber lass die Schuhe vor der Tür stehen, ich mach sie später sauber.« Magnus hörte die Stimme seines Vaters. »Ja, Vatter, gleich«, rief Frau Gäfgen in die Wohnung hinter sich, strich Magnus schnell über die Wange und mahnte: »Beeil dich, Vatter ist sonst gekränkt, weil seine guten Puffer kalt werden.« Damit verschwand sie ins Innere.

Magnus beugte sich im Zeitlupentempo zu seinen Schuhen und ergriff die schmierigen Schnürsenkel. Der Wagen war einfach stecken geblieben in der morastigen Wiese. Bis dahin war alles nach Plan gegangen. Er hatte ihn abgespult wie in Trance, wie hunderte Male zuvor in seinem Kopf, und dann ging es auf einmal nicht weiter. Aus, vorbei. »Vielleicht bin ich zu nah an den Fischteich rangefahren.«

Magnus stellte den ersten Schuh neben den Abtreter vor der Tür, um diesen nicht zu beschmutzen. Den Boden konnte man leichter wischen. Mechanisch zog er auch den zweiten Schuh aus und stellte ihn neben den anderen.

Es war schon richtig so, er musste möglichst nahe ran an den Weiher. Das Bündel vom Kofferraum bis zum Steg zu schleppen, der Weg war lang für eine solche Last. Die konnte man nicht schnell genug loswerden. Er hatte sie ins seichte Wasser abgelegt. Magnus schaute auf seine schmutzigen Hände. Das war nicht geplant, dass sie durchdrehten, die Räder.

Einige Minuten war er in seinem Honda sitzen geblieben. Abwartend, wie ein Regisseur, der seinen eigenen Film nicht erkennt und hofft, einer Sinnestäuschung zu unterliegen, die enden muss.

»Maggi, wo bleibst du?«, rief seine Mutter aus der Wohnung.
»Bin gleich da«, gab er zurück.

Immer wieder hatte er das Gaspedal durchgetreten. Nichts tat sich. Mit dem Heulen des Motors, das ins Leere ging, wuchs seine Verzweiflung. Er stieg aus, um den Wagen anzuschieben. Schließlich griffen die Räder wieder. Aber verdammt, er würde Spuren hinterlassen in diesem elenden Schlamm. Tiefe Spuren, die sich nicht verwischen ließen. Und zugleich überfiel ihn das Gefühl, alledem niemals zu entkommen.

Er schaute auf die Uhr: Kurz nach eins. Du liebe Güte. Er würde sich verspäten. Zum gemeinsamen Mittagessen am Freitag, das seiner Familie heilig war. Panisch durchwühlte er seine Jackentaschen nach dem Handy, entdeckte es dann auf dem Beifahrersitz. Sobald er auf der Autobahn war, rief er an: »Hallo Mami, tut mir leid, ich verspäte mich ein wenig. Fangt bitte schon an zu essen. Bin gleich da.«

Er brauchte eine gute Stunde von Schlüchtern bis Neu-Isenburg, wo seine Eltern in einem Vierfamilienhaus am Waldrand wohnten. Am Ortseingang hielt er vor ein paar Containern. In den Behälter für Altpapier warf er Jakobs Schulsachen, die alte Schreibmaschine seiner Eltern stellte er hinter der Tonne ab. Jakobs klatschnasse Hose, Hemd und Pullover entsorgte er in dem Sammelbehälter für Altkleider des Roten Kreuzes.

Magnus betrat den Flur. An einer Wand stand der Rollstuhl, ohne den sein Vater die Wohnung nicht mehr verlassen konnte, was allerdings nicht allzu oft vorkam. Nicht nur weil er seit Jahren frühpensioniert war, sondern auch weil er ein Eigenbrötler war und am liebsten für sich daheim blieb. Im Grunde trennte er sich nur von den eigenen vier Wänden, um zum Arzt zu gehen. Frau Gäfgen begleitete ihn dabei fast immer. Nachdem Herr Gäfgen nicht mehr Auto fahren konnte, durfte seine Frau ans Steuer. Es hatte ihn einige Überwindung gekostet und bedrückt, dass es so weit kommen musste, denn Autofahren war Männersache.

Magnus musste weit zurückdenken, um sich zu erinnern, wann sein Vater je gesund gewesen war; seit zehn Jahren hatte er ein steifes Knie und mindestens einmal im Jahr landete er im Krankenhaus.

Mutter, Vater und Bruder Achim saßen um den Esstisch herum und sahen ihn an. »Der Familienfreitag ist bei uns wie das Amen in der Kirche«, würde sein Vater später einem Journalisten erklären. Sie waren mit dem Essen fertig, aber hatten das schmutzige Geschirr noch nicht übereinander gestellt. »Entschuldigt bitte, aber bei mir ist was dazwischengekommen«, sagte Magnus und ließ sich auf seinem Platz nieder. Er beugte sich zu dem Teller vor ihm, auf dem einige Kartoffelpuffer lagen, und schnupperte daran. Dann schaute er zu seinem Vater hinüber, der mit geöffnetem Hemdkragen und Strickpullunder am Esstisch saß. Frau Gäfgen hatte vormittags im Kindergarten gearbeitet, daher hatte sich ihr Mann um das Mittagessen gekümmert. »Ja, Vatters Puffer sind einfach die besten«, sagte Frau Gäfgen. – »Wenn sie warm sind«, knurrte ihr Mann. Schnell schob sie Magnus ein Schälchen mit Apfelmus zu. »Nimm auch davon.« – »Gern.«

Magnus packte sich Puffer auf den Teller, obwohl er nicht den geringsten Appetit verspürte. Hauptsache sie stellten keine Fragen. Ihm fiel ein, dass Achim gerade mit seiner Freundin eine Wohnung einrichtete. »Hast du inzwischen eine Schrankwand gefunden?«, fragte er, und Achim begann ein wenig schleppend von seiner Suche nach Möbeln zu erzählen. Magnus nahm nur wahr, dass er erzählte, nicht was. »Ich habe versucht, etwas zu essen, etwas herunterzuwürgen«, berichtete er später vor Gericht. »Ich habe versucht, den Schein zu wahren, und ich glaube, dass mir das gelungen ist.« – Er habe ganz normal gewirkt, sagte seine Mutter später. »Gelassen und freundlich wie immer.«

Als Achims Rede zu stocken drohte, verwickelte Magnus seinen Vater in ein Gespräch über die Eintracht. Vor einigen Tagen hatten die Frankfurter in Karlsruhe 2 : 0 gewonnen. Magnus war als Vorsitzender des Eintracht-Frankfurt-Fan-Clubs EFC South Force natürlich hinterhergereist. Auf der Internetseite des Clubs fragte er am 19. September 2002, eine Woche vor der Tat: »Wer will mit nach Karlsruhe fahren??? Bitte bei mir melden.« Es war ein Freudentag gewesen. Zwar hatte die Eintracht in der Zweitliga-Saison stark angefangen, dreimal hintereinander das Spiel für sich entschieden, dann aber zwei Niederlagen kassiert. Eine davon auch noch gegen so eine Mannschaft wie Wacker Burghausen! Nun lagen sie in der Zweiten Liga auf Platz 3, und das ließ auf einen Wiederaufstieg in die Erste Bundesliga hoffen. Jakob hatte ihm davon gerade noch die Ohren voll geplappert, denn übermorgen stand der Eintracht ein bedeutendes Spiel bevor, ein Heimspiel gegen Duisburg. Magnus hatte nur halb mitbekommen, was Jakob alles redete, während er selbst in seiner Wohnung auf und ab gelaufen war.

»Trinkst du einen mit?« Herr Gäfgen hatte sich von Achim eine Flasche Hochprozentiges auf den Tisch stellen lassen und blickte Magnus fragend an. Frau Gäfgen erhob sich hastig und begann, die Teller zusammenzustellen. »Bring uns doch aus der Küche drei Gläser.« Sie hielt inne, ohne ihren Mann anzusehen. Dann nickte sie kaum merklich, nahm den Stapel Geschirr und trug ihn aus dem Zimmer. Frau Gäfgen hatte es aufgegeben, ihren Mann zu bitten, weniger zu trinken. Als er letztes Mal im Krankenhaus lag, war sie sogar seiner Aufforderung nachgekommen, ihm eine Flasche Hochprozentiges auf die Station zu schmuggeln.

Magnus sah zu, wie sich das Glas vor ihm füllte. Normalerweise trank er vor dem Fahren keinen Tropfen. Er erlebte seinen Vater häufig betrunken. Wenn er etwas intus hatte, suchte er Streit, was nicht sonderlich einfach war, da ihn alle als Oberhaupt akzeptierten. Um dennoch zum Ziel zu kommen, hackte er vorzugsweise auf den Verwandten seiner Frau herum. Frau Gäfgen war in Rheine geboren und hatte vier ältere Geschwister, während Herr Gäfgen als Einzelkind aufgewachsen war und seine Heimat Frankfurt nie verlassen hatte. Magnus hatte nicht mitgezählt, zum wievielten Mal sich sein Vater nachschenkte, aber er spürte, dass es gleich wieder so weit sein würde. Er müsste sich aufs Neue die alten Geschichten anhören, von irgendeiner Tante oder Großtante oder sonst was von seiner Mutter, die psychische Probleme gehabt haben soll, und von einem anderen Verwandten, den sein Vater für unfähig hielt, weil er keine Ausbildung hatte und dem Steuerzahler auf der Tasche lag, und und und … Die Stimme seines Vaters wurde schon lauter, Magnus heftete seinen Blick an den dunklen Eichenschrank und versuchte sich auf die Schnörkel zu konzentrieren. Seine Mutter würde wieder bloß schlucken, das Schimpfen ihres Mannes ohne Widerworte über sich ergehen lassen und vielleicht weinen. Diesmal würde er seine Mutter einfach nicht ansehen. Doch dann konnte er nicht anders. In ihren Augen schimmerten Tränen. Es war peinlich.

Bis Magnus und sein Bruder auszogen, hatten sie zu viert in einer Dreieinhalbzimmerwohnung in der Heimatsiedlung Sachsenhausen gelebt, einem hufeisenförmigen Häuserblock aus dunkelgrauem Stein mit Fenstern, so klein, dass ein Blumentopf reichte, um den Raum zu verdunkeln. In fast allen Wohnungen hatten sich Eisenbahner einquartiert, weil ihr Arbeitgeber einen Großteil der Siedlung besaß. Es war eine kleine, in sich geschlossene Welt, die bis an die Mörfelder Landstraße heranreichte. Magnus, der am 11. April 1975 in Frankfurt geboren wurde und in der Heimatsiedlung aufwuchs, würde als Student eine Wohnung in unmittelbarer Nachbarschaft beziehen, gleich jenseits der nächsten Kreuzung mit der Stresemannallee. Und auch das Anwesen jener Familie, der Magnus eines Tages das Kind nehmen würde, liegt nur wenige hundert Meter entfernt von dem Block, auf der anderen Straßenseite, hinter einer S-Bahn-Unterführung.

Wenn Magnus daran dachte, wie er als Kind gewesen war, sah er einen blassen Jungen vor sich, der am liebsten draußen spielte, immerzu herumwuselte und darüber das Essen vergaß. Er war sehr dünn, ja geradezu zart gewesen und kränkelte oft, so dass seine Mutter stets besorgt war und ihm Appetitanreger verabreichte. Doch auch diese änderten nichts an seiner schlaksigen Gestalt. Er hatte dünne Ärmchen und prügelte sich nie wie die anderen Kinder, hielt sich lieber zurück, wenn es Streit gab. Er war der Schüchterne, der im Hintergrund blieb und versuchte, Situationen zu vermeiden, in denen er seine Ellenbogen benutzen musste. Geriet er doch einmal in Bedrängnis, lief er weinend nach Hause, das Gespött und Gelächter der anderen im Rücken. Meist suchte er die Nähe seines drei Jahre älteren Bruders Achim, der ihn verteidigte und manchmal sogar mit zu den Großen nahm. Das war wunderbar, als Jüngster immer mit dabei sein zu dürfen, auch wenn man nichts zu melden hatte. Aber dafür gehörte er einer Gruppe an, die bei den Kindern in der Nachbarschaft sagte, wo es langging.

Seine Mutter blieb zu Hause, bis er zehn Jahre alt war. Und auch später, als sie wieder vormittags als Erzieherin im Kindergarten der katholischen Kirchengemeinde St. Aposteln arbeitete, war sie daheim, wenn er von der Schule kam. Die Familie schien ihr immer das Wichtigste zu sein. Stets fühlte er sich behütet, jeden Wunsch las sie ihm von den Lippen ab, liebevoll und selbstlos kümmerte sie sich um alles. Manchmal versuchte sie ihre Söhne zur Hausarbeit zu bewegen, drückte ihnen ein Geschirrtuch in die Hand oder den Staubsauger, doch in der Regel machte sie alles selbst. Geschlagen wurden sie nie, weder vom Vater noch von der Mutter, das Äußerste war Hausarrest, aber bis es so weit kam, musste schon einiges passieren. Richtigen Ärger gab es vor allem einmal, als er auf Gleisen einer Eisenbahnstrecke herumgetollt war.

Niemals behandelte ihn seine Mutter ungerecht, ebenso wenig erlebte er je, dass sie schlechte Laune hatte, geschweige denn diese an irgendjemandem ausließ. Sie schmusten viel und beim Fernsehen thronte er auf ihrem Schoß.

Magnus' Vater hielt sich aus der Kindererziehung weitgehend raus, hatte aber ansonsten das Sagen. Seine Frau ordnete sich ihm unter, sie kannte es nicht anders. Herr Gäfgen schaffte als Bauzeichner das Geld heran, ging morgens zur Arbeit, kam abends heim und machte am Wochenende mit seiner Familie Ausflüge, vorzugsweise in den Rheingau. Den Urlaub verbrachten sie immer in Deutschland, für Reisen ins Ausland reichte das Geld nicht. Herr Gäfgen wechselte häufig die Stelle, zwischenzeitlich war er auch arbeitslos. Blieb einmal etwas Geld übrig, entschied er, Möbel zu kaufen, denn man sollte es vor allem zu Hause gut und gemütlich haben.

Oder er legte es für die Zukunft seiner Kinder auf Sparkonten an.

Magnus konnte daher nicht behaupten, dass sein Vater geizig war, und solange er klein war, störte er sich auch nicht an dem sparsamen, einfachen Leben, das sie führten. Als er aber in die Schule kam, stellte er fest, dass die anderen Kinder immer mehr Taschengeld hatten als er. Einige Male versuchte er zaghaft, seinen Vater darauf aufmerksam zu machen, aber der ließ seine Entscheidungen nicht in Frage stellen. Magnus konnte sich kaum erinnern, mit seinen Eltern je ins Kino gegangen zu sein oder für dieses Vergnügen Geld bekommen zu haben. Den Wunsch nach Markenklamotten, wie sie manche seiner Klassenkameraden trugen, wagte er nicht einmal auszusprechen. Aber das alles konnte er noch verschmerzen, kaum zu ertragen war es hingegen, wenn er ins Schwimmbad Essen von zu Hause mitnehmen musste. Nicht nur, dass die anderen sich Cola und Pommes leisteten, sie spotteten auch mit Sprüchen wie »Hau ab mit deiner Stinke-Stulle!« und rissen das Handtuch unter ihm weg. In solchen Momenten stieg Scham und Neid in ihm auf. Ich muss Geld haben, um mit meinen Freunden mitzuhalten, dachte er.

Anfangs schüttete Magnus seiner Mutter das Herz aus, und sie steckte ihm hinter dem Rücken ihres Mannes Geld zu, damit er nicht länger auffiel. Als er jedoch in die Pubertät kam, mochte er Dinge, die ihn belasteten, nicht einmal mehr seiner Mutter anvertrauen, die bis dahin der einzige Mensch gewesen war, dem er sich öffnete. Es fiel ihm zunehmend schwer, mit irgendjemandem über das zu reden, was ihn bedrückte, und zugleich gelang es ihm immer weniger, auf andere Menschen zuzugehen. Schon als Schüler begann er, sich Jobs zu suchen, selbst etwas zu verdienen, und sparte. Bevor er Bücher verlieh, schrieb er groß seinen Namen hinein und kaum hatte er den Führerschein, kaufte er sich einen Wagen. Einen, der zwar alt war, dafür aber auffällig groß.

Zu Hause besuchte die Eltern selten jemand, meist nur irgendwelche Verwandten oder Bekannten der Mutter, die sie über die Kinder kennen gelernt hatte und mit denen sie sich ab und zu zum Kaffeekränzchen traf. Magnus durfte Spielkameraden mit nach Hause bringen, die normalerweise bis zum Nachmittag blieben, bis Herr Gäfgen von der Arbeit zurückkehrte. Sein Vater pflegte kaum Freundschaften.

Eines Tages, Magnus war acht Jahre alt, saß der Vater seines Vaters mit am Tisch – und blieb. Magnus wusste nicht genau, wie lange, nur dass es ihm wie eine Ewigkeit erschien. Nach ein paar Jahren schickten sie den alten Mann als Pflegefall doch in ein Heim. In der Zeit davor war die Stimmung zu Hause fast ständig gedrückt. Sein Großvater war eigensinnig, obendrein vergrämt und übellaunig. Hinzu kam, dass Magnus mit dem Einzug des Anverwandten gewissermaßen ausziehen musste, aus dem Zimmer, in dem er bis dahin mit seinem großen Bruder gewohnt hatte. Er schlief von da an in einem Raum, durch den sein Großvater schlurfte, wenn er in sein Zimmer wollte. Lange hegte Magnus vor allem einen Wunsch: eine Eigentumswohnung. Mit sechzehn Jahren schloss er einen Bausparvertrag ab, wofür ihn seine Mitschüler auslachten und den er wieder auflöste, um seiner Freundin Katharina alle Wünsche zu erfüllen, im Mai 2002, kurz bevor es nicht mehr weiterging.

In der sechsten Klasse wollte Magnus nicht mehr in die Schule gehen. Fast jeden Tag stand er mit Tränen in den Augen zu Hause vor der Tür. Die anderen Kinder hänselten ihn, vor allem jene, die sitzen geblieben waren, hatten ihn als geeignetes Opfer herausgepickt. Magnus konnte sich ja selbst nicht ausstehen, er wusste, er war nicht schön mit seiner Brille, dem schwarzen, warzenähnlichen Muttermal unter dem linken Nasenloch und den aufgeworfenen Lippen; er kam sich schwächlich vor. Am meisten wünschte er sich mehr Selbstsicherheit, er verabscheute es, so feige und schüchtern aufzutreten, war im Unterricht mündlich zu still, was die

Lehrer bemängelten, und zu brav und folgsam, was ihm in der Klasse keine Freunde machte. Nie brachte er den Mut auf, sich mit Lehrern zu streiten oder sich auf dem Schulhof zu raufen, nicht einmal mit Worten war er schlagfertig genug, sich Respekt zu verschaffen. Bestenfalls bemerkte ihn niemand. »Ich war glücklich, dass ich da sein durfte«, sagte er über sich selbst vor Gericht.

Mehrere Male fiel Magnus längere Zeit aus, weil er krank war, und schließlich entschloss er sich, die siebte Klasse zu wiederholen. Nun gehörte er zu den Ältesten und Größten der Klasse, der Albtraum Schule sollte damit ein Ende haben. Vorerst. Kurz vor dem Abi würden ihm die Klasen-Brüder das Leben zur Hölle machen.

Seine Freizeit verbrachte Magnus am liebsten auf dem Fußballplatz. Mit sechs Jahren trat er in einen Verein ein und träumte wie die anderen Jungs davon, einst für die Eintracht Frankfurt zu spielen. Bis ihm sein Trainer zu verstehen gab, er sei zu weich im Zweikampf. Es solle sich mal etwas trauen.

Jakob hatte überhaupt keine Angst, erinnerte sich Magnus. Bloß überrascht hat er geguckt, als er ihm das Klebeband über den Mund zog. Hatte das Ganze wohl als Scherz empfunden.

»Ach, Maggi, und ich dachte, du hättest es endlich geschafft, damit aufzuhören.« Frau Gäfgen riss ihren Sohn aus seinen Gedanken. Fragend schaute er sie an. Ihre Stimme hatte einen leicht weinerlichen Ton angenommen. »Du kaust schon wieder auf deinen Fingernägeln.« Tatsächlich. Die Haut um den rechten Ringfinger war abgenagt, das Nagelbett blutete leicht. Schon als Kind hatte er an den Fingernägeln gekaut, seine Eltern waren schier verzweifelt, weil er durch nichts davon abzubringen war. Er selbst hatte ständig versucht, damit aufzuhören, aber es war wie eine Sucht. Einige Wochen ging es ohne, dann fing er wieder damit an. Bis er Katha gefunden hatte und eine Zeit lang so glücklich war wie nie zuvor in seinem Leben. Seitdem dachte er, drüber hinweg zu sein.

Magnus wurde plötzlich heiß, und er wollte nur noch fort. Ganz schnell. Sein Vater und Achim waren in ein Gespräch vertieft, Achim erzählte – wie Magnus mit halbem Ohr auffing – von seiner Arbeit als Sonderschullehrer, was selten genug vorkam. Herr Gäfgen machte keinen Hehl daraus, dass er von diesem wenig einträglichen Job nicht sonderlich viel hielt und seine Hoffnungen eher auf dem jüngeren Sohn ruhten, der Jura studierte. Magnus war darauf sehr stolz. Er hatte sein Leben lang hart kämpfen müssen, um seinem Vater zu imponieren. Zu Weihnachten hatte Herr Gäfgen Magnus den gebrauchten Honda geschenkt; Achim bekam hingegen nur einen Koffer.

Auf keinen Fall wollte Magnus jetzt über sich und das scheinbar Bestimmende in seinem Leben, sein Studium, sprechen, über die mündliche Prüfung, die er zum ersten Staatsexamen noch ablegen musste. Alles schien ihm in weite Ferne gerückt, wie aus oder in einem fernen Leben. »Ich muss jetzt leider gehen«, sagte er, sah auf seine Armbanduhr, die fünf vor drei zeigte, und stand auf. Er gab sich Mühe, nicht aufzuspringen, obgleich es ihn dazu drängte. Achim schloss sich ihm an. Als er neben seinem Bruder vor das Haus trat, fragte er sich, ob sie je wieder zum Freitagsessen zusammenkommen würden. Er musterte Achim, der wie üblich in Klamotten steckte, die deutlich belegten, dass es ihm ziemlich egal war, was er anzog, solange die Hose passte. »Kommst du mal wieder in den Club?«, fragte sein Bruder, bevor er sich zum Gehen wandte. Der Club, das war der Treffpunkt alter Freunde der katholischen Gemeinde St. Bonifatius. Das war Kindheit, das war Jugend. »Ich weiß nicht«, murmelte Magnus und stieg in seinen Honda.

Missbraucht

> Halte dich still, halte dich stumm,
> nur nicht fragen, warum? warum?
>
> Nur nicht bittere Fragen tauschen,
> Antwort ist doch nur wie
> Meeresrauschen.
>
> Wie's dich auch aufzuhorchen treibt,
> das Dunkel, das Rätsel, die Frage
> bleibt.
>
> *Von Theodor Fontane,*
> *»Die Frage bleibt«,*
> *zitiert im Erinnerungsbuch*
> *der Carl-Schurz-Schule*

Linda Klasen gab sich lange Zeit Mühe, Magnus gern zu haben. Ihre beiden Söhne Florian und Matthias hatten ihn 1992 auf einer Sommerfreizeit der katholischen St.-Bonifatius-Gemeinde kennen gelernt. Obgleich Linda mit der Kirche nichts verband, hatte sie die beiden auf die Reise geschickt, weil ihr von allen Seiten erzählt worden war, wie wunderbar diese seien, und ihr als allein erziehender Mutter das Geld für einen teuren Urlaub fehlte. Florian und Matthias waren begeistert zurückgekehrt und von der Betreuung des fast erwachsenen jungen Mannes angetan.

Magnus war damals erst siebzehn Jahre alt, durfte aber schon die Kindergruppe mitbetreuen und kümmerte sich ganz besonders um die elf und dreizehn Jahre alten Brüder, was für die Jungen recht schmeichelhaft war, denn alle Kinder liebten Maggi. Magnus wusste immer genau, womit er die Kleinen begeistern konnte. Keiner war in Fantasy-Rollenspielen so gut wie er. Maggi konnte eine neue Welt erschaffen, eine mittelalterliche Welt mit edlen Rittern, Zauberern und Ganoven, in der Menschen verschwinden und wieder befreit werden. Die Inszenierung unterlag strengen Regeln, die der Meister aufstellte und überwachte. Maggi war dieser Meister, ein Magier, der als weiser Denker nichts unüberlegt tat, der jede Handlung bis ins letzte Detail plante und die Kinder mit Geschichten verzauberte, die sie bis in den Schlaf verfolgten.

Einmal nur wurde aus Spaß bitterer Ernst, wie sich Linda aus den Erzählungen ihres Sohnes erinnerte:

Der Spielführer hatte Florian wirklich verschwinden lassen, ihn auf einer Nachtwanderung im Wald entführt. Zu der Tour ins Dunkle waren die in zwei Gruppen aufgeteilten kleinen und großen Kinder gemeinsam aufgebrochen, und die älteren machten sich einen Spaß daraus, den Pfad in eine Geisterbahn zu verwandeln. Die Jüngsten quietschten vor Grausen und Entzücken, als ihnen ein großer Bruder als Monster verkleidet entgegensprang, und Maggi hatte sich auch etwas ganz Besonderes einfallen lassen: Er lag am Wegesrand, in eine Decke gehüllt, hatte Laub über sich gebreitet und packte die Vorbeilaufenden an den Beinen. Während die Gejagten schreiend die Flucht ergriffen, ließ er Florian nicht davonkommen, sondern schickte ihn mit ein paar Jugendlichen in die Herberge zurück und erzählte den im Wald gebliebenen Kindern aufgeregt, dass der Junge entführt worden sei. So echt wirkte sein Bericht, dass ein Mädchen in Tränen ausbrach und sich auch durch die Wahrheit nur mühsam wieder beruhigen ließ.

Dabei wusste im Grunde auch sie, dass »Flori«, wie ihn alle riefen, von dem »Kidnapper« immer gut betreut wurde. Magnus ließ den Elfjährigen keine Sekunde aus den Augen, teilte ihn bei allen Aktivitäten in sein Team ein und nahm ihn beim Fußball in besonders enge Manndeckung.

Nach der Freizeit vertiefte sich der Kontakt zwischen Magnus und den Brüdern Klasen. Es dauerte nicht lange und er ging in dem Haus der Familie in Sachsenhausen ein und aus, was Linda mit gemischten Gefühlen begleitete. Ihr war der hochgeschossene, dünne junge Mann von Anfang an unangenehm. Seine Haltung stieß sie ab, er bewegte sich linkisch und schien sich dauernd zu ducken und zu winden, so als würde er sich schämen und am liebsten verstecken. Schlicht abstoßend fand sie den verdrucksten Jugendlichen. Nicht einmal seine höfliche Art nahm sie für ihn ein, vielmehr empfand sie ihn als »verzogen«, im Sinne von »zu gut erzogen«, und häufig auch einfach nur besserwisserisch. Wegen ihrer Abneigung hatte Linda aber ein schlechtes Gewissen. »Was bin ich intolerant«, schimpfte sie sich in solchen Momenten. »Man muss diesem armen, verklemmten Katholiken eine Chance geben.« Zudem mochten ihn ihre Jungs, und sie wäre nie auf die Idee gekommen, den Kindern eine Freundschaft grundlos zu verbieten.

Also entwickelte sie Mitleid mit Magnus, vor allem da sie mit ihren Söhnen im Großen und Ganzen zufrieden und glücklich war. Florian und Matthias schienen ihr dankenswerterweise mit diesem Menschen nichts gemein zu haben. Beide gehörten zum Kern der Sachsenhausener Clique von Kindern und Jugendlichen, die in dem Stadtteil den Ton angaben. Sie waren beliebt, stachen in der Schule und im Verein als Spitzensportler hervor, galten als cool und witzig, und ihr Zuhause, in dem es unter dem Einfluss der gebürtigen Amerikanerin stets locker und unkompliziert zuging, war eine beliebte Anlaufstelle zahlreicher Freunde. Florian spielte Klavier, Fußball, Hockey und nahm Judounterricht, war in der Schule miserabel, wickelte aber die Pädagogen charmant und kess um den Finger. Sein Kunstlehrer meinte, Florian habe schon als Kind eine »Aura« gehabt, die Französischlehrerin sprach sogar, wenngleich sehr vorsichtig, von einer Art »Sexappeal«. Wenn der blond gelockte, strahlende Florian einen Raum betrat, sahen viele die Sonne aufgehen, und die Frage »Was stellen wir an?« stand unausgesprochen im Raum.

Sein älterer Bruder Matthias war eher introvertiert. Im Sport konnte er nicht ganz so viele Erfolge verbuchen. Matthias brachte es zwar einmal im Hockey zum Hessenmeister, Florian kassierte die Trophäe gleich zweimal. Matthias war der Schweigsamere, aber auch der Intellektuellere, den viele Erwachsene schon mit 14 Jahren als interessanten Gesprächspartner schätzten. Daher konnte Linda verstehen, dass Magnus sich gern mit ihm traf, obwohl zwischen den Teenagern ein Altersunterschied von vier Jahren lag.

Magnus suchte auch mit Linda das Gespräch. Er schwärmte, wie süß »der Flori« sei, und sie kam mehr und mehr zu der Überzeugung, dass es doch eigentlich etwas Rührendes habe, wie sich dieser Junge auch außerhalb seiner Rolle als Betreuer in der Kirchengemeinde um die Kinder kümmerte. Manchmal erzählte Magnus auch von sich und seinem Zuhause. Wenn er jedoch auf seinen Vater zu sprechen kam, blockte Linda ab. Sie spürte, dass der Junge ein ernsthaftes Problem mit ihm hatte und es da etwas gab, das sie nicht wissen wollte. Warum genau, vermochte sie nicht zu sagen. Magnus wirkte auf sie ohnehin deprimierend, aber wenn er über seinen Vater klagte oder von familiären Problemen anfing, packte sie ein ungutes Gefühl. Sie wollte sich in nichts hineinziehen, nicht zu viel Nähe aufkommen lassen, kurzum, keine Vertrauensperson für Magnus werden.

Matthias' Sympathie für Magnus hielt nicht lange an. Nach der Sommerfreizeit traf er sich zwar noch einige Male mit ihm, dann aber stieß ihn »der Depp«, der immer nur mit kleinen Kindern verkehrte, zunehmend ab. Im Alltag fand er den ideenreichen Teenager zunehmend als »brav und bieder«, und seine Anhänglichkeit wurde ihm lästig. Magnus hielt sich daraufhin mehr an Florian. Er lud ihn ins Kino ein, verköstigte ihn bei McDonald's und spendierte ihm Eis. In den Pausen an der Carl-Schurz-Schule, die sie beide besuchten, trafen sie sich, und der elfjährige Florian fühlte sich erwachsen mit seinem Freund aus der Oberstufe des Gymnasiums, der ihm auch noch vor aller Augen Schokocroissants und Käsebrötchen spendierte. Was Florian allerdings auf den Wecker ging, waren die ewigen Ringkämpfe, in die ihn sein großer Freund zu verwickeln suchte. Immerzu forderte Magnus ihn auf, seine Judoübungen an ihm auszutesten; er war begeistert, wenn sich der Kleine in seinem festen Griff wehrte oder ihn mit seinen dünnen Ärmchen in den Schwitzkasten nahm. Florian ärgerte sich ein wenig, weil die Übungen, die Magnus mit ihm machte, mit Judo wenig zu tun hatten. Irgendwann kam ihm das Spiel komisch vor, und er wies den Freund zurück. Suchte Abstand.

Magnus ließ nicht locker.

Er stand bei der Familie Klasen vor der Tür, wartete, wenn es sein musste, Stunden, bis Florian kam. Schließlich wurde dem Kleinen auch das zu viel, Maggi war zwar lieb und nett, aber er konnte doch nicht dauernd nur mit *ihm* herumhängen. Als Florian Magnus das sagte, war er zutiefst gekränkt, zog sich jedoch nicht zurück, sondern überschüttete den Elfjährigen fortan mit Moralpredigten, beklagte sich, weil dieser so wenig Zeit für ihn hatte, und kämpfte in vielen Briefen um die Freundschaft.

So bewies er Florian am 30. April 1994 seine Zuneigung mit einer Postkarte nach Frankreich, wo sich sein junger Freund auf Klassenfahrt aufhielt:

> ***Hi Flori!***
> ***Viele Grüße von meiner Geburtstagsparty sendet dir dein Freund Maggi. Es ist echt cool hier. Auf der Rückseite eine Autogrammliste der Teilnehmer. Schreib mal.***
> ***Ciao***
> ***Maggi***

Seine Gäste, 19 an der Zahl, ließ er auf der unbedruckten Vorderseite ordentlich untereinander in zwei Spalten unterschreiben.

Als Florian sich davon wenig beeindruckt zeigte, flehte Magnus ihn immer wieder an, ihm doch wenigstens zu sagen, was er an ihm auszusetzen habe. Warum er nicht länger sein Freund sein wolle. Ob es vielleicht ein Missverständnis gebe? Und wenn ja, dann müsste er doch wenigstens wissen, worum es gehe. Vielleicht könnten sie es dann gemeinsam aus der Welt schaffen. Ihre Freundschaft sei doch viel zu kostbar, um sie womöglich an einem Missverständnis scheitern zu lassen. Ob ihm denn das alles gar nichts bedeute. All die lustigen Stunden, die sie zusammen erlebt hätten.

Sie müssten reden. Am besten sofort. Jedenfalls heute noch. Ginge es vielleicht abends? Er würde ihn abholen. Am besten um 20.15 Uhr. Und dann könnten sie irgendwo etwas essen gehen. Es sei ja völlig egal, wo. Er möge ihn anrufen, wenn etwas dazwischenkommt oder er es sich doch noch anders überlegt … und so weiter und so fort.

Florian schwirrte der Kopf und Frau Klasen ebenfalls, denn Magnus versäumte nicht, sie in die Auseinandersetzungen mit ihren Söhnen einzubeziehen. Einmal gelang es Magnus sogar, sie tüchtig zu erschrecken. Auf die für ihn, wie sie fand, typische wortgewandte und zugleich schwammige Weise deutete er an, es gebe etwas, das Flori beträfe, was sie unbedingt wissen müsse. Er wollte nicht sofort mit seiner Nachricht herausrücken, sondern bat Frau Klasen um eine »Sprechstunde« und schlug vor, diese an einem Wochenende abzuhalten, und zwar am besten dann, wenn Florian und Matthias, wie er wusste, bei ihrem Vater wären. Jedenfalls dürften die beiden auf gar keinen Fall etwas von dem Gespräch mitbekommen und auch nicht wissen, dass ein solches geplant sei, darauf legte er nachdrücklich Wert. Gleichzeitig entschuldigte er sich bei Frau Klasen für seine Bitte und hob hervor, dass es sonst eigentlich nicht seine Art sei, die Eltern seiner Freunde heimlich in irgendwelche Geschichten mit hineinzuziehen, aber nach ihrem Treffen würde sie sicher verstehen, warum er diesmal eine Ausnahme mache.

Lindas erster Gedanke war: »Oh Gott, in was hat Magnus meine Kinder hineingerissen?« Bis zum Wochenende hielt sie es nicht aus, sondern suchte sofort das Gespräch mit Magnus. Der druckste eine Weile herum, bis er ihr offenbarte: »Florian hat wieder nicht angerufen, obwohl er es versprochen hat.«

Der Kinderbetreuer begann Linda auf die Nerven zu gehen. Als er eines Abends, sie waren gerade beim Essen, vor der Tür stand, entschloss sie sich, sein Klingeln zu ignorieren. Die letzten Male war sie dem Schellen gefolgt, und es hatte eine halbe Stunde gedauert, bis er akzeptierte, dass sie auf seinen Besuch am heutigen Tag keinen Wert legte. Er hatte unermüdlich diskutiert und sie hatte große Mühe, seinen Plädoyers andere Argumente als rein emotionale entgegenzusetzen.

Es klingelte wieder. Linda und die Jungen waren verstummt und rührten sich nicht. Draußen wurde es still. Eine Weile lauschte sie noch, dann atmete Linda auf, zwinkerte ihren Söhnen zu – und fuhr zusammen. Durch das Fenster sah sie jemand an: Magnus. Er war an der Wand hochgeklettert, um nachzuschauen, ob die Familie wirklich nicht zu Hause war.

Diesem Druck, der letztlich von einer liebenswerten Anhänglichkeit herzurühren schien, konnten Linda und Florian nicht ständig widerstehen. Magnus war immerzu bemüht, seinen Freund glücklich zu machen. Kurz bevor die Beziehung ein Ende fand, schenkte er ihm teure Turnschuhe. Tagelang war dieser Turnschuhkauf Thema bei der Familie Klasen, Linda wollte von einem solch kostspieligen Geschenk nichts wissen, legte ihr Veto ein, bis ihr die Quengelei von Magnus und Florian derart auf die Nerven ging, dass sie die Teenager gewähren ließ, mit dem Hinweis, nichts, aber auch rein gar nichts mehr von diesen Schuhen hören zu wollen. Viel später erfuhr sie, dass Magnus mit Florian »irgendwohin« gefahren war; vor »irgendeinem« Haus hatten sie gehalten, und Magnus verschwand darin, während Florian im Auto wartete. Der Kleine fand das sonderbar, aber auch spannend, und als Maggi mit den tollen Schuhen in seiner Größe aus dem unbekannten Gebäude kam, war die Freude groß. Bis diese Turnschuhe wenig später auf mysteriöse Weise aus dem Hause Klasen verschwanden, um nach einer Woche von Magnus wiedergebracht zu werden. Magnus berichtete, er habe die Schuhe auf dem Flohmarkt gefunden. Die Klettverschlüsse waren zerschnitten.

Die Turnschuhe waren nicht das Einzige, was in den Zimmern der Familie Klasen auf einmal nicht mehr auffindbar war. Nach einer Reise mussten die Kinder feststellen, dass ihnen Computerkonsolen fehlten und Autonadeln, die sie leidenschaftlich sammelten. Matthias entdeckte einige der vermissten und wertvollen Nadeln, darunter sein Lieblingsstück von Ferrari, das er an Kratzern als sein Eigentum erkannte, in der Wohnung von Magnus. »Das sind ja unsere Nadeln«, sagte er. »Die habe ich vom Flohmarkt«, entgegnete Magnus.

Ab und an kam es im Laufe der etwa zweijährigen Freundschaft zwischen Magnus und Florian vor, dass der Junge bei seinem älteren Freund übernachtete, der damals noch bei seinen Eltern in der recht beengten Wohnung in der Heimatsiedlung Sachsenhausen lebte. Für Florian war das ein Abenteuer. Er durfte länger aufbleiben, darüber hinaus besaß sein erwachsener Freund haufenweise spannende Computerspiele, von denen seine Mutter nichts hielt. Meist erkundigte sich Magnus bei Linda, ob Florian am Wochenende bei ihm übernachten dürfe, damit sie mehr Zeit zum Spielen hätten. Linda antwortete stets, sie würde das erst mit Florian besprechen müssen, woraufhin Magnus schnurstracks zu dem Jungen ging und ihm mitteilte: »Ich habe mit deiner Mutter verabredet, dass du bei mir schläfst.« Einmal untersagte Linda ihrem Sohn daraufhin, bei seinem Freund zu bleiben. Magnus, der dabei war, argumentierte so lange und heftig dagegen, bis Linda die Geduld verlor und schrie.

Wenn Florian und Matthias bei Magnus zu Besuch waren, bekamen sie von seinen Eltern kaum etwas mit. Der Vater zog sich zurück, die Mutter trat meist nur dann in Erscheinung, wenn Magnus nach Schnittchen rief, die sie in sein Zimmer brachte. Eines Abends, es war im Mai 1994, übernachtete Florian wieder einmal bei seinem Freund, da dieser ein neues Computerspiel gekauft und ihm versprochen hatte, bis in die Nacht hinein mit ihm um Punkte für den besten Bundesliga-Manager zu zocken. Magnus hielt Wort und sie kämpften Stunde um Stunde, bis dem Dreizehnjährigen die Augen zufielen. Draußen war es längst stockdunkel, und in den übrigen Wohnungen der Heimatsiedlung brannte kein Licht mehr.

Florian gähnte und krabbelte in Maggis Bett. Es gab zwar auch eine Schlafcouch in dem Zimmer, aber sein großer Freund wollte, dass sie nebeneinander und unter einer Decke schliefen. Magnus ging zur Tür, drehte den Schlüssel um und zog ihn ab.

Später wusste Florian nicht mehr, was ihn geweckt hatte, er erinnerte sich nur noch, ein mulmiges Gefühl gehabt zu haben. Er zwinkerte und stellte so zwischen Traum und Wirklichkeit fest, dass Magnus neben ihm noch gar nicht schlief, sondern auf den Fernseher starrte, von dem sonderbare, ihm unbekannte Geräusche ausgingen. Der Junge war zu müde, um neugierig genug zu sein, sich nach dem eigentümlichen nächtlichen Programm zu erkundigen oder seinen Freund zu fragen, warum er denn nicht schlafe. Er machte die Augen gar nicht erst richtig auf. Da spürte er eine Bewegung auf der Bettdecke. Langsam und vorsichtig strich etwas über die leichten Wellen, die sein Körper durch den Überzug warf. Zuerst glitt es über seine Brust, dann über den Bauch … Florian erstarrte. Ihn packte Angst vor dem, was hier geschah im Dunkeln, das nur vom Flimmern der Fernsehbilder zerrissen war, in der

Stille der Nacht, die bis auf ein hastiges Atmen und dann und wann ein leises Stöhnen alles zu verschlucken schien. Dieses Heimliche, Unbemerkt-sein-Wollende durfte auf keinen Fall erkannt werden. Das Kind stellte sich schlafend. Aber als es fühlte, wie die Berührung ein wenig fester wurde, tiefer hinab zur Hüfte wanderte, zuckte es einmal, wie in einem schweren Traum, und warf sich auf die Seite. Die Hand schnellte zurück. Nichts bewegte sich mehr. Kurz darauf erstarben auch mit einem leisen Klick die teils lustvollen, teils gequälten Laute, und als Florian am Morgen erwachte, lachte ihm Magnus wie immer entgegen.

Was in einer anderen und zugleich letzten Nacht passierte, die Florian bei Magnus verbrachte, konnte er seiner Mutter erst Wochen später erzählen. Zutiefst verunsichert hatte er am Tag, der auf diesen folgte, die elterliche Wohnung seines erwachsenen Spielkameraden verlassen. Was geschehen war, konnte er nicht erklären, es bereitete ihm aber Angst und Scham. Die Szenen ließen ihn nicht los, er sah, wie Magnus wieder einmal die Tür abschloss, fühlte die Hand zuerst auf der Bettdecke, die er mit einem Zucken seines Körpers diesmal nicht vertreiben konnte, die vielmehr umso kräftiger zupackte und sich unaufhaltsam unter die warme Hülle schob. Ihm schauderte, wenn er daran dachte, wohin die Finger gewandert waren, was sie dort getan und wie er es hatte geschehen lassen. Er hatte Angst gehabt, Todesangst. Denn diesen Magnus kannte Florian nicht, dieser Magnus war außer sich, stöhnte, schwitzte, schien nichts mehr um sich herum wahrzunehmen.

Als Florian Jahre später erfuhr, dass Magnus den kleinen Jakob umgebracht hatte, sagte er zu seiner Mutter: »Was für ein Glück, dass ich mich nicht gewehrt habe.« Und als er hörte, auf welche Weise das Kind getötet worden war, wie der Täter nach eigener Beschreibung seinen Körper an das Opfer gepresst hatte – »Kopf an Kopf«, wie Magnus sagte –, bis es sich nicht mehr rührte, flüsterte er: »Das kenne ich.«

Abgewinkt

Auch ich kann es nicht fassen! Vor mehr als zehn Jahren war ich hier mit ihm in einer Klasse, habe mit ihm unten im Gang Skat gespielt. Und nun ist er wahrscheinlich zum Mörder geworden. Zu deinem Mörder, Jakob. Es tut mir unheimlich leid, und mein ganzes Beileid gilt deiner Familie. Möge Gott sie beschützen und ihnen Kraft für ihr weiteres Leben ohne dich geben. Ich kann es nicht begreifen!

Unbekannt, aus dem Kondolenzbuch

Florian schwieg. Und Magnus wandte sich seinem großen Bruder zu. Matthias hielt den »glatten, immer höflichen Typen«, den er eigentlich nicht leiden mochte, zwar auf Distanz, doch eines Abends plante er etwas, bei dem ihm der ergebene junge Mann von Nutzen sein konnte, weil er ein Auto hatte: einen Graffiti-Einsatz. Der Fünfzehnjährige hatte es in der Szene bereits zu einer gewissen Bedeutung gebracht, worauf er ungemein stolz war, doch es schien ihm ratsam, seine derart zur Schau gestellten künstlerisch heldenhaften Fähigkeiten vor seiner Mutter geheim zu halten. Zu nächtlichen Sprühaktionen konnte er demnach schlecht von zu Hause starten. Die Möglichkeit, bei Magnus zu übernachten, kam ihm da sehr entgegen. Von dort aus konnte er nicht nur unbemerkt starten, er konnte sich auch noch zum Einsatzort kutschieren lassen.

Die Aktion lief nach Plan. Magnus wartete in seinem Wagen, bis Matthias sein Bild mit Hilfe eines Freundes beendet hatte, und nahm die Helden wieder auf. Anschließend sollten die beiden Pennäler bei Magnus schlafen, doch auf dem Rückweg fiel ihrem Chauffeur ein, dass in seinem Zimmer an und für sich nur Platz für eine weitere Person sei. Mit ein paar tröstenden Worten setzte er den Sprayer-Kollegen vor seinem eigenen Zuhause ab. Matthias nahm er mit. Da Florian seinem großen Bruder von den nächtlichen Übergriffen nichts erzählt hatte, dachte sich der Halbwüchsige nichts dabei. Noch im Vollbewusstsein seiner Tat hockte er sich auf das Sofa in Magnus' Zimmer, konnte vor Freude kaum still sitzen und sprudelte entgegen seiner gewohnt stillen Art heraus, was ihm gerade durch den Kopf schoss; wie es war, als er an der Hauswand stand und in Windeseile die Dose führte, dort, im Lichte der Taschenlampe seines Kumpels, jede Sekunde auf dem Sprung, auf jedes Geräusch lauernd. Magnus habe ihm eine Weile zugehört, dann aber knapp gesagt: »Schön, aber jetzt lass uns schlafen.«

Matthias war verblüfft, dass sie schon schlafen gehen sollten, aber er fügte sich und machte Anstalten, sein Quartier auf dem Sofa zu nehmen, doch Magnus behauptete, nur eine Decke zu haben, weshalb sie beide in seinem Bett nächtigen müssten.

Bis zum Morgengrauen wagte Matthias nicht, sich zu rühren. Nach allem, was ihm widerfahren war, nachdem Magnus das Licht gelöscht hatte, hatte er jedoch kein Auge zugetan. Erst als die Sonne ins Zimmer schien, stieg er mit zitternden Knien aus dem Bett, schloss die Tür von Maggis Zimmer auf und ging ins Badezimmer. Er wusch sich die getrockneten Flecken vom Bein, dann zog er die Boxershorts aus und stopfte sie tief in seine Tasche. Mein Beweisstück, dachte er zunächst, ein paar Tage später aber warf er sie weg, um »es« zu beseitigen. So wie Florian eines Tages alle Briefe, die ihm Magnus geschrieben hatte, mit einem Freund im Hof verbrennen würde. Dann ging Matthias in das Schlafzimmer zurück. »Was ist denn los? Warum gehst du denn schon?«, wollte der junge

Mann im Bett wissen, gähnte und grinste. Matthias starrte ihn an. »Ist was?«, fragte Magnus. – »Ich muss gehen.«

Auch Matthias erzählte niemandem von seinen Erlebnissen. Erst als er erfuhr, dass Magnus Florian am Telefon drohte: »Wenn du dich innerhalb der nächsten zehn Tage nicht mit mir triffst, bringe ich dich um«, vertraute er sich seiner Mutter an.

Linda Klasen schaltete als Erstes das Jugendamt ein. Eine Mitarbeiterin glaubte ihr und den Jungen. Noch Jahre später dachte Linda dankbar an die ältere Dame, die damals ihrem Ruhestand entgegenblickte und den »Mut« aufgebracht hatte, sich entgegen der Ansicht der Leitung des Jugendamtes des Falls anzunehmen, indem sie eine Kontaktsperre verhängte, die Verantwortlichen der Carl-Schurz-Schule informierte und Magnus Gäfgen ein Therapieangebot unterbreitete. Magnus lehnte ab.

Die Angestellte des Jugendamtes riet Linda ab, gegen Magnus Gäfgen gerichtlich vorzugehen, um den Kindern eine schonungslose Befragung in der Verhandlung zu ersparen. Linda sah schließlich von einer Anzeige ab, vor allem nachdem sie hatte erfahren müssen, wie schwer es gewesen war, ohne Beweise beim Jugendamt Gehör zu finden, aber sie beschloss, auf eigene Faust zu tun, was sie tun konnte, um zu verhindern, dass Magnus seiner Neigung nachging. Auch sie schrieb einen Brief an die Carl-Schurz-Schule, in dem sie vor dem Oberstufenschüler warnte – eine Antwort bekam sie nie. Es wurden ihm auch weiterhin durch die Schule Nachhilfeschüler vermittelt.

Florian, Matthias und ein paar Freunde klebten mit Tape-Band die Buchstaben »KiFi« auf Magnus' Auto, die Abkürzung für »Kinderficker«. Sie malträtierten ihn mit nächtlichen Telefonanrufen, bis sich Magnus eine neue Nummer zulegte. Wo immer sich eine Gelegenheit ergab, sprach Florian die

Kinder in Sachsenhausen an: »Dein kleiner Bruder fährt mit Magnus auf Freizeit? Pass auf, du weißt, was er mit mir gemacht hat.« Der auf diese Weise Angeklagte versuchte dem entgegenzuwirken und sprach von sich aus Freunde des kleineren Klasen an. Falls sie von Flori »Schlechtes« über ihn hörten, sollten sie dies nicht glauben, bat er sie eindringlich und forderte sie zugleich auf, niemandem von dem Gespräch zu erzählen.

Jahre später, nach dem Mord an Jakob, erinnerte sich die Chemielehrerin von Magnus dunkel an »Vorfälle in der Schule«: Eine Gruppe von Jungen um die Klasen-Brüder hätten den unauffälligen, stets freundlichen und höflichen Schüler der 13. Klasse »massiv belästigt«, sie hätten sein Auto und sein Schließfach mit Dreck oder Kot beschmiert, ihn beleidigt und nachts mit Anrufen gequält. Magnus habe sich damals in seiner Hilflosigkeit an eine Beratungslehrerin gewandt. Was wirklich vorgefallen war, sei nie herausgekommen, es sei etwas gewesen, das nicht habe hoch gehängt werden sollen. Ein einmaliger Vorgang in der Schule, etwas, was die Jugendlichen untereinander ausmachten.

Nach Schule und Jugendamt steuerte Linda Klasen den Pfarrer der katholischen St.-Bonifatius-Gemeinde an, der Magnus Gäfgen nicht nur von frühester Kindheit an kannte, sondern ihn auch frühzeitig als Betreuer der Kleinen eingesetzt hatte. Als dessen Mitarbeiterin ihr nicht sofort einen Termin geben wollte, drohte Linda, bei dem Pfarrer auf der Schwelle zu stehen. Schließlich saß sie dem schlanken, beinahe zierlich wirkenden, hoch gewachsenen Seelsorger gegenüber. Etwa eine Stunde lang. Und Linda erinnerte sich, dass der Mann sie während dieser langen Zeit nicht ein einziges Mal angesehen hatte. Bloß immerzu auf den Teppich habe er gestarrt, bis sie schon kurz davor war zu fragen, ob er nicht vielleicht darunter kriechen wolle. Anfangs hatte sie Angst gehabt, diesem liebenswürdigen, sanftmütig wirkenden katholischen Kirchenmann zu nahe zu treten, ihn mit den »schmutzigen Geschichten« zu überfordern. Es kostete sie viel Überwindung, ein solches Tabuthema anzusprechen, ihn mit Details zu konfrontieren, die einem die Schamesröte ins Gesicht treiben könnten. Hinzu kam, sie fühlte sich mitschuldig, denn hatte sie nicht als Mutter ihre Kinder zu wenig geschützt? Wahrhaft, es war keine Freude, über all das zu reden, andererseits betrachtete sie es als ihre mütterliche und bürgerliche Pflicht, den Kirchenmann aufzuklären. Er musste doch wissen, was hinter den Kulissen vorging. Sie war fest davon überzeugt, der Gemeinde mit der Wahrheit einen Dienst zu erweisen. Ein wenig hoffte sie auch, der Seelsorger würde sich als offizielle Person des Vergehens annehmen. Doch der Mann schwieg und hielt die Augen zu Boden gesenkt.

Neun Jahre nach diesem Gespräch erinnerte sich der Pfarrer, wie »unangenehm« ihm die Frau gewesen sei. Als »aufdringlich« habe er sie empfunden, als »ziemlich hysterisch« und er habe bei sich gedacht, wie kriege ich die wieder los. Von sexueller Belästigung sei nicht direkt die Rede gewesen, nur davon, dass sich der Jugendbetreuer mit den Kindern im Bett herumgewälzt habe. Die Mutter habe sich vor allem über komische Geschäfte beschwert, die Magnus mit den Brüdern gemacht haben solle. Zuletzt habe er ihr empfohlen, zur Polizei oder zum Jugendamt zu gehen, falls sie konkrete Vorwürfe hätte.

Das Gespräch endete in einem Streit. Linda verlangte von dem Pfarrer, Magnus von der nächsten Sommerfreizeit auszuschließen, zu der sie ihre Söhne bereits angemeldet hatte – aber er wollte ihrer Forderung nicht nachkommen. Das könne man doch auch anders regeln, argumentierte er, vielleicht habe Magnus ja doch nichts getan, eigentlich sei er doch ein »ganz Lieber«. Erst als Linda »Konsequenzen« ankündigte, fügte er sich.

Der Seelsorger sprach Magnus auf den Vorfall an. Der junge Mann habe ihm »souverän« versichert: »Sie können sich auf mich verlassen.« Und der Pfarrer hatte »nicht so ein schlimmes Gefühl«.

Obwohl Linda von einer Strafanzeige absah, schaltete sie wegen der Morddrohung einen Anwalt ein, über den sie Magnus Gäfgen aufforderte, jegliche Kontaktaufnahme mit Florian zu unterlassen. Daraufhin suchte sich auch der Beschuldigte Rechtsbeistand. Seine Anwältin wies die gegen ihren Mandanten erhobenen Vorwürfe zurück und sprach von »unzutreffenden Unterstellungen«, durch die »eine Hetzjagd in Gang gekommen« sei, »deren Ausmaß zunehmend menschenverachtende, sadistische und perverse Züge annimmt«. Sie erwähnte den Telefonterror mit fünf Anrufen ohne Namensnennung während der Nacht zum 3. Juni 1994, in denen Magnus »beschimpft und beleidigt« worden sei. »Diese Anrufe befinden sich auf dem Anrufbeantworter meines Mandanten und weisen eindeutig Florian und seinen Bruder als Sprecher aus.« Zur Sprache brachte sie auch, dass Magnus Gäfgens Auto mit der Aufschrift »Kinderficker« beklebt worden sei, während er versucht habe, »wenigstens die zugesagten Gelder für den Schuhkauf zu bekommen«. Außerdem werde ihr Mandant in der Schule wiederholt und lautstark von Florian und seinen »Freunden« als »Kinderficker« und »Kinderschänder« beschimpft, und sein Schließfach sei »entsprechend beschmiert«. Die Anwältin forderte, künftig Äußerungen im Zusammenhang mit sexuellem Fehlverhalten ihres Mandanten zu unterlassen, da diese »unwahr« seien und den Tatbestand der »Beleidigung und Verleumdung« darstellten.

Während Florian und Matthias manche dieser Racheaktionen nicht nur zugaben, sondern auch erklärten, sie für eine »spontane und notwendige Reaktion« zu halten, wehrten sie sich gegen einen anderen Vorwurf, den der Beschuldigte über seine Anwältin hervorbrachte: Demnach hatten Freunde und Bekannte von Magnus eine grafisch entsprechend gestaltete Anzeige erhalten, auf der stand:

Im Alter von 19 Jahren erlag an den Folgen eines tragischen Unfalls

Magnus Gäfgen

In stiller Trauer und bleibendem Gedenken:

Angehörige
und Freunde

Die Trauerfeier findet am Donnerstag, dem 18. August 1994, um 11.30 Uhr auf dem Parkfriedhof Heiligenstock, Friedberger Landstraße 647, in Frankfurt am Main statt.

Matthias und Florian konnten die Briefe mit der Todesanzeige nicht verschickt haben, weil sie vom 31. Juli bis zum 18. August auf Lanzarote gewesen seien, konterte ihr Anwalt. Und Helfer hätten sie nicht gehabt. Linda, Florian und Matthias vermuten bis heute, dass Magnus seinen eigenen Tod verkündet hat.

Linda suchte auch das Gespräch mit der Mutter von Magnus.

Zwei Stunden hockte die sportlich aussehende Frau mit kurzen grauen Haaren bei ihr auf dem Sofa. Sie machte einen netten Eindruck auf ihre Gastgeberin, aber so recht wusste diese nicht, was sie von Frau Gäfgen halten sollte. Nach einigem Hin und Her hatte Linda sich entschlossen, sie anzusprechen, weil sie zu dem Schluss gekommen war, dass es dem

Wohle der Allgemeinheit am ehesten diente, wenn man sich auch des Täters annehmen würde. Linda hatte Frau Gäfgen angerufen und in sachlichem Ton gesagt: »Wir sollten uns unterhalten.« Und Frau Gäfgen war herbeigeeilt, und so saß sie nun bei der Familie Klasen im Wohnzimmer. Unbeweglich hatte sie sich die schaurigen Berichte über ihren Sohn angehört. Ruhig und höflich war sie geblieben und hatte nicht einen einzigen Versuch unternommen, zu widersprechen oder Magnus zu verteidigen.

Linda war nach dem einseitigen Gespräch etwas ratlos. Sie empfand Mitleid mit der Frau. Ein echtes »Hascherl«, dachte sie, und in diesem Gefühl gefangen, stimmte sie spontan einer Bitte der Besucherin zu, mit der die Unterredung endete: »Frau Klasen, sprechen Sie mit Magnus. Ihnen vertraut er.«

Erst im Nachhinein tippte sich Linda an die Stirn. Sollte sie sich denn um alles kümmern? Schule, Pfarrer und nun auch noch die Mutter – übernahm denn keiner in diesem Fall auch nur ein Fünkchen Verantwortung? Kurzerhand fasste sie einen Entschluss: Es würde keinen Kontakt mehr zu Magnus geben.

Frau Gäfgen hatte ihrem Sohn jedoch angekündigt, dass Frau Klasen mit ihm sprechen würde. Als dies ausblieb, schrieb er ihr einen Brief, in dem er Linda heftig kritisierte.

Einleitend gibt Magnus zu bedenken:

> ***Grundsätzlich bin ich nicht enttäuscht darüber, dass du Florian glaubst und alles daran setzt, ihm zu helfen – und damit mir zu schaden. Schließlich bist du seine Mutter. Aber deinen Weg fand ich einfach falsch:***
> ***Du hast mit allen und jedem geredet, außer mit mir! – und um mich (und Flori) geht es hier doch! (...) Was hätte dagegen gesprochen, über die Freizeit mit MIR zu reden? Vielleicht hätte ich ja auf die Freizeit verzichtet und wenn nicht, dann wäre dir immer noch der Weg zum Pfarrer (...) geblieben. So aber hast du mich***

bewusst geoutet – nicht nur in der Gemeinde, sondern vor jedem Teilnehmer der Fahrt und damit nahezu überall.

Magnus machte Linda weiter den Vorwurf, nur scheinbar an seinem Wohl interessiert zu sein:

Dir muß doch klar sein, dass Terror vom Jugendamt und der Ausschluß von der Freizeit (und damit überall geoutet zu werden) mir nicht dabei helfen werden, mit dem »Problem«, das du mir unterstellst, fertig zu werden.

Indirekt drohte er auch mit Konsequenzen, die Lindas rücksichtsloses Vorgehen für Florian haben müsse:

Und wenn der Gang über den Schulhof zum Spießrutenlauf wird, löst das weder für mich noch Flori das Problem – es schürt vielmehr den Hass und verhärtet die Fronten. Und Flori hilfst du doch damit auch nicht. Für ihn ist das Gerede sicher nicht angenehm.

Schließlich bemühte er sich, auf Linda über die Verzweiflung ihres Sohnes einzuwirken:

Aber wenn ich höre, er hat panische Angst vor mir und Albträume, so verstärkt sich seine Angst doch nur, wenn auf mich Ärger zukommt. Er muß doch Angst vor meiner Rache haben.

Ein Kriminalpsychologe, der in dem Tatmotiv an Jakob von Metzler auch eine sexuelle Komponente sieht, ist vor allem an dem letzten Satz des Schreibens hängen geblieben:

P.S. Man kann nicht darüber reden, ob ich Flori etwas getan habe oder nicht. Aber man kann – und das hätte man schon früher machen sollen – über die Lösung des Problems für Flori und mich reden. Die Ursache ist nicht zu beweisen. Aber das Problem ist da. Und an der Lösung liegt uns allen – unabhängig davon, was war.

Nach Ansicht des Psychologen lässt dieser letzte Satz tief blicken. Magnus weist die Vorwürfe des sexuellen Missbrauchs nicht strikt von sich, sondern lässt offen, was genau geschehen ist.

Linda antwortete nicht.

Und sie trat in dieser Angelegenheit auch nur noch ein einziges Mal in Aktion. Ihr war zu Ohren gekommen, dass Magnus bei einer anderen Familie mit zwei kleinen Kindern als »kostenloser Babysitter« ein und aus ging. Der kleine blonde Junge und seine ebenso hellhaarige, pfiffige Schwester schienen ihr die »perfekten Opfer« für Magnus zu sein. Als Linda dem Stiefvater am Telefon ihre Bedenken dargelegt habe, habe er sie jedoch nur angebrüllt und aufgelegt. Neun Jahre später, nach dem Mord, erfuhr sie von ihren Anwälten, dass Magnus sich auch diesen Kindern unsittlich genähert haben soll. Eine Freundin der Familie konnte nach Angaben von Frau Klasen das düstere Geheimnis, welches ihr die Mutter der geschädigten Kinder einmal anvertraut hatte, nach dem Verbrechen an dem kleinen Jakob offenbar nicht mehr für sich behalten – und meldete es der Polizei. Während des Verfahrens hielt sich das betroffene Mädchen anscheinend im Ausland auf, und der Junge habe sich geweigert, bei der Polizei auszusagen.

Die Verfahren der Brüder Klasen und des anderen Geschwisterpaares wurden eingestellt. Oberstaatsanwalt Rainer Schilling sagte nach der Vernehmung von Magnus Gäfgen am 14. Oktober 2002 gegenüber einer Zeitung, dass es keinerlei Anhaltspunkte für ein Sexualdelikt gebe; es sei nur um eines gegangen: »um Geld«. Er wiederholte dies am 20. Oktober noch einmal: »Definitiv gibt es keine Anhaltspunkte für ein sexuelles Motiv. Die alten Geschichten, wenn sie denn überhaupt stimmen, spielen deswegen auch bei den Ermittlungen keine Rolle.«

Linda Klasen wurde nie als Zeugin im Prozess gehört.

Wenn sie hörte, wie Magnus die Beziehung zu den Brüdern beschrieb, konnte sie nur den Kopf schütteln. In etwa stellte er die Geschichte, die ihn über all die Jahre nicht losgelassen hatte, so dar:

Die Kleinen hätten sich nach einer Sommerfreizeit mit der Kirche an ihn gehängt, weil sie es genossen, mit jemandem zusammen zu sein, der größer und erfahrener war als sie. Das war nichts Neues für ihn, denn viele Kinder wollten mit ihm zusammen sein, mit ihm spielen und Spaß haben. Er fand die beiden quirlig und lebendig, auch ein wenig egoistisch und eigensinnig, aber im positiven Sinne. Sie ließen sich von nichts und niemandem beirren, weder von dem, was ihre Eltern sagten, noch von ihren Lehrern oder Kameraden. Das imponierte ihm, vor allem weil er selbst ganz anders war, eher brav und angepasst. Nie hätte er sich getraut, so keck wie die beiden aufzutreten. Nachdem sie sich auf der Sommerfreizeit näher gekommen waren, unternahmen sie regelmäßig etwas miteinander, und es war immer spaßig, denn die zwei hatten ständig dummes Zeug im Kopf. Manchmal gingen sie in die Stadt, ins Kino oder sie spielten zu Hause am Computer und daraus ergab sich eine Freundschaft. Alles entwickelte sich ganz natürlich. Und den Altersunterschied vergaß er darüber.

Magnus versäumte es zum Ärger von Frau Klasen wohl auch nicht, darauf hinzuweisen, dass die Brüder ihn finanziell ausgenutzt hätten. Zuletzt sei die Freundschaft sogar daran gescheitert. Florian hatte es allem Anschein nach zu weit getrieben. Er ließ seinen Gönner über einen Sportverein günstig Turnschuhe kaufen, bezahlte diese aber nicht. Immer wieder habe Magnus ihn ermahnt, doch bitte mit dem Geld herüberzukommen, doch vergeblich. In seiner Not wandte er sich schließlich an Frau Klasen, die ihrem Sohn daraufhin sofort die Schuhe fortnahm und Magnus in die Hand drückte. Seitdem habe Florian ihn gehasst und allerlei Lügen über ihn verbreitet, meinte Magnus. Das sei so weit gegangen, dass der Junge überall behauptet habe, er hätte sich ihm unsittlich genähert.

Für den Beschuldigten war das letzte Schuljahr insofern eine Qual. Es brauchte eine Zeit, bis sich die Wogen geglättet hatten und er auch wieder am Gemeindeleben seiner Kirche wie jeder andere teilnehmen konnte.

Als Florian erfuhr, dass Magnus gut ein Jahr nach den Vorfällen wieder Kirchenfreizeiten leitete, regte er sich furchtbar auf. Und als er hörte, dass Magnus ein Jurastudium aufgenommen hatte, bekam er Angst. »Mama«, sagte er zu Linda, »ich habe das Gefühl, Maggi studiert Jura, weil er dann einem kleinen Jungen was tun wird. Er wird einen kleinen Jungen umbringen. Und mit dem Studium deichselt er das dann. Das benutzt er für seine Planung.«

Ausgewählt

Ein Ganzes zerfällt ... und auch wenn es nur ein kleiner Teil ist, der fehlt, wird ein Ganzes nie wieder ganz sein können.

Aus dem Kondolenzbuch

Den Satz würde Michaela nie vergessen. Ungläubig sah sie Maggi über den Tisch hinweg an. Das Klappern des Löffels, der immer wieder gegen den Rand seines Bechers prallte, das Stimmengewirr um sie herum in dem Café in Sachsenhausen nahm sie nur noch dumpf wahr, seine Worte ratterten in ihr nach, »Es tut mir wirklich leid«, »Es tut mir wirklich leid«, »Es tut mir wirklich leid« … Mit jedem Silbenschlag rückte Michaela ein Stück von ihm ab, von dem, was sie lange Jahre in ihm gesehen, an ihm bewundert hatte. Jeder dieser Schläge schmerzte. Es waren Abschiedsschläge, die Magnus da verteilte, mit diesem einen Satz war er nicht länger »Maggi«, sondern wuchs zu »Magnus«, dem »Großen«, mit der ganzen Bedeutungsschwere, die das lateinische Erbe seinem Namen und dessen Träger auflud, nicht länger gemildert durch die Verniedlichung. »Maggi« – das passte nicht mehr. »Maggi« hatte stets etwas Liebenswertes angehaftet, er war der Große, der seine Größe den Kleineren zugute kommen ließ. Für Michaela war er der Beschützer gewesen, der große Bruder, manchmal sogar ein Held. Mit diesem »Es tut mir wirklich leid« aber machte er sich nur noch mächtig.

Magnus brachte sich nicht allein in diese neue, erhabene Position. Als der entscheidende Satz fiel und mit diesem die Freundschaft zu seiner Teenager-Clique endgültig brach, saß ihm sein engster Freund, Gerald, zur Seite. Die beiden jungen

Männer hatten außer Michaela auch Vanessa ins Café geladen. Tatsächlich war es eine Art Vorladung gewesen, zu einem Treffen, von dem die Betroffenen und jene, die davon gehört hatten, später nur noch kopfschüttelnd als »Auswahlverfahren« sprachen.

Die Jugendlichen kannten sich schon seit Jahren, alle vier engagierten sich als Leiter von Jugendgruppen in der katholischen Gemeinde St. Bonifatius in Sachsenhausen. Einen Großteil ihrer Freizeit verbrachten sie im Club der katholischen Gemeinde und organisierten Reisen mit Kindern und Jugendlichen. In Kürze war wieder eine Reise geplant. Nach Kirchär sollte es gehen. Allerdings war die Vorfreude etwas getrübt, denn auf dieser Reise standen für Gruppenleiter nur sieben Plätze zur Verfügung. Unaufgefordert fassten Magnus und Gerald den Entschluss, sich dieser misslichen Lage anzunehmen. Sie nominierten sich zum Auswahlkomitee, das selbstverständlich an der Fahrt teilnehmen würde, und führten mit den übrigen Kandidaten Vorstellungsgespräche. Mit einem von ihnen selbst aufgestellten Fragenkatalog prüften sie, wer von ihren Freunden am ehesten für den Umgang mit Kindern geeignet war.

»Vanessa, was würdest du tun, wenn sich eines der Kinder weigert mitzuspielen?« So oder ähnlich fragte Magnus und hatte dabei den Ton eines Managers angeschlagen, der mindestens über die Besetzung von Traineestellen eines internationalen Großkonzerns zu entscheiden hatte. Die Ellenbogen auf dem Tisch, löste er die Hände aus lockerer Faltung und erteilte dem Mädchen über geöffnete Handflächen hinweg das Wort. Gerald hatte einen Kugelschreiber gezückt und einen Block vor sich liegen. Fertig zum Notieren.

Vanessa war perplex. Sie kannte Maggi, seit sie ein Kleinkind gewesen war. Er war etwa zwei Jahre älter. Ihre Mütter hatten sich zum Kaffeeklatsch getroffen. Als ihre Mutter dann wieder schwanger war und es ihr sehr schlecht ging, kümmerte sich Frau Gäfgen rührend um sie, nahm sie bei sich auf. Maggi hatte tolle Sachen von Playmobil, vor allem ganz viele Pferde, daran konnte sich Vanessa noch gut erinnern. Und sie hatte immer »Kockock« zu ihm gesagt, warum, wusste niemand. »Magnus« brachte sie jedenfalls nicht über die Lippen. Witzig war es mit ihm gewesen. Einmal war sie im Schrebergarten der Familie in den Teich gefallen … Dann, im Teenager-Alter, so zwischen 14 und 16, trafen sie sich jeden Samstag bei Freunden, eine Clique, die um die sechs Leute zählte. Schauten Videos an oder grillten. Wie hatte sie gelacht, als Maggi ein Würstchen runtergefallen war und er es einfach über den Zaun geworfen hatte. Pappbecher hatte er auf Weinstöcke gespießt und in Dreh-Kickbox-Bewegungen runtergefeuert. Maggi war doch ein Spaßmensch. Zumindest manchmal.

So jedenfalls, wie er Vanessa nun gegenübersaß, war er zweifellos der Boss. Oder vielleicht auch schon der angehende Anwalt. Ja, wenn Maggi sein Studium abgeschlossen hat und eines Tages tatsächlich Anwalt wird, möchte ich ihn nicht gegen mich haben, schoss es Vanessa durch den Kopf. Denn eines wird ihm auf jeden Fall zugute kommen: seine Überzeugungskraft. Man glaubt ihm einfach alles, genau das war es, was sie an Maggi stets fasziniert hatte. Er konnte sich in einem Moment kompetent und auf hohem sprachlichem Niveau mit jemandem über Politik, Wirtschaft, Recht unterhalten und dann auf den Sportplatz gehen und locker mit Fußballfans plaudern. Einfach jedem konnte er sich anpassen. Und daher stimmte man ihm zu und nahm ihm alles ab. Wenn er dir saure Milch verkauft und du sie trinkst, sie zuerst lecker findest, dir dann aber schlecht davon wird, würdest du nie die Schuld bei Maggi suchen – Vanessa machte sich dies nicht ohne Bewunderung klar.

Und Michaela sah ihn da nicht anders. Wenn es draußen dunkel ist und Maggi behauptet, die Sonne scheint, »dann glaube ich ihm«. Er war einfach zuverlässig, und insofern war es nur recht, dass er den Ton angab. Und fürsorglich war er. Wenn sie im Kino in einer Spätvorstellung waren, brachte er sie nach Hause, entdeckte er sie wartend an einer Straßenbahnhaltestelle, lud er sie mit einem »Ach, Micha« in seinen Wagen. Und wie stark Magnus war, bekam sie zu spüren, als sie mit der Clique zu einem Fußballspiel der Eintracht gingen. Sie fieberten alle vor Aufregung, die Menschen schoben von allen Seiten, drängten in Richtung Nadelöhr, über das der Pförtner herrschte. Und dann kam der furchtbare Moment. Sie, Michaela, hatte die falsche Karte. Unwirsch streckte der Mann am Tor ihr das mit einem Mal wertlose Stück Papier wieder entgegen. Für ihn eine einfache Handbewegung. Er hatte geprüft und für ungültig befunden. Das war's. Michaela fühlte sich hilflos. Suchte etwas in all den anonymen Gesichtern, die nichts anderes kannten, nichts anderes wollten als selber drin sein, dabei sein. Die Freunde waren schon weitergespült worden. Bis auf einen. Hinter ihr stand unverhofft Maggi. Er war einfach da. Und schob sie. Voran, dorthin, wohin es alle zog. Das schien richtig und gerecht.

So ganz unrecht schien es nun auch nicht, dass Magnus die besten Gruppenleiter auswählte. Und zwar kraft seiner Position, die er bei den Kindern besetzt hielt und die er mit dem überzeugendsten Argument, das es nur geben kann, unausgesprochen zu verteidigen wusste: Die Kinder liebten ihn. Alle. Einige seiner jungen Spielkameraden trugen T-Shirts mit der Aufschrift »Mit Maggi macht das Spielen Spaß«; die Kleinen kletterten quietschend vor Vergnügen auf ihm herum, er nahm sie auf den Arm, »Hey, Maggi« tönte es von hier und von da, wenn er sich unter die Gruppe mischte. Die Verantwortlichen in der Jugend- und Kinderarbeit erlebten ihn als »Motivator schlechthin«, wo immer Magnus auftauchte, war »High Life«. Vanessa und Michaela kamen gegen diese Beliebtheit kaum an, vielmehr hatten sie oft das Gefühl, überhaupt keine Chance zu haben, sich als Jugendleiter zu probieren. Hatte doch Magnus den Kopf voller Ideen, immer fiel ihm irgendein Spiel ein oder etwas, womit er die Kinder zum Lachen bringen und um sich scharen konnte. Da musste man erst mal mithalten. Und dann gab es auch noch Gerald. Gerald und Magnus hatten sich als Team gefunden und stärkten sich gegenseitig. Sie waren einander ähnlich in ihrer steten Suche nach Anerkennung und einem Selbstbewusstsein, das manchem überzogen vorkam. Gerald war nach Einschätzung der Verantwortlichen der Dominantere, der sagte, wie und wo und wann was gemacht wird. Er kam aus einer sehr wohlhabenden Familie, der eine Malerfirma in Frankfurt gehörte, und fiel auf als durchaus attraktiver, athletischer Sportler. Zudem galt er als Macher. Magnus fand das offenbar toll, das hatte Vanessa schon seit einiger Zeit mit gemischten Gefühlen beobachtet. Er wurde unangenehmer in seiner Ausdrucksweise, gab sich überlegen und verhielt sich immer häufiger biestig und kratzbürstig ihr gegenüber. Wenn Maggi erst einmal Macht geleckt hat, würde er immer mehr wollen, dachte sie damals. Die beiden waren ihr nicht geheuer, es kam immer häufiger vor, dass sie Gefühle überrannten. Und niemand war da, der sie bremste.

»Es tut mir wirklich leid. Aber ihr seid auf den Plätzen 8 und 9. Habt ihr noch etwas zu sagen?« Ausgemustert. Magnus und Gerald hatten sie tatsächlich einfach ausgemustert. Knallhart sagten sie ihnen damit, wie wenig von ihrer bisherigen Arbeit mit Kindern zu halten war. In Michaela brach eine Welt zusammen. Doch aus dem Schmerz heraus packte sie auch Wut. Es konnte nicht daran liegen, dass Vanessa und sie nur mäßig geeignet waren. Diese Absage war doch eine pure Machtdemonstration.

»Ich fasse es nicht, die wollen Nadia mitnehmen«, empörte sich Michaela später, als sie mit Vanessa zusammensaß, um das Ungeheuerliche zu verdauen. »Aber das ist ja auch irgendwie klar. Die lässt sich doch immer herumkommandieren. Wenn man Nadia sagt: ›Spül mal‹, dann spült sie.« – »Und dass die Julia mitnehmen wollen! Die ist doch dauernd krank und schlecht drauf«, Vanessa tippte sich an die Stirn. – »Wieso, das ist doch logisch. Die beiden sind Fans von Christoph, und Christoph fährt nicht ohne Julia.« – Michaela und Vanessa entschlossen sich schließlich, die Entscheidung nicht einfach hinzunehmen. In einem weiteren Gespräch mit den beiden setzten sie durch, doch noch an der Reise teilzunehmen, die sie jedoch kaum genießen konnten. Permanent standen sie unter Druck, setzten sich selbst unter Druck, wollten sich beweisen, fühlten sich von ihren Kritikern beobachtet und schliefen in den wenigen verbleibenden Stunden, die eine solche Fahrt mit aufgedrehten Jugendlichen mit sich brachte, kaum. Denn unausgesprochen lauerte hinter allem die Frage: »Was kommt danach?«

Auf Fotos von den Kirchenfreizeiten sieht man Magnus oft von hinten kommend mittendrin. Während er die Arme seinen Freunden um die Schultern legt, lacht er. Es ist ein Lachen, das selbst für den Betrachter laut und grell klingt, mit dem er sich gleichsam zwischen die vor ihm Stehenden bohrt, die er umklammert hält.

Hin und wieder verlässt ihn aber auch die Kraft, die er in Heiterkeit und Lebhaftigkeit pumpt. Den Verantwortlichen in der Kirche für die Kinder- und Jugendfreizeit tritt er häufig ganz anders gegenüber, eher als »Mensch wie bei C&A von der Stange«, wie einer es umschreibt. »Unauffällig« ist das Wort, das auffällig oft über ihn fällt. Als Jugendsprecher im Pfarrgemeinderat saß er meistens still da, machte bei Treffen, die sich über zweieinhalb Stunden hinziehen konnten, den Mund nicht auf. Bei dem Pfarrer hinterließ er damit einen bescheidenen Eindruck. Magnus war nie ein intensiver Kirchgänger, kein Ministrant, und jemals über religiöse Fragen mit ihm diskutiert zu haben, daran kann sich weder der ältere

Pfarrer von St. Bonifatius noch der Pastoralreferent der Partnergemeinde St. Aposteln erinnern. Es kam zu keinen Gesprächen, die über das Notwendige hinausreichten.

Dennoch verstand Magnus sich auf seine Weise durchzusetzen. Er hatte beispielsweise die Angewohnheit, den Theologen, der hauptsächlich für die Freizeiten zuständig war, als »Chef« zu bezeichnen, was sonderbar war, weil dazu nicht die geringste Notwendigkeit bestand. Dem Seelsorger um die vierzig haftete etwas Jugendliches an, spontan, begeisterungsfähig und dem Leben gegenüber in all seinen Facetten neugierig aufgeschlossen, bereit und fähig, mitzuleiden, wenn es die Situation erforderte, und zu lachen, wenn es sein Herz gebot – ein Menschen also, den Kinder einfach lieb haben –, ohne dass er sich dafür anstrengen oder irgendetwas tun müsste. Er legte Wert darauf, mit den Kindern und Jugendlichen gemeinsam zu entscheiden, ausdrücklich hatte er sich seine Autorität nur im Falle eines Unfalls vorbehalten, auch wenn es um Alkohol und Drogen ging, war er derjenige, der Klartext redete. Magnus aber nannte ihn immerzu »Chef«. Bei jeder Gelegenheit. Es war ein ständiges Kratzen und Schaben an dem Sockel, auf dem der Jugendseelsorger kraft seines Amtes und seines sonnigen Naturells unsichtbar stand.

Bei diesen verzagten Angriffen blieb es jedoch nicht. Magnus drängte immer ausdrücklicher darauf, die Rolle des »Chefs« selbst zu übernehmen, nachdem er die Kategorien »Chef/Nicht-Chef« in die kirchlichen Kreise eingeführt hatte. Auf Gruppenleitertreffen, bei denen die nächsten Freizeiten geplant wurden, stellte er mitunter unmissverständlich klar, dass er nur mitfahren würde, wenn man ihm die Gesamtleitung übertragen würde. Und wenn ihm etwas nicht gefiel, konnte er solche Sitzungen boykottieren. Meist tat er dies, indem er mit verschränkten Armen im Sessel vorrutschte und lässig und Gleichgültigkeit demonstrierend in dieser Haltung hängen blieb, nach dem Motto: »Wer bist du denn?«, »Was wollte ihr mir schon?«

Eines Tages passierte etwas, das den Jugendseelsorger erstmals stutzig machte. Es war an einem Tag, an dem er vor lauter Arbeit kaum noch wusste, wo er beginnen sollte. Die Erstkommunion stand kurz bevor. Da klingelte das Telefon. Magnus war dran. »Gerald und ich, wir müssen ganz dringend was mit dir besprechen.« Der Seelsorger stöhnte auf. Gern, aber um Himmels willen bitte nicht heute. Er schilderte seine Situation, warb um Verständnis. Darauf kam eine Reaktion, bei der er sich fragte, ob Magnus nun die Großmannssucht gepackt hatte oder ob er an Realitätsverlust litt. Die Frage stellte er sich abermals nach dem Gespräch, das nichts, aber auch gar nichts Dringliches enthielt, sich ausschließlich um Geralds und seine, Maggis, Wertigkeit in der Kinder- und Jugendarbeit drehte. Und er stellte sich die Frage erneut Jahre später, als Magnus zum Mörder geworden war. »Du musst heute Zeit haben, sonst mache ich dir die Kinder- und Jugendarbeit kaputt«, habe er gedroht.

Der Theologe stellte sich die Fragen zu Magnus stumm. Dunkle Antworten in einem Haus, das Licht in die Welt bringen will? Das wagten auch andere kaum, schon seit Jahren nicht. Als Magnus seinen Freunden in der katholischen Jugendgruppe das erste Mal Anlass zu Fragen gab, die gutgläubige Menschen lieber erst einmal hinunterschlucken, war er Abiturient. Zur St.-Bonifatius-Kirche wackelte er schon auf Kindesbeinen, seine Mutter hatte ihn an die Kirche herangeführt; jeder Sonntag begann für sie mit einem Gang ins Gotteshaus. Ihr Mann begleitete sie dabei nur selten, ihm war die Kirche als Glaubensinstitution nicht weiter wichtig. Und Magnus, zwar von der Mutter im katholischen Glauben erzogen, interessierte sich von Anfang an mehr für die Jugendarbeit als für religiöse Fragen. Schon als Zwölfjähriger durfte er in der Gemeinde erstmalig die noch Kleineren betreuen, worauf er sehr stolz war, denn offiziell musste man 16 Jahre alt sein, um Gruppenleiter zu werden. Fast alle Ferien verlebte er auf den kostengünstigen Sommerfreizeiten. Sein Engagement in der Kirche begründete Magnus eines Tages vor Gericht damit, ein hilfsbereiter Mensch zu sein, der gern für andere tätig sei. Als Zivildienstleistender bei einer Unterorganisation des Roten Kreuzes im Mobilen Sozialen Hilfsdienst umsorgte er dann alte Menschen, putzte für sie und kaufte ein. Wie er später in der Hauptverhandlung angab, verweigerte Magnus den Kriegsdienst mit der Begründung: »Ich bin kein aggressiver, gewalttätiger Mensch. Ich lehne jede Form der Gewalt ab. Ich könnte mir nicht vorstellen, mit einer Waffe zu hantieren.«

Andere konnten oder mochten sich nicht vorstellen, dass an Gerüchten, die über Jahre hinweg immer wieder einmal, manchmal schwächer, dann stärker um ihn kursierten, etwas Wahres sein könnte, dass die Summen, die etliche Male aus der Freizeitkasse fehlten, zu Zeiten verschwanden, in denen eigentlich nur Magnus Schlüssel und Gelegenheit gehabt hätte. Einmal waren auf einer Reise plötzlich 800 Mark aus der Taschengeldkasse fort – ein Batzen Geld für die ohnehin knapp kalkulierten Ausflüge. Ansonsten wusste im Laufe der Zeit fast jeder aus seinem Freundeskreis irgendwann etwas von verschwundenem Geld zu erzählen, doch das wurde weggetuschelt, totgeschwiegen im lebendigen Glauben an das Gute. Außerdem war man gewohnt, dass Maggi stets ordentlich bei Kasse war, weil er dauernd irgendeinen Nebenjob hatte; während seines Zivildienstes war er Pizzakurier und hin und wieder trat er auch damals schon als Animateur auf, selbst während der Schule verdiente er sich ein Taschengeld als Babysitter, Prospekte-Verteiler und Aushilfskraft im Supermarkt. Magnus selbst schien etwas anderer Ansicht zu sein, was seine wirtschaftlichen Verhältnisse betraf. Fortwährend machte er sich Gedanken darüber, wie sein Geld zu mehren sei, und sprach diese auch im Freundeskreis aus.

Eines Tages gipfelten seine Finanzfantasien in einer Anfrage an die Seelsorger, über die sie heute noch ungläubig staunen. So richtig direkt habe er sein Anliegen zwar nicht vorgebracht, erinnert sich der Verantwortliche für die Jugendarbeit, dazu sei er zu geschickt gewesen, denn er wusste, dass es nicht rechtmäßig war, so etwas zu fordern. Aber in der für ihn charakteristischen Art, um die Dinge herumzureden, wenngleich so, dass der Angesprochene verstand, was er meinte, habe er durchblicken lassen, dass die Kirche doch vielleicht eine Semesterarbeit, die er in Kürze abzugeben habe, bezuschussen könnte. Er deutete an, dass es da jemanden gebe, der solche Arbeiten schreiben würde, für ein paar hundert Mark, na ja, und da er sich doch auf der Freizeit so engagiere …

Der Seelsorger beschränkte sich darauf, ihn auf die rechtliche Seite dieses Wunsches hinzuweisen.

In die Knochen fuhr den Verantwortlichen für die Kinderarbeit gleichwohl etwas anderes, und mit diesem Ereignis war Magnus' Zeit als Leiter von Kinder- und Jugendgruppen im Grunde beendet. Der Jugendbetreuer öffnete eines Tages die Tür zu einem Gruppenraum und erstarrte: Alle Kinder standen in einem Kreis und schrien angewidert »Iiiieh«. Ihre Zeigefinger hatten sie wie Pistolen auf ein Mädchen gerichtet, das in der Mitte auf dem Rücken lag und wild und gleichsam lächerlich mit Armen und Beinen strampelte und dessen Gesichtsausdruck verriet, dass es nicht zu wissen schien, ob es lachen oder weinen sollte. Magnus stand mit im Kreis, feuerte die Umstehenden, scheinbar von Ekel gepackt, mit kräftigeren Schreien an. Als der Gemeindemitarbeiter herantrat, kicherten ein paar Kinder verschämt, wandten sich kurz ab und verschränkten die Hände hinter dem Rücken. Dann aber verstummten sie. So hatten sie den stets freundlichen und in aller Regel humorvollen Mann noch nie erlebt. Zuerst wirkte er fassungslos, dann aber packte ihn die Wut. »Was ist denn hier los?«, polterte er los. Das Mädchen aus der Mitte hatte sich aufgerappelt. Mit gesenktem Kopf suchte sie unbemerkt einen Platz am Rand der Gruppe. Ihre Wangen glühten und in den Augen schimmerten Tränen. Magnus schaute unschuldig drein. Es sei doch bloß ein Spiel. Wenn ein Kind zu spät komme, müsse es die ›sterbende Kakerlake‹ machen.

Der Jugendseelsorger hatte nun keine Zweifel mehr: Im Sinne einer christlichen Pädagogik war Magnus als Kinderbetreuer eine Fehlbesetzung. In jüngster Zeit hatte es immer mehr Beschwerden von Eltern gegeben, die sich beklagten, wie Magnus mit seinen Schützlingen umging. Oft werde die Grenze zwischen Spaß und Ernst nicht mehr gewahrt. Die »sterbende Kakerlake«, erzählten die Kinder, sei von Gerald eingeführt worden und hatte den Kleinen anfangs viel Vergnügen bereitet. Doch das Spiel bekam eine sonderbare Eigendynamik, in der das »Iiiieh«-Geschrei schriller und die Umkreisenden zwar zunehmend stolzer auf sich wurden, aber in ihrem wachsenden Machtbewusstsein zugleich auch ängstlicher, da im Falle des eigenen scheinbaren Versagens eine umso größere Demütigung drohte. Ferner nahm Magnus immer sichtbarer eine erhobene Position ein, indem er im Gruppenleiterraum einen Stuhl oder Tisch wählte, der ihn gewissermaßen über den Übrigen thronen ließ. Diese Demonstration schlug sich auch in der Gesprächsführung nieder, Diskussionen kamen meist gar nicht erst auf, der Mann von oben sagte, wie es zu laufen hat. Die katholischen Verantwortlichen waren sich schließlich einig: Ein solch hierarchisches Denken und dieser Drill vertrugen sich nicht länger mit der christlichen Botschaft, die vor allem besagte, du bist von Gott geliebt, ohne dass du etwas leisten musst, es ist gut, dass es dich gibt, entfalte, was du hast.

Etwa zwei Jahre vor dem Verbrechen, das Magnus begehen würde, bereitete die Kirche seinen Abgang als Kinder- und Jugendbetreuer vor, wobei sie jedoch darauf achtete, dies möglichst unbemerkt in aller Stille zu tun, um trotz allem das

Gesicht des Betroffenen zu wahren. Darum gewährten sie ihm eine ausgefallene Reise, eine Segelfreizeit, die er leiten durfte – ein letztes Mal, das war die Bedingung –, und stellten ihm obendrein ein bisschen mehr Geld zur Verfügung als ansonsten üblich. Magnus hisste die Segel.

Zum letzten Mal sah der für die Jugendarbeit verantwortliche Seelsorger Magnus auf einer Straße in der Fritz-Kissel-Siedlung. Es war abends, er war auf dem Weg von St. Aposteln zu einem Kiosk. Magnus Wohnung lag etwa einen Fußmarsch von fünf Minuten entfernt von der Kirche. »Ich war auf Ibiza«, das war die frohe Botschaft, die Magnus bei dem Wiedersehen zu verkünden hatte.

Michaela begegnete Magnus noch einmal nach der Christmette. Mit einem »Micha! Frohe Weihnachten!« stürzte er auf sie zu und fiel ihr um den Hals. Er tat, als wäre nie etwas gewesen, stellte Michaela verblüfft fest, dabei hatten sie sich doch seit Monaten nicht gesehen. Vanessa fragte er ein paar Wochen vor seiner Tat an der Bar eines Clubs, ob sie nicht wieder »Kockock« zu ihm sagen wolle, was sie nicht weniger verwunderte.

Nur eines würde die beiden eines Tages mehr erstaunen und gleichermaßen ärgern: In seinem Geständnis vor Gericht in der Hauptverhandlung am 11. April 2003 behauptete Magnus, in seiner Jugend nicht viele gute Freunde gehabt zu haben. »Ich habe versucht, meine Probleme allein zu lösen. Wenn ich damals jemanden gehabt hätte, wie den Verteidiger hier, dann wäre das alles nicht passiert.«

Daheim

In jener Stunde kamen die Jünger zu Jesus und fragten: Wer ist im Himmelreich der Größte? Da rief er ein Kind herbei, stellte es in ihre Mitte und sagte: Amen, das sage ich euch: Wenn ihr nicht umkehrt und wie diese Kinder werdet, könnt ihr nicht in das Himmelreich kommen. Wer so klein sein kann wie dieses Kind, der ist im Himmelreich der Größte. Und wer ein solches Kind um meinetwillen aufnimmt, der nimmt mich auf.
(Matthäus 18,1–5).

Für dich, lieber kleiner Jakob, beten wir und Ihnen, liebe Familie von Metzler, senden wir täglich liebevolle Gedanken.

Ein Lehrer der Carl-Schurz-Schule,
im Kondolenzbuch

Magnus drosselte das Tempo. Gleich würde er das Anwesen der Familie von Metzler an der Mörfelder Landstraße passieren, und er wollte sehen, ob sich in der Zwischenzeit etwas getan hatte. Ungefähr vier Stunden waren vergangen, seit er den Brief in die Einfahrt vor das schmiedeeiserne Tor geworfen hatte und dann in den »Schauerwald« bei Schlüchtern – wie dieser bei den Frankfurtern hieß – und zu seinen Eltern gefahren war. Das Erpresserschreiben unbemerkt zu hinterlassen, war eine der größten Herausforderungen seines Planes gewesen, denn die Einfahrt der Familie wurde von Kameras überwacht; das war ihm aufgefallen, als er Elena einmal heimgefahren hatte.

Es hatte alles wie geplant geklappt. Mit dem toten Kind im Kofferraum war er zum Waldspielpark »Louisa« gefahren, wo er das Auto an einer Telefonzelle geparkt hatte; von dort aus war er die etwa fünfzig Meter zum Anwesen der Familie von Metzler gelaufen. Er hatte den Brief zuvor in eine Klarsichtfolie gesteckt und einen Stein daran befestigt. Das Wurfgeschoss lag nicht mehr dort, wo es gelandet war, in der Einfahrt. Alles schien unberührt. So, als wäre nichts geschehen.

Magnus gab Gas, um kurz darauf wieder zu bremsen. Seine Wohnung in der Teplitz-Schönauer-Straße lag vielleicht einen Kilometer entfernt vom Haus der Metzlers. Im Schritttempo steuerte er durch die Straßen der Fritz-Kissel-Siedlung, auf der Suche nach einem Parkplatz.

In dieser Gegend überkam einen das Gefühl, die Zeit könnte seit den fünfziger Jahren einen Bogen um die Siedlung gemacht haben. Viele der Menschen, die kurz nach dem Krieg in den vier- bis sechsstöckigen kasernenförmigen Mehrfamilienhäusern eine Bleibe gefunden hatten, wohnten noch immer dort. Allerdings waren ihre Kinder längst aus dem Haus und die älteren Leute lebten allein, aber wenn sie sich auf der Straße begegneten, war es ein Wiedersehen unter Bekannten und auch ansonsten stand man sich freundschaftlich oder zumindest nachbarschaftlich zur Seite. Junge Menschen sah man recht selten, dagegen hatten sich in den vergangenen Jahren vor allem Ausländer unter die Gruppe der Alten gemischt, vorzugsweise Familien aus Kroatien und der Türkei. Viele waren arbeitslos und lebten von Sozialhilfe.

Magnus parkte seinen Wagen vor einem der Häuser mit beige-brauner Fassade und Wellblechbalkonen und trottete langsam die Straße hinab. Es zog ihn nicht in seine Wohnung, wo … besser, er dachte nicht daran. An der Ecke zu seiner Straße befand sich eine Ladenkette, die man in Sachsenhausen auch augenzwinkernd »DDR-Passage« nannte. Ein Tante-Emma-Laden quetschte sich neben den anderen, alle hatten die gleiche Tür, beige gestrichen und unten Lamellen. »Glasporzellan-Geschenke« bot »Doris Lehmann« an, es gab einen Schuh- und Schlüsseldienst und einen »Eis-Gourmet«, dessen Name in Schreibschrift, von allen Werbefeldzügen der vergangenen Jahrzehnte verschont, auf einer Tafel prangte. Ausgebeulte schwarze Lederschuhe warteten in einem Reparatur-Geschäft auf ihre Besitzer, »Farben – Tapeten – Heimwerkerbedarf« trennte nur eine schmale Wand von den Lebensmitteln, die eine Verkäuferin anbot, die sicherlich jeder Kunde namentlich kannte – und umgekehrt. Womöglich war die Zeit ja wirklich stehen geblieben. Magnus hätte es sich vielleicht gewünscht, als er die Tür zu seiner Wohnung aufstieß.

Auf dem Boden, auf dem er lebte, über den er ständig schritt, den er künftig wischen und saugen musste, als ob nie etwas gewesen wäre, hatte Jakob zuletzt gelegen. Unbeweglich. Er war nicht sicher gewesen, ob der Junge tot war. Er hatte nach seinem Puls gesucht und auch die Halsschlagader abgetastet, konnte aber nichts mehr fühlen.

Es waren keinerlei Spuren auf dem Boden. Magnus begab sich ins Badezimmer. Während er sich die Hände wusch, musterte er die Badewanne. Sie war noch feucht. Sicherheitshalber griff er noch einmal zur Brause, um sie abzuspritzen, obwohl er das schon einige Male getan hatte. Gleich danach. Da er mit Jakob in Berührung gekommen war, musste er ihn abduschen und seine Oberbekleidung ausziehen. Nach dem Abduschen hatte er nur noch Handschuhe getragen. Er hatte den reglosen Jakob in die Badewanne gesetzt, dann den Stöpsel eingesteckt, ihn mit der Brause abgesprüht und das Becken volllaufen lassen. Als genügend Wasser drin war, hatte er Jakobs Kopf untergetaucht, um zu sehen, ob Luftbläschen aufstiegen – tatsächlich stiegen welche auf, sie drangen aus Mund und Nase hervor. »Ich war mir völlig unsicher«, kommentierte Magnus diese Entdeckung rückblickend bei seinem Geständnis.

Mit einer Schere hatte er Jakobs Hose und seinen Pullover aufgeschnitten. Schuhe und Socken zog er ihm so aus. Als keine

Bläschen mehr aufstiegen, ließ er das Wasser ab. Wackelte mit dem Kopf des Jungen. Keine Reaktion. Er war sich aber immer noch nicht sicher, trampelte durch die Wohnung, ließ die Eingangstür zuknallen. Jakob würde sich doch melden, wenn er noch am Leben war? Nichts. Kein Geräusch drang aus dem Bad. Daraufhin entfernte er die Fuß- und Handfesseln und steckte ihn in einen blauen Müllsack. Um das Bündel unauffällig zum Auto zu schaffen, umwickelte er Jakob noch mit einem schwarzen Betttuch. Er verschnürte ihn ganz eng, zog ihm die Beine an, damit die Leute glaubten, er trage einen Sack.

Auf dem Weg vom Badezimmer in die Küche schritt Magnus wieder über die Stelle … vielleicht war es gar nicht passiert, nicht wirklich passiert. Er schenkte sich etwas zu trinken ein, schaute an den bunten Aufklebern am Küchenfenster vorbei nach draußen. Der blaue Elefant auf dem Glas schaute zufrieden drein. Er ging zurück ins Wohnzimmer. Von hier aus konnte er immer beobachten, wie die Flugzeuge in einer langen Kurve zur Landebahn tauchten – hinweg über den Park der Metzlers. Ob Jakob das …

Solche Fragen durfte er sich nicht stellen. Abrupt wandte er sich vom Fenster ab, setzte sich aufs Sofa. Dahinter lagen noch die Klebebandrollen.

»Ich habe mich auf der Couch zusammengekauert und nicht mehr nachgedacht. Ich war fertig. Habe geheult. Wie apathisch«, erzählte Magnus später dem Richter.

Irgendwann piepste sein Handy. Katha hatte eine SMS geschickt. Magnus solle sie aus der Stadt abholen. Er rappelte sich auf. Auf dem Tisch vor ihm lagen Broschüren. Prospekte über den Mercedes SLK. Sein Traumauto. Und wieder piepste das Handy, diesmal ein Freund. Er antwortete knapp: »Na, Gangster. Bin müde. Mach vielleicht noch was mit meiner Freundin.«

Katha

Es vergeht keine Stunde, in der ich nicht wenigstens einmal an dieses schreckliche Ereignis denke.

Katharina, in einem Brief vom November 2003

Er hatte nie gezeigt, wie sehr er litt. Aber es wurmte ihn, und zwar von Mal zu Mal mehr, wenn wieder einer seiner Freunde mit einer Freundin auftauchte. Es war wie eine Epidemie. Einer nach dem anderen. Und sie waren obendrein noch viel jünger als er. Eine Zeit lang war für Magnus die Welt in Ordnung gewesen. Nachdem er sich entschlossen hatte, die siebte Klasse zu wiederholen, konnte er sich so etwas wie einen Freundeskreis aufbauen. Das erste Mal in seinem Leben hatte er es geschafft, Freunde zu gewinnen. Ein paar Kinder aus der neuen Klasse gehörten dazu, die meisten aber kamen aus der Nachbarschaft. Alle waren mindestens eine Klasse unter ihm. Sie besuchten einander zu Hause oder bummelten durch die Stadt, joggten oder amüsierten sich auf Partys, und Magnus hatte nie den Eindruck, dass seine Kameraden zu unreif für ihn waren, selbst dann nicht, als er sich Freunde suchte, die deutlich jünger waren als er. Seit der Oberstufe gab er Nachhilfeunterricht, woraus sich Freundschaften mit Vierzehn- und Fünfzehnjährigen entwickelten – auch als er längst studierte, setzte er diese Nebentätigkeit fort.

Sein Peter-Pan-Gebaren blieb freilich nicht unbemerkt. Doch wenn ihn jemand darauf ansprach, gar den Verdacht äußerte, es könnten pädophile oder homosexuelle Neigungen dahinter stecken, wies er das weit von sich. Was sollte schon dabei sein? Er hatte Kinder einfach gerne um sich. Das sei schon immer so gewesen und doch nichts Verwerfliches.

Für einen seiner jungen Freunde, Cord, war er wie ein großer Bruder. Cord hatte Magnus durch seine Schwester kennen gelernt, die mit dem Jurastudenten auf Kirchenfreizeit gewesen war. Der zehn Jahre ältere Magnus gab ihm nicht nur Nachhilfeunterricht, sie trafen sich auch privat, so sahen sie sich vier- bis fünfmal in der Woche. Magnus aß bei ihm zu Hause Mittag, schwatzte mit Cords Eltern, ging mit seinem Schützling ins Kino, und wenn sein Schüler ihn besuchte, holte er ihn von der Haltestelle ab.

»Wir kamen super miteinander aus«, versicherte Cord dem Richter. Der Achtzehnjährige hatte sich vor dem Prozess die kurzen mittelblonden Haare mit Gel aufgestellt und war mit Turnschuhen, verblichener Jeans, rosa Hemd und Jeansjacke vor Gericht erschienen. Von einem Einzeltisch aus mitten im Saal suchte er immer wieder den Blickkontakt mit dem Angeklagten, doch dieser starrte unbeweglich vor sich hin. Während seiner Zeugenaussage klang Cord fast hilflos: »Maggi war immer nett und freundlich. Bei Problemen hat er mir gleich geholfen. Er war ein richtig guter Freund. Als ich hörte, dass Maggi ein Mörder sein soll, dachte ich, es wird wohl ein Irrtum sein. Ich konnte mir keinen Reim drauf machen. Er war mit Kindern superlieb, und sie mochten ihn. Es gab keinen, der ihn nicht mochte.« Seine Stimme war zuletzt hoch geworden, und er heftete seinen Blick beinahe verzweifelt auf den Freund, der auf der Bank zu seiner Linken saß. Es wirkte wie ein Flehen um ein Zeichen, als Antwort auf all seine Fragen. Doch Magnus rührte sich nicht.

Nachhilfeschüler Cord war ein wenig älter als Katharina Pelzer, ein gutes Jahr. Sie war fünfzehn, als sie Magnus kennen lernte. Das attraktive Mädchen mit langen, glatten braunen Haaren wurde Magnus' erste feste Freundin. Er kam mit ihr zusammen, als er 27 Jahre alt war – und er hatte sehr viel Geduld aufbringen müssen, bevor er sagen konnte: »Das war die Erfüllung meiner Träume. Das war diese feste Freundin, auf die ich stolz war und die ich vorzeigen konnte.«

Tatsächlich wollten viele, die Magnus von klein auf kannten, zunächst gar nicht glauben, dass er eine Beziehung hatte. »Der Maggi und 'ne Freundin?«, hieß es hinter seinem Rücken. Keiner konnte sich erinnern, ihn je mit einem Mädchen zusammen gesehen zu haben. Schon die Vorstellung von einem Maggi, der flirtete, ließ die meisten nur auflachen.

Er selbst gab jenen gegenüber, die sich nach dem Verbrechen einen Eindruck von ihm verschaffen sollten, zwar unumwunden zu, dass Katharina seine erste wirklich feste Beziehung gewesen sei, doch das Bild, das er darüber hinaus von sich und den Frauen zeichnete, war keines, auf dem Freunde oder alte Bekannte ihren schüchternen, eher introvertierten Maggi wieder erkannt hätten: Demnach konnte er zwar lange Zeit keine feste Partnerin präsentieren, aber Affären habe er gehabt. Wenn ihm danach war, ging er eben in die Disco oder eine Kneipe und dort fand sich schon eine. Das waren dann nicht gerade die attraktivsten Frauen, aber für seine Zwecke reichten sie. Hemmungen will er auch nicht gehabt haben. Unbefangen sei er auf sie zugegangen, habe sie in ein Gespräch verwickelt, sei aber dann auch ziemlich schnell zur Sache gekommen. Seine körperlichen Bedürfnisse seien auf diese Art befriedigt worden, aber glücklich habe ihn das nicht gemacht. Er habe sich nach mehr gesehnt.

Ehemaligen Freunden schien dieser Aufreißer-Maggi eher seiner eigenen Fantasiewelt zu entstammen. Vielleicht hatte er einmal mit einem Mädchen Händchen gehalten, auf einer dieser Kirchenfreizeiten, bei denen man sich immer etwas näher kam. Erinnern konnten sie sich daran aber nicht. Magnus war für sie eher der Typ, mit dem man gut befreundet war, mit dem man stundenlang reden und tausend Dinge unternehmen konnte.

Er selbst erzählte noch von einem Mädchen, in das er mit

sechzehn verliebt gewesen sei. Allerdings habe er sich vergeblich um die damals Vierzehnjährige bemüht. Sie habe sich zu jung gefühlt, um sich auf etwas einzulassen. Zwei Jahre lang will er für sie geschwärmt haben, es sei bei einer guten Freundschaft geblieben.

Etwa fünf Jahre später habe er sich dann noch einmal heftig verknallt, auf einer Sommerfreizeit in eine Gruppenleiterin, die vier Jahre jünger gewesen sei als er. Doch auch daraus wurde nichts. Er musste wieder erleben, dass seine Angebetete ihn zwar nett fand, gern mit ihm zusammen war und ihm vieles anvertraute, was sie im Innersten beschäftigte, aber mehr auch nicht. Manchmal habe er es nicht mehr ausgehalten und gefragt, ob sie ihn nicht vielleicht doch ein ganz klein wenig liebe, aber mehr als ein Kuss sei dabei nicht herausgekommen.

Schließlich überlegte es sich Magnus dreimal, bevor er auf eine Frau zuging. Er sei schüchtern und verklemmt gewesen, erzählte er vor Gericht. Vielleicht habe er auch zu hohe Erwartungen gehabt. Die Frauen, die er interessant fand, spielten »in einer anderen Liga«, die er nie erreichen würde. Er habe sich selbst nicht sehr gemocht in dieser Zeit und sich auch später nicht wohl gefühlt in seiner Haut.

Umso mehr beeindruckten ihn Frauen, die selbstbewusst auftraten, »die reden konnten, ihre Meinung sagten, die beliebt und attraktiv waren«, kurzum, die Eigenschaften hatten, die er für sich ersehnte. Diese Frauen, die Magnus in die »andere Liga« stellte, kamen dem allgemeinen Schönheitsideal nahe, waren weiter entwickelt, als es ihrem Alter entsprach, und hatten ältere Freunde, von denen sie verwöhnt wurden, die sie in Luxusschlitten durch die Gegend kutschierten und von Boutique zu Boutique geleiteten, um im richtigen Moment die Kreditkarte zu zücken. Katha, das war Magnus von Anfang an klar, war eine von ihnen.

Als er sie kennen lernte, ging es ihr nicht sonderlich gut. Sie hatte ständig Knatsch mit ihrem Freund Benjamin – »Benni«. Benni war so alt wie Katha und kam aus einer wohlhabenden Familie. Magnus kannte ihn schon eine ganze Weile. Er mochte den Jungen, unter anderem weil er spontan war. Eine Eigenschaft, die Magnus als »Kopfmensch«, wie er sich selbst beschrieb, zu seinem eigenen Bedauern vollkommen abging. Benni heckte ständig etwas aus – und hatte eine attraktive Schwester. Sie war ein wenig älter als Benni, und Magnus soll auch für sie einmal heimlich geschwärmt haben.

Katha war von Bennis Spontaneität weniger angetan. Diese fand nämlich zuweilen darin ihren Ausdruck, dass er sich recht schnell neuen Freundinnen zuwandte. Magnus beobachtete das schmerzhafte Spielchen, sah, wie Katharina einmal niedergeschlagen, ein andermal wütend war, und gab sich eines Tages einen Ruck, sprach sie auf Benni an. Das Mädchen konnte gar nicht anders, sie musste jemandem ihr Herz ausschütten, und wem, wenn nicht Maggi? Er kannte Benni lange und war außerdem schon ein richtiger Mann mit Lebenserfahrung. So konnte er ihr vielleicht auch sagen, wie sie sich Benni gegenüber am klügsten verhalten solle.

Magnus nahm die Rolle des Konfliktlösungspartners an und kam als solcher dermaßen häufig zum Einsatz, dass Katharina und er schnell enge Freunde wurden. Sie offenbarte ihm ihr Innerstes, und Magnus tröstete sie. Er fühlte mit, hörte zu oder nahm sie einfach nur in den Arm. Und er genoss das absolute Vertrauen, das zwischen ihnen herrschte und aus dem, wie er meinte, eines Tages ihr Verhältnis entstand. Zugleich bekam Katharina durch ihn das Gefühl, angenommen zu sein, so, wie sie war. Durch und durch. Ja noch viel mehr: Maggi begriff, welch wunderbare Frau sie war, was Benni – diesem Grünschnabel – entgangen zu sein schien.

Tatsächlich war Magnus von Anfang an fasziniert von dem jungen Mädchen, und nach einigen Monaten, es war im Frühjahr 2002, stellte er zu seinem Schrecken fest: Er war verliebt wie noch nie in seinem Leben. Zuerst versuchte er dagegen anzukämpfen, denn Katharina gehörte eindeutig in diese »andere Liga«, sie war attraktiv und von vielen begehrt. Er bewunderte sie grenzenlos, denn sie verkörperte genau das, was er immer sein wollte: einen Menschen, der immer nur das Beste haben wollte und seinen Weg ging. Katha war ehrgeizig, egoistisch, störrisch und selbstsicher genug, sich von niemandem etwas sagen zu lassen; ihre Dickköpfigkeit gefiel ihm, auch dass immer alles genau so gemacht werden musste, wie sie es sagte. Er hatte mehrfach festgestellt, wie bestimmt, ja sogar hart sie gegenüber einigen Menschen sein konnte, dann aber war sie wieder unheimlich lieb; er war überzeugt, in ihr eine gute Seele gefunden zu haben – und den »zartesten Menschen der Welt«.

Im Dezember 2003, mehr als ein Jahr nach der Tragödie, von der Katharina in den USA Abstand suchte, äußerte sie sich in einem Brief über Benni und ihre damalige Situation:

> ***Also, um meinen Freund vor Maggi zu beschreiben, braucht man eigentlich nur ein Wort: LOSER! Er hat in der Schule versagt, ist immer am Kiffen gewesen, hat am Wochenende und manchmal auch unter der Woche getrunken und hatte auch die total falschen Freunde. Na ja, und Maggi war halt eben das krasse Gegenteil: Er war immer freundlich, hat jedem geholfen, wo er nur konnte, hat mich motiviert, mehr für die Schule zu machen, mir beim Lernen und bei den Hausaufgaben geholfen. Er war einfach total motiviert und hatte auch diese Ausstrahlung. Kein bisschen faul. Einfach ein Bilderbuch-Freund. Er war immer für mich da, immer …***

Irgendwann kam es zwischen Katharina und Benni zum endgültigen Bruch, und von da an verbrachten Magnus und sie jede freie Minute zusammen. Katha war fast jeden Tag bei Magnus und verschaffte ihm ein wenig Ablenkung von der

Büffelei für das schriftliche Examen. Im März 2002 musste er die Hausarbeit abgeben. Anfangs gingen sie wie Geschwister miteinander um, nahmen einander in den Arm, kitzelten sich durch. Dabei konnte Katharina nur ahnen, wie viel ihr großer Freund im Stillen für sie empfand, denn erst als er einige Male von anderen darauf angesprochen wurde, dass die beiden doch was miteinander hätten, hielt er es nicht länger aus und offenbarte ihr seine Gefühle.

Katharina reagierte verhalten. Sie räumte zwar ein, ihn auch etwas zu lieben, aber nicht so stark und wies auf den großen Altersunterschied von immerhin elf Jahren hin. Eine solche Beziehung könne nicht halten, meinte sie und bat, ihre Freundschaft nicht aufs Spiel zu setzen.

Trotz dieser Aussprache blieb alles wie vorher. Katharina ging bei Magnus ein und aus, nach seinem Empfinden wohnte sie bei ihm. Sie schliefen auch in einem Bett. Magnus berührte sie aber höchstens ganz leicht, soweit es ihr lockeres, vertrautes Verhältnis eben erlaubte. Im Nachhinein räumte Magnus ein, das sei für ihn nicht immer einfach gewesen. Aber er habe sie viel zu sehr geliebt, als dass er ihr Gewalt hätte antun können. »Sie war auch irgendwie ein Kind. Ein Stück Porzellan, ein zerbrechliches Porzellan, worauf ich aufpassen und es beschützen wollte.«

Ein paar Wochen später sah alles anders aus. Katharina freundete sich mit Susanne Stein an, was ihre Einstellung zu Maggi änderte. Die beiden Mädchen saßen im Gymnasium zusammen im Spanischunterricht, ansonsten schienen sie wenig gemein zu haben.

Katharina war gut in der Schule. Ihr Kunstlehrer lobte sie als brav, anständig, pflegeleicht, zugleich aber auch als ehrgeizig und motiviert. »Ein Mädchen, von dem man denkt: Wenn alle so wären, hätte man nie ein Problem. Ein lebensfrohes Kind, nicht überkandidelt, mit einem unverdorbenen, offenen Blick. So hätte man seine Tochter gern.« Auch ihre Klassenlehrerin empfand sie als lebhaft, gut gelaunt, aber auch bestimmt gegenüber den Mitschülern. Und dabei war diese 10. Klasse nicht einfach. »Es gab viele dominante Persönlichkeiten. Eine Klasse mit mindestens 18 Alphatieren.« Katharina war, weil ihre Jahrgangsstufe neu aufgeteilt worden war, mitten in diese Gemeinschaft gestoßen und konnte sich dennoch schnell behaupten. Angenehm fiel der Lehrerin auch auf, dass sich das Mädchen für ihre jungen Jahre geschmackvoll anzog, dezent schminkte und so immer gepflegt und adrett wirkte.

Susanne legte gesteigerten Wert auf ihr Äußeres, kleidete sich modebewusst und klapperte auf hochhackigen Schuhen durch die Schulflure. Ihr eilte der Ruf nach, alles zu dick aufzutragen, nicht nur die grellen Farben, mit denen sie Lippen und Fingernägel bedeckte. Einer ihrer Lehrer fragte sich beim Anblick des Mädchens mehrfach besorgt, ob sie nicht essgestört sei. Über ihr Zuhause hieß es, sie komme aus gut betuchten Verhältnissen, habe jedoch ihren Vater früh verloren, weshalb sie in der fünften und sechsten Klasse besonders betreut worden sei. Einmal war Susanne sitzen geblieben, die anderen Jahre schaffte sie es immer nur knapp, versetzt zu werden; sie fehlte häufig und kränkelte viel.

Schon früh schauten Männer auf das Mädchen südländischen Typs, manche fanden sie überaus attraktiv, meinten: »Die hat was«, andere wiederum taten sie ab als »Tussi«, ein »Anhängsel von Glimmer, dem jede natürliche Ausstrahlung fehlte«. Für Katharina hatte sie auf alle Fälle etwas, was sie zunehmend interessierte, genau genommen, seit die Gerüchte über sie und Maggi kursierten; etwas, was viele verurteilten oder mit einem Kopfschütteln bedachten: einen Freund, der deutlich älter war als sie. Und nicht nur das: Er hatte Geld, und zwar nicht zu knapp. Gert Schmidt war von Beruf Börsenmakler. Seine junge Freundin überhäufte er mit teuren Geschenken.

Irgendwann stutzte der Kunstlehrer, als er Katharina auf dem Pausenhof sah. »Hoppla, was ist denn mit der passiert?« Ihr Äußeres hatte sich verändert, was nicht zu ihr passte. Sie sah auf einmal »zu fein« aus, führte sich auf wie eine kleine Dame. Zudem hing sie mit Jungs aus der »Dreizehn« herum, die Jahre älter waren als sie. Bei denen habe sie sich untergehakt, wie der Pädagoge bemerkte, was ihm überhaupt nicht gefiel. Katharina erzählte über ihre Anfangszeit mit Susanne: »Jeder hat immer so schlecht über sie geredet, und ich wollte wissen, ob sie denn wirklich so schlimm ist. Das Dumme war nur, dass ich auch immer mehr so geworden bin wie sie. Also habe ich angefangen zu denken wie sie: Ich bin die Beste, die anderen haben doch gar keine Ahnung. Wir haben eigentlich immer das Gleiche gemacht: essen gegangen, einkaufen und abends in Clubs gehen.«

Zuerst hatte Geld zwischen Magnus und Katharina keine Rolle gespielt. Durch Susanne Stein aber schien Katha nicht nur vorgelebt zu bekommen, *dass* eine Freundschaft trotz eines großen Altersunterschieds klappen, sondern möglicherweise auch *wie* eine solche aussehen kann – oder womöglich auszusehen hat. Wenn sich schon alle die Mäuler zerrissen, weil man mit einem deutlich älteren Mann zusammen war, dann sollte dieser wenigstens mit einer Karosserie glänzen, die letztlich alle sprachlos machte. Susis Freund wartete im Ferrari vor der Schule.

Magnus erkannte, dass die Frau, die in ihm nie gekannte Gefühle weckte, materielle Vorteile an eine Freundschaft mit ihm knüpfte. Er meinte zu wissen, was Katha wichtig war, worauf sie Wert legte und wie er sie beeindrucken konnte. Und er machte ihr keinen Vorwurf daraus, denn er liebte alles an ihr. Jeden Charakterzug. Auch die negativen.

Seine Freunde dachten schon länger, er verdiene viel Geld. Schön, fortan würde er auch Katha glauben machen, übermäßig gut bei Kasse und eine viel versprechende Partie zu sein. Er hatte noch im Ohr, was sie jüngst wie beiläufig hatte fallen lassen: »Ich kann mir nur vorstellen, einen reichen Mann zu heiraten.« So war sie: entschlossen und klar. Und er, Magnus, wollte ihr jeden Wunsch erfüllen. Freilich, Katharina forderte ihn nie direkt auf, ihr etwas zu kaufen. Sie erzählte immer nur, was Susi wieder Neues hatte: eine Handtasche von Gucci, Schmuck von Tiffany. Die beiden Mädchen gingen bald zum selben Friseur, ins selbe Nagelstudio, zur selben Maniküre. Aber Katha dachte nicht nur an sich, sondern wollte auch, dass ihr Begleiter äußerlich mehr aus sich machte, hielt Ausschau nach hochwertiger Kleidung, die ihm stehen könnte – und er zahlte.

Magnus beeilte sich, mit seiner Examens-Hausarbeit früher als notwendig fertig zu sein, denn das Unternehmen Ravensburger hatte ihm einen Job angeboten: Zehn Tage lang sollte er außerhalb von Frankfurt in Kaufhäusern Kinderspielzeug anpreisen – ein Auftrag, der überdurchschnittlich gut bezahlt war. Und er benötigte das Geld dringend. Seinen Freunden erzählte er nie von solchen Nebentätigkeiten, sie kamen aus einer Welt, in der dies nicht nur befremdlich gewesen wäre, sondern äußerst peinlich. Wenn sie wüssten, dass er dann und wann sogar als Animateur auftrat! Alle glaubten, er arbeite in einer Anwaltskanzlei von internationalem Renommee, mit solchem Erfolg, dass man ihm schon eine feste Anstellung nach dem Examen zugesagt habe.

Diese zehn Tage, in denen er sich von morgens bis abends für Kinderspielzeug die Beine in den Bauch stand, war die längste Zeit, die Katharina und er seit Monaten getrennt voneinander verbrachten. Während dieser zehn Tage schien seine schwesterliche Freundin ihre Meinung zu ändern. In jeder SMS und am Telefon gab sie ihm zu verstehen, wie viel er ihr bedeute und wie sehr sie ihn vermisse. Anfang Mai verkündete sie schließlich, dass sie sich vorstellen könne, bei ihm zu bleiben, ihn zu heiraten und von ihm Kinder zu bekommen. Damit schien alles, was sich Magnus in seiner Fantasie ausgemalt hatte, in Erfüllung zu gehen. Er wähnte sich auf dem Höhepunkt seines Lebens. Ein Wunder war geschehen! Noch nie war er so stolz und glücklich gewesen. Aber ihm war auch klar, was er für diesen Segen zu erbringen hatte. Von nun an gab er jede Menge Geld für seine Liebe aus.

Von da an spielte er nur noch den künftigen erfolgreichen Anwalt, der auf großem Fuß lebt. Er führte sie in teure Restaurants aus, hüllte sie in Designerkleider und kündigte im Freundeskreis an, einen Mercedes SLK kaufen zu wollen. Sein Chef in der Kanzlei habe ihm einen Vorschuss gegeben. Magnus kreuzte jedoch weiterhin mit seinem Honda Civic vor den Edelschuppen auf. Dummerweise gäbe es Lieferschwierigkeiten, erklärte er seinen Freunden. Insofern werde sich das Erscheinen verzögern.

Sein Glücksgefühl währte nicht lange. Denn eines war ihm schmerzhaft bewusst, und das ließ sich auch nicht dauerhaft verdrängen: Katha kannte und liebte nur eine »Maske« von ihm. Eine »Maske«, die er aufgesetzt hatte, lange bevor er ihr das erste Mal begegnet war.

Verwarnung

Ich hoffe, sie versteht auch irgendwann, dass Geld nicht alles ist. Ich bin so froh, dass ich von diesem Trip weg bin.

Katharina über ihre damalige Freundin, in einem Brief vom November 2003

Katharina ließ sich auf den Beifahrersitz neben Magnus fallen. Puhhh … Sie legte den Kopf an die Lehne, streckte die Beine aus, soweit es ging, und schloss die Augen. Kurz darauf aber saß sie schon wieder aufrecht im Sitz und beugte sich zu Magnus, um ihm einen Kuss auf die Wange zu drücken. »Na, wie war dein Tag?« – »Ganz okay, war mit einem Kollegen von der Kanzlei unterwegs. Und wie war's bei dir?« Er schielte kurz zu ihren Füßen und stellte erleichtert fest, dass dort keine Tüte lag. Dann startete er den Wagen. Wenn er noch länger an der Freßgass im beschränkten Halteverbot stand, könnte es teuer werden. – »War mit Susi essen im Garibaldi und dann noch im Häagen-Dasz.«

Susanne war nicht in der Schule, sondern »krank« gewesen, hatte Katha aber mittags angerufen, und sie hatten sich um 14 Uhr in dem Restaurant in einer Seitenstraße der Freßgass verabredet. Katharina hatte Bus und S-Bahn genommen und saß pünktlich am Tisch. Ihre Freundin trudelte mit einer Viertelstunde Verspätung ein. Wie auf dem Laufsteg stolzierte sie durch das Lokal, geschminkt und gedresst, als käme sie direkt von Aufnahmen für ein Modemagazin. Sie hielt ihr Handy in der Hand, und es dauerte auch nicht lange, da bimmelte es. »Ja, mein Schatz, ich komme sofort«, sagte sie hinein, und an ihre Freundin gewandt: »Entschuldige mich bitte, Gert ist da. Er will aber nicht reinkommen.« Schon stand sie wieder auf und schlenderte kurz zu ihm hinaus vor das Restaurant.

Vor einiger Zeit hatte Gert Schmidt seine junge Freundin mit einer Kreditkarte ausstaffiert, so dass sie durch die Läden streifen und sich ihre Herzenswünsche erfüllen konnte. Im Gericht war davon die Rede, er habe seine Offerte mit einer Ausgabenbegrenzung von 1000 Euro versehen. Susanne selbst sagte dazu: »Wir wollen doch bei der Wahrheit bleiben: Es gab kein Limit.« Sie nahm die Karte gerne an, obwohl sie das Geld nicht unbedingt brauchte. Schließlich hatte sie auch noch eine Mutter, die es sich leisten konnte und darauf achtete, dass ihre einzige, attraktive Tochter etwas aus sich machte, wie sie kundtat.

In den Stöckelschuhen reichte Susanne an ihren Freund heran, als sie ihn umarmte. Eine Model-Karriere würde ihr verwehrt bleiben, für das Mindestmaß eines solchen Stars fehlte es ihr an Größe. Gert war auch ziemlich klein, aber das war ihr egal. Tom Cruise sei auch nicht groß, meinte sie, und Gert war für sie wie Tom Cruise. Dass er elf Jahre älter war als sie, störte Susanne nicht. Zumindest anfangs nicht. Später, bevor die Freundschaft kurz nach dem Mord an Jakob auseinander ging, stellte sie immer öfter fest, dass ein Mann in seinem Alter doch über ganz andere Dinge als sie nachdachte. Als sie zusammenkamen, war Susanne fünfzehn, Gert sechsundzwanzig, aber sie war als Einzelkind den Umgang mit Älteren von klein auf gewohnt; außerdem war ihr Vater auch zwanzig Jahre älter gewesen als ihre Mutter. Nach dem Tod des Vaters hatte Gert ihr sehr geholfen. Sie konnte mit ihm darüber reden und es so verarbeiten. Mit Katha konnte sie auch gut reden, im Gegensatz zu Maggi, der nie viel sagte. Er war zwar ganz nett, aber ziemlich schüchtern. Und spießig. Gert und er verstanden sich nicht besonders gut, aber wenigstens weigerten sie sich nicht, ab und zu etwas miteinander zu unternehmen, denn inzwischen war sie am liebsten jeden Tag mit Katha zusammen. Katha sei nämlich witzig, sagte sie, und stets mit dabei, wenn sie vorschlug: »Komm, lass uns die fünfte und sechste Stunde schwänzen.«

Die Freundschaft zwischen den Mädchen hielt, bis ein Sondereinsatzkommando Susannes Zuhause auf dem Lerchesberg, ein Luxusviertel in Sachsenhausen, auf den Kopf stellte. Das war Susanne dann zu viel, wie sie im Nachhinein bekannte. Allerdings tat es ihr später leid, ihre Freundin vor der Polizei so heftig beschimpft zu haben. »Katha war total geil auf Luxus«, hatte sie den Beamten erzählt und obendrein behauptet: »Die Katha hat die Beine breit gemacht für eine Gucci-Tasche.« Vor Gericht versuchte sie dann, die harten Worte abzumildern. Als Entschuldigung brachte sie hervor: »Ich war sauer auf Katha.«

Die beiden Mädchen plauderten im Restaurant und anschließend bei einem Eis über das, was sie in den Herbstferien unternehmen wollten, und verabredeten locker, ihre Männer mal wieder zu einem gemeinsamen Essen zu bewegen. Im Living waren sie schon lange nicht mehr gewesen. Bis zum Urlaub von Magnus und Katha in Florida war es ihr Stammlokal. Wie eine halb geöffnete Auster aus Glas und Metall lag es zwischen den Bankentürmen und der Oper, gewissermaßen im Schatten der Europäischen Zentralbank, die direkt hinter der Bar in Richtung Himmel kratzte. Unmittelbar vor dem elitären Genussschuppen prangte das Zeichen des Euros – ein Kunstwerk in Form eines meterhohen blauen »E«s, umgeben von zwölf gelben Sternen, das den Vorplatz zierte. Das Living lockte mit seinem verspielten Schriftzug im Commerzbank-Gelb vorzugsweise die mittleren Zehntausend der Finanzwelt an, gern auch jene, die von Beruf Sohn oder Tochter waren.

Während des Prozesses brachte die Verteidigung eine Episode zur Sprache, die sich in dieser Bar abgespielt haben soll: Susanne habe demnach ihre Freundin gebeten, auf ihren Mantel aufzupassen, während sie auf die Toilette gegangen sei. Sie habe diese Aufforderung sinngemäß begleitet mit den Worten: »Gib bitte acht auf das kostbare Stück, ich musste lange dafür betteln.« – Als Susanne diese Aussage zu Ohren kam, lachte sie schrill auf und warf den Kopf zurück: »Das Wort ›betteln‹ existiert in meinem Wortschatz überhaupt nicht! So etwas Armseliges …«

»Wann gehen wir mal wieder mit Susi und Gert weg?«, fragte Katha Magnus auf dem Rückweg. Er hatte vor einer Reinigung gehalten.

»Von mir aus bald«, murmelte Magnus, der Gert nicht übermäßig sympathisch fand, aber Katha zuliebe würde er sich wieder mit den beiden treffen. Und am Finanziellen sollte es auch bald nicht mehr scheitern. Es sei denn, alles ginge schief, aber dann bräuchte er sich auch keine Gedanken mehr über den Börsenmakler und seine Freundin zu machen. Katharina wusste wohl, dass er von der Idee, mit den beiden etwas zu unternehmen, nicht sonderlich angetan war, und so, wie sie sich nach den entsetzlichen Ereignissen über ihre beiden Freunde äußerte, stellt sich die Frage, ob sie selbst wirklich gern mit ihnen zusammensaß. Eine Szene ging ihr jedenfalls nicht mehr aus dem Kopf. Katharina erzählte diese in einer Mail aus Amerika: Sie waren gemeinsam essen gegangen, in irgendein Restaurant auf der Freßgass, und hatten über Freunde geredet, über das, was eine Freundschaft ausmacht. Und da habe Gert ganz locker gesagt, als ob es das Normalste der Welt wäre: »Tzzz, wenn ich Freunde will, dann kaufe ich mir welche.«

Für den Abend wollten sich Magnus und Katharina einen Film mitnehmen, daher stoppte er vor einer Videothek in Sachsenhausen. Eine Weile durchstöberten sie die Regale und tauschten sich aus über den einen oder anderen Streifen. Zuletzt einigten sie sich auf »Die Thomas-Crown-Affäre«.

Als sie weiterfuhren, erzählte Katharina noch ein wenig von ihrem Treffen mit Susi, von den Dingen, die sie mit ihrem Freund unternahm. Eines Tages würden es die beiden, vor allem aber Gert Schmidt, bitter bereuen, je dem Pärchen begegnet zu sein. In seinem Geständnis vor Gericht erzählte Magnus nämlich von einem Treffen auf der Edeleinkaufsmeile Goethestraße: Sie hätten zu viert in einem Café gesessen, und im Laufe des Gesprächs meinten die beiden Mädchen, dass man auf einen Schlag eine Million Euro haben müsste. Gert habe daraufhin die Bemerkung fallen gelassen: »Aber das ist doch ganz leicht: Ihr habt doch die Elena von Metzler in der Klasse. Einen VW-Bus mieten, Elena nehmen, einen Kartoffelsack über den Kopf ...« – »Ich will nicht sagen, dass das der Auslöser war, ich habe mich später aber daran erinnert«, fügte Magnus dieser Geschichte an.

Susanne verlor fast die Fassung, als sie diese Aussage hörte: »Das hat Gert nie und nimmer gesagt! Wie kann ein Mensch nur so lügen.« Katharina wiederum bestätigte die Worte ihres Freundes. Gert Schmidt habe tatsächlich die Bemerkung gemacht: »Um an 'ne Million zu kommen, müsste man die kleine Metzler in einen Sack stecken und in einem weißen Lieferwagen entführen.« Es sei ein Witz gewesen, er habe es nicht ernst gemeint.

Als Magnus und Katharina am Südbahnhof vorbeifuhren, klingelte das Handy. Magnus griff nach dem Gerät, um es wenig später vor Schreck fast fallen zu lassen.

»Polizei«, sagte Katha. »Ich glaube, die wollen was von dir.«

Magnus schaute wie hypnotisiert auf den Arm mit der Kelle, der durch das heruntergelassene Fenster im Wagen vor ihm nach außen ragte. Auf und ab bewegte er sich. Auf und ab. »Alles vorbei«, dachte er und fuhr rechts ran.

Wie im Zeitlupentempo sah er den Polizeibeamten herankommen. Langsam ließ er das Fenster herunter. »Telefonieren am Steuer ist verboten, junger Mann.«

Böses Spiel?

> Noch immer presst die Angst und der Schmerz das Herz zusammen, will das Entsetzen keine Sprache finden.
>
> *Aus der Predigt zur Trauerfeier für Jakob von Metzler*

Frau von Metzler mochte nicht glauben, was sie da las. Noch ganz außer Atem stand der Gärtner ihr gegenüber. Er hatte den Weg vom Tor bis zum Haus im Laufschritt zurückgelegt, nachdem er den Brief in der Klarsichtfolie gefunden und überflogen hatte. Seine Hände zitterten, als er ihn übergab.

»ACHTUNG! ENTFÜHRUNG!« stand oben drüber. Und dann folgte ein längerer Text, in Großbuchstaben und auf Schreibmaschine geschrieben:

WIR HABEN IHREN SOHN ENTFÜHRT.
ES IST NICHT UNSERE ABSICHT, DAS LEBEN IHRER FAMILIE ODER DAS IHRES SOHNES ZU ZERSTÖREN: ES GEHT UNS LEDIGLICH UMS GELD.
DAHER BIETEN WIR IHNEN FOLGENDEN DEAL AN: BRINGEN SIE IN DER NACHT VON SONNTAG AUF MONTAG UM 01.00 UHR NACHTS DIE SUMME VON EINER MILLION EURO ALS LÖSEGELD. DAS GELD IN GEBRAUCHTEN, NICHT GEKENNZEICHNETEN SCHEINEN (GEMISCHT BIS 500 EURO) IN ALDI-EINKAUFSTÜTEN VERPACKEN UND AN DER HALTESTELLE DER LINIE 14 OBERSCHWEINSTIEGE IN RICHTUNG NEU-ISENBURG AN DAS SCHILD DER HALTESTELLE LEGEN. DANACH VERLASSEN SIE DEN ORT UND GEHEN AUF DIREKTEM WEG NACH HAUSE. IHR SOHN WIRD DANN AM NÄCHSTEN MORGEN WOHLAUF NACH HAUSE KOMMEN.
ES IST FÜR SIE UNTER MITHILFE VON POLIZEI O.Ä. SICHER GUT

MÖGLICH UNS ZU ÜBERFÜHREN. WIR HABEN JEDOCH NICHTS ZU VERLIEREN: WIR WOLLEN IHREM SOHN NICHTS TUN UND IHN FAIR BEHANDELN, WIR WOLLEN NUR DAS GELD. UND DIES IN EINER HÖHE, DIE IHNEN IHR SOHN WERT SEIN SOLLTE.
LASSEN SIE UNS MIT DEM GELD DAS LAND VERLASSEN UND UNTERNEHMEN SIE KEINE NACHFORSCHUNGEN. WENN WIR MIT SAUBEREM GELD IN SICHERHEIT SIND, WERDEN SIE IHREN SOHN WIEDERSEHEN: DAS IST FÜR BEIDE SEITEN DAS BESTE.
SOLLTE UNS DIES NICHT GELINGEN, WIRD IHR SOHN AUCH NICHT WIEDER AUFTAUCHEN.
ALS ZEICHEN IHRES EINVERSTÄNDNISSES DAMIT PARKEN SIE BITTE IN DER NACHT AUF SAMSTAG EIN AUTO MIT EINGESCHALTETEM STANDLICHT VOR IHRER EINFAHRT.

Frau von Metzler rief sofort ihren Mann im Bankhaus an. Und der stürmte wenige Sekunden später über den Flur in das Büro seines Freundes Hans Hermann Reschke. Der Bankier saß gerade am Schreibtisch und telefonierte, als die Tür aufflog. »Leg auf, egal mit wem du sprichst.« Herr Reschke, überrascht und ein wenig erschrocken über den ungewöhnlichen Auftritt, beendete abrupt sein Telefonat.

Ganze fünf Minuten überlegten sie gemeinsam, was am besten zu tun sei. Vielleicht war ja auch alles nur ein dummer Jungenstreich. Ein Räuber-und-Gendarm-Spiel? Der Brief klang doch nicht so, als wäre er von Profis verfasst. Dann entschlossen sie sich, die Polizei einzuschalten, und Herr Reschke übernahm als Mittelsmann fortan die gesamte Organisation.

Er rief direkt beim Staatssekretär des Hessischen Innenministeriums an. Udo Corts saß gerade in einem Meeting. »Ich muss dringend Ihren Chef sprechen«, sagte Herr Reschke der Sekretärin. »Es geht um eine Entführung.« Wenig später versprach ihm der Staatssekretär, dass er innerhalb von fünfzehn Minuten vom Präsidenten des Hessischen Landeskriminalamtes, Norbert Nedela, zurückgerufen werde. Als der Rückruf erfolgte, schilderte Herr Reschke dem Chef des LKA in fünf dürren Sätzen, worum es ging. Herr Nedela kündigte an, dass sich in wenigen Minuten einer der fähigsten Polizisten des Landes bei ihm melden werde: Wolfgang Daschner. Für den erfahrenen Vizepräsidenten der Frankfurter Polizei begann damit ein Fall, nach dem in seinem Leben nichts mehr wie vorher sein würde.

Die »Mörderbar«

> **Realität ist nur eine Illusion, die sich durch den Mangel von Alkohol einstellt.**
>
> *Udo Lindenberg, zitiert in den Getränkekarten im Hopper's*

Wie schon so oft stiegen Magnus und Katha auch am Abend des Freitags, an dem Jakob sterben musste, die schwarze Steintreppe zum Hopper's hinauf. Um das Geländer wanden sich Leuchtketten mit winzigen Lichtern, die den Weg nicht erhellten. Die Nacht hatte ihre eigene Farbe über die blaue Fassade der Cocktailbar geworfen. Ruhig war es in der Schneckenhofstraße. Die Altbauten strahlten die Schwere ihres Erbes aus und nur wenige Autos zweigten vom Zentrum Sachsenhausens, dem Schweizer Platz, in die Seitenstraße ab. Ob Tag oder Nacht, der Aufstieg ins Hopper's endete immer im Dunkeln. Die Wände des langen schmalen Raumes waren braun gestrichen, der Tresen schwarz, die Fliesen ebenso, auch das Leder der Hocker, die Gummitischdecken. Ein Spiegel an der Wand, der sich auf voller Länge des Raumes dem Tresen gegenüber verbreitete, vertiefte die Dunkelheit. »Mörderbar« würde das Hopper's nach dem letzten Besuch von Magnus und Katha eine Zeit lang heißen – und der Barkeeper noch ein drei viertel Jahr später einiges zu erzählen haben, zu einer Zeit, als der Prozess gegen Magnus gerade lief.

Er hatte unterdessen die silbernen Metall-Aschenbecher durch gläserne schwarze ersetzt. »Die Leute klauen einfach alles. In den letzten Monaten haben wir immer so 200 Euro für

Aschenbecher ausgegeben. Jetzt gibt's nur noch schwarze. Die sehen scheiße aus, die will keiner.« Was die Leute hier schon alles mitgehen ließen ... Vor einem Jahr habe es noch 250 Getränkekarten gegeben, jetzt seien's noch fünf. »Sogar ein Siphonrohr haben sie mir abmontiert. Und einen Klodeckel haben sie auch schon geklaut.«

Der junge Mann in Turnschuhen wandte sich kurz einer dunkelhaarigen, recht fülligen jungen Frau zu, die aus einer Tür hinter dem Tresen herauskam. »Haben wir noch Teelichter?«

Er drehte den Wasserhahn auf. »Man sollte meinen, die Leute haben genug Geld«, setzte er fort. Zuckte die Achseln: »Warum kaufen, wenn man's auch klauen kann?« Flink füllte er ein Schälchen mit Erdnüssen und stellte es auf die Theke. »Bei uns wird's ein Massensterben geben. Niemandem in der Branche geht's so richtig gut. Aber zum Teil sind sie auch selber dran schuld. Die haben ja so richtig zugeschlagen. Nach der Euroumstellung. Im Gegensatz zu uns. Wir sind seit Jahren gleich geblieben. Ich glaube, es werden nur wenige überleben, die anderen werden sang- und klanglos untergehen. Ich schätze mal noch so ein, zwei Jahre, dann sind sie alle tot. Das hier trägt sich irgendwie. Hier ist alles klein, das geht gerade so.«

Ein Wandbild des Malers Edward Hopper zeigt einen Unbekannten von hinten, der zu einem Paar hinüberschaut, das an einem Tresen sitzt. Nebeneinander schauen sie geistesabwesend vor sich hin.

Magnus und Katha kamen ein- bis zweimal die Woche ins Hopper's, wie der Barkeeper sagte. Und sie hatten ihm sogar eine Postkarte aus Florida geschrieben. An ihrem letzten Abend setzten sie sich an den einzigen Tisch des schmalen Schankraumes und bestellten zwei alkoholfreie Cocktails. »Lucky Driver«, meinte sich der junge Mann zu erinnern.

»Der Maggi hat mir noch die Hand geschüttelt. Da war das Kind schon tot.« Damals ahnte er nicht, welchen Ruf das Hopper's nach diesem Abend haben würde.

»Der Maggi war wie immer. Nicht schüchtern, sondern einfach ruhig. Im Gegensatz zu anderen, die immer ein bißchen, na ja, selbstdarstellungssüchtig sind. Der hat sich nie danebenbenommen. War immer ein angenehmer Gast. Ein absolut zurückhaltender Junge, ein ganz normaler netter Kerl. Hat ›Hallo‹ und ›Guten Tag‹ gesagt.«

Ein paar Tage nach diesem Abend las er morgens im Videotext von einem »Magnus G. aus Frankfurt« im Zusammenhang mit dem Fall des Bankiersohnes. Spontan musste er an seinen Bekannten denken, verwarf den Gedanken aber sofort.

Die Realität holte ihn durch einen Übertragungswagen eines Fernsehsenders ein, der schon vor dem Hopper's wartete, als er sich dem Hause näherte. »Die Medien kamen wie die Fliegen. Haben mir die Bude eingerannt. Als die Hütte voll war, sind sie mit ihren Kameras rumgelaufen. Richtig peinlich war das. Und alle haben nur Mist geschrieben über den Maggi. Lächerlich, was die über den Maggi geschrieben haben. Von Upperclass-Szene und so. Absoluter Schwachsinn. Der hatte nie einen Pfennig in der Tasche. Einmal hat er 'ne Lage geschmissen. Das war an seinem Geburtstag. Sonst hat er immer für zehn Euro bestellt, wenn die anderen für 50 getrunken haben. Aber trotzdem haben die Medien das hier brutal als Champagnerpartyladen dargestellt. Alles erstunken und erlogen. Na, was soll's. Wie sagt man doch? Schlechte Kritik, gute Werbung. Ist echt so. Zwei Zeilen in der *BILD* bringen mehr als eine einseitige Anzeige.«

Er hielt inne.

»Es war schon verrückt. Die Leute haben dauernd reingeschaut.« Er schob seinen Kopf vor, rollte die Augen nach rechts und nach links, und zog ihn wieder zurück. »Wie bei einem Unfall auf der Autobahn, wenn die Menschen gegenüber auf der Fahrbahn stehen bleiben. Das ging so zwei, drei, vier Wochen. Danach war wieder Ruhe. Hat dann keinen mehr interessiert. Ist ja meistens so. Aus den Nachrichten, aus dem Sinn. Irgendwann erinnert man sich, da war doch was ... von Metzler ... und das war's.«

Er fuhr sich mit der Hand durch die Haare. Seit zwei Jahren arbeitete er im Hopper's. Als er herzog, war Frankfurt für ihn ein Dorf. »Hier ist ja nachts nix los. Aber man merkt auch, dass die Leute abwandern. Die ziehen raus. Frankfurt kann ja keiner mehr bezahlen. Und dann diese Techno-Seuche. Die frisst sich wie ein Geschwür weiter. Überall nur dieses elektronische Zeugs.« Im Hopper's spielte die Musik leise im Hintergrund. Lieder aus den Achtzigern.

»Ein Sohn der Metzlers kommt auch ab und zu vorbei«, fiel ihm ein, während er mit dem Shaker hantierte. »Gehört schließlich auch zu dieser Sachsenhausener Clique. Ist so ein Klüngel aus vielleicht hundert jungen Leuten. Die kennen sich alle. Waren zusammen im Kindergarten und der Schule und so. Sachsenhausen ist schon ein eigener Kosmos. Eine Familie für sich. Seit dem Fall war er ein-, zweimal hier. Jetzt sollen die Metzlers ja weggezogen sein, dahinten, aus ihrem schicken Häuschen. Ist schon besser so. Denen geht's ja nicht grad schlecht. Können das ja als Wochenendhäuschen behalten.« Er grinste. »Für die Metzlers ist das nicht unbedingt ein Problem.«

Er zersplitterte Eiswürfel in einem hohen Glas.

»Dem Maggi ging's bestimmt ums Geld. Seine ganzen Freunde wohnten halt in großen Villen. Ich hab Stammgäste, die sind gerade mal achtzehn und kommen mit dem Porsche vorgefahren. Haben Dienstmädchen zu Hause und noch nie ein Bad geputzt. Also null Bezug zum Leben. Da kann's einem schon warm ums Herz werden. Ja, in Sachsenhausen ist das Sozialgefälle extremst. Hier kommt's fast auf die Straße an, in der man lebt. Ist wie Slum und Nobelviertel.«

Kräftig schüttelte er den nächsten Cocktail.

»Das Gefälle kann einen schon beeinflussen. Stell dir mal vor, die ganzen Freunde kommen mit dem Chauffeur zur Schule und du selbst mit dem Fahrrad.«

Ein älteres Paar hat sich an dem Tisch niedergelassen, an dem Magnus und Katharina ihren letzten gemeinsamen Abend verbrachten.

»Der Maggi stand bestimmt unter Druck. Wahrscheinlich steckte seine Freundin dahinter. Ja, die Freundin war etwas eigenartig. Konnte ich nicht richtig einschätzen. Hässlich war sie nicht. Aber sie hat überhaupt nicht zu ihm gepasst. Hat auch nicht hier reingepasst. War 'ne Schickse. Dabei kam sie aus ganz normalen Verhältnissen. Okay, nett und freundlich war sie schon, aber irgendwie sehr zurückhaltend. Introvertiert. Und immer Versace und Gucci und so, während er in Turnschuhen herumgelaufen ist.« Lachte auf. »Na ja, hat halt alles in die Freundin gesteckt. In den eineinhalb Jahren, in denen die beiden hier waren, hat immer nur er gezahlt. Für mich hat das den Eindruck gemacht, er hat sich die Gesellschaft erkauft. Der Schickste war er ja auch nicht und die hätte in ihrem Alter – war ja erst sechzehn – sonst wen haben können.«

Er füllte abwechselnd zwei Gläser.

»Es werden sicher noch mehr solche Fälle folgen. Sind ja viele in ähnlichen Situationen. Schön, dieses Mal hat's eben nicht geklappt. Aber es wird sicher Nachahmungstäter geben, die so was auch mal probieren werden. Ich habe mich auch gefragt, wie bescheuert muss man sein, da die Aldi-Tüten abzuholen. Der Wald war doch abgesichert wie das Letzte. Wie blöd muss man sein! Das passt überhaupt nicht zu dem Maggi. Der hat Jura studiert und in einer Anwaltskanzlei gearbeitet. Hätte da wohl auch einen Job kriegen können und als Anwalt eine Schweinekohle verdient. Jetzt hat er ja sogar sein Staatsexamen im Knast gemacht. Finde ich auch okay. Kann man ihm nicht verweigern.«

Seine Kollegin hatte im Vorbeigehen die letzten Bemerkungen aufgefangen und schnellte herum: »Dem würde ich ganz andere Dinge verweigern«, zischte sie.

»Was willste, sein Leben ist im Arsch. Wenn der rauskommt, dann hat der nicht mehr lang. Der bleibt immer der Metzler-Mörder.«

»Pah, dem geht's doch gut, der hat eine gemütliche Zelle mit Fernsehen …« Sie hatte keine Chance weiterzureden.

»Ach ja, warste schon mal da? Der ist seiner Freiheit beraubt, das ist das größte Gut der Menschheit. Es geht doch nicht, zu sagen, du hast ein kleines Kind umgebracht und jetzt kriegste Fernsehverbot. Was willste mit dem machen? Soll er zur Strafe mit dem Pickel arbeiten? Außerdem, vielleicht hat er das Kind gar nicht umgebracht. Vorgehabt hat er's jedenfalls bestimmt nicht. Vielleicht hat der Junge total geschrien und geflennt und dann war alles eher eine Kurzschlussreaktion.«

Er stopfte das Geschirrtuch in eines der Gläser und starrte vor sich hin.

»Der Maggi war schon ziemlich verknallt in seine Freundin.« Langsam drehte er das Tuch mehrfach herum, riss es heraus: »Aber als Liebespärchen sind sie nicht rübergekommen. Haben sich nicht geküsst oder gekuschelt oder so. Sie ist einfach hinter ihm hergelaufen, weil er alles bezahlt hat. Mit sechzehn ist es eine ganz tolle Welt, jemanden zu haben, der zehn Jahre älter ist und alles zahlt.« Er verzog sein Gesicht zu einem Grinsen, bevor er bemerkte: »Jetzt ist sie bestimmt um fünf Jahre gealtert.«

Der Maggi? Ach Quatsch

> **Die Stunden der Ungewissheit, immer wieder werden sie durchlebt, und die schrecklichen Phantasien, was mit Jakob geschehen ist, sie quälen und wollen nicht weichen.**
>
> *Aus der Predigt zur Trauerfeier*

Elena konnte nicht schlafen. Wie auch? Ihr kleiner Bruder … Entführt … Irgendwie konnte sie das gar nicht glauben. Aber er war nicht da. Sein Bett … leer. Er war nicht zu Tisch gekommen und bei seinen Freunden war er auch nicht. Sie hatten alle angerufen, und nie durften sie etwas erzählen. Keiner durfte von der Entführung wissen, sonst war Jakobs Leben in Gefahr. Natürlich hatten immer alle gefragt, was denn los sei, und es war furchtbar schwer, dauernd so zu tun, als ob nichts wäre.

Ständig musste sie an ihn denken. Und darüber reden. Aber nicht immer nur mit ihren Eltern, Großmutter, Großvater oder Tante, die im Haus waren, weil sie morgen eigentlich gemeinsam in den Urlaub an die Atlantikküste fahren wollten. Sie sprach lieber mit Freunden. Nina hatte sie alles anvertraut. Das ging einfach nicht anders. Sie musste ihr sagen, was passiert war, schon allein weil sie ursprünglich mit Nina und ihrem Vater nach Spanien fahren wollte. Da konnte sie nicht absagen ohne einen plausiblen Grund zu nennen.

Wie spät war es denn? Kurz nach zehn. Außerdem Freitagabend. Ob sie ihre Freundin noch einmal anrufen sollte? Es war schließlich die absolute Ausnahmesituation. Sie griff zum Hörer. Die Polizei hörte mit, wie bei allen Gesprächen, die seit der Entführung vom Hause der Familie von Metzler aus geführt wurden. Jakobs Schwester wusste das zu diesem Zeitpunkt nicht. Die Mitschrift des Telefonats wurde später in der Hauptverhandlung verlesen, da der Inhalt für den Fall bedeutsam schien.

Eine Männerstimme meldete sich, und Elena fragte, ob Nina da sei. Ja, sie habe zwar schon das Licht ausgemacht, schlafe aber wohl noch nicht. Kurz darauf war Nina am Apparat, und Elena erfuhr zu ihrem Entsetzen, dass ihre Freundin den wahren Grund für Elenas Absage zu der Reise ihrem Vater erzählt habe. Er sei wütend auf Elena gewesen, das konnte Nina nicht auf sich beruhen lassen. Nun habe er volles Verständnis und den Urlaub hätten sie natürlich gestrichen. Sie wolle lieber in Elenas Nähe bleiben, vielleicht könnte sie ja irgendwie helfen.

»Habt ihr jetzt gar nichts mehr gehört?«, fragte Nina.

»Nein.«

»Und was wollt ihr jetzt machen?«

»Ich kann nichts sagen, ich weiß überhaupt nichts.«

Elena erzählte, dass ihr Bruder Franz mit einem Freund losgezogen sei, da er auch jemanden zum Reden brauche. Sie könne das gut verstehen, sie habe ja Nina. Allerdings habe sie keine Lust wegzugehen. Es habe auch gar keinen Sinn, weil sie ohnehin ständig an Jakob denken müsse.

»Hier sind zwei Polizisten«, sagte Elena, »die übernachten jetzt bei uns und verwanzen morgen das Auto von der Mammi. Und heute Abend wird ein Auto rausgestellt, mit Standlicht, damit die sehen, dass wir einverstanden sind, dass wir so viel Geld bezahlen. Von Sonntag auf Montag ist die Übergabe. Um ein Uhr nachts. Und dann gucken wir mal weiter.«

»Ich hoffe, die Arschlöcher werden gefasst.«

»Ich denke die ganze Zeit, Maggi und so wären das.«

»Spinnst du?«, entfuhr es Nina.

»Oh, die sind so geldgeil. Auch Katha …«

Nina lachte auf: »Wie kommst du denn darauf?«

»Weiß ich auch nicht. Irgendwie denke ich voll, die Katha ist das und der Maggi.«

Wieder hörte Elena ihre Freundin lachen.

»Das ist nicht witzig, ich denke das wirklich.«

»Nee, quatsch. Der hat doch genug Geld. Das siehste ja wohl.«

Elena ließ sich nicht beirren: »Nein. Haben sie nicht. Die haben kein Geld mehr. Deswegen. Der kann sich ja noch nicht mal ein neues Auto kaufen. Noch nicht mal 'ne Wohnung kann der sich leisten.«

»Ach quatsch, der ist das doch nicht.«

»Du kannst niemanden ausschließen«, sagte Elena nachdenklich.

»Ja, natürlich nicht, aber …«

»Jetzt lassen wir Jakob nicht mehr alleine nach Hause laufen.«

»Ich glaub auch nicht, dass das deine Eltern zulassen. Ich schätze, ihr werdet jetzt immer abgeholt«, sagte Nina.

»Das glaube ich nicht.«

Die Mädchen schwiegen eine Weile. Dann seufzte Nina: »Ach, Jakobsche …«

Elena stützte ihren Kopf auf die Hand: »Ich kann mir das gar nicht vorstellen, der sitzt jetzt irgendwo …«

»Und was der jetzt denken muss. Das ist so krass. Weißt du, die ganzen Filme, die man darüber sieht …«

Elena wollte besser nicht daran denken: »Aber das ist ganz harmlos. Dem Jakob geht's gut, das sagen alle. Das ist ein ganz harmloser Brief, der geschrieben wurde. Ich glaube wirklich, das ist der Maggi.«

Nina sagte nichts und sie schwiegen wieder. Dann erkundigte sich Nina noch, wie der Brief geschrieben war.

»Mit Schreibmaschine, ziemlich unprofessionell. Sie schreiben aber, dass es dem Jakob gut geht und dass sie ihn fair behandeln. – Guck mal, jetzt bin ich im Film!«, rief Elena plötzlich.

»Hä?«, kam es vom anderen Ende.

»Ich komme mir vor wie im Film. 'ne richtige Entführung mitzukriegen.« Elena schnaubte.

»Ja, das ist schon hart«, bemerkte Nina und fügte hinzu, wie schlimm der Schock für Jakob sein musste.

»Kann ja sein, dass er nicht mehr zurückkommt«, sagte Elena leise.

»Elena, so darfst du nie denken!«

»Weißt du, wenn sie die Kohle haben, werden sie vielleicht sagen, so jetzt noch mal 'ne Million.«

Nina wollte davon nichts hören und versuchte ihre Freundin abermals zu ermutigen, aber Elena musste auf einmal an andere Entführungen denken. Einmal hatte sie von einem Fall gehört, bei dem der Entführte entkommen konnte, indem er aus dem Auto der Kidnapper sprang. Er hatte Glück.

Aber dann hatte sie noch von einer anderen Entführung gehört, die furchtbar endete: Zwei Wochen lang hatten die Kidnapper ihr Opfer in einen Kasten gesperrt, der mit Strom geladen war, und jedes Mal, wenn er sich bewegte, bekam er einen Schlag. Entsetzlich war auch, dass er sämtliche Bedürfnisse in dieser Box verrichten musste. Der Entführte konnte zwar fliehen, hat das Trauma aber nie überwunden.

»Jakob wurde entführt, ich kann's nicht glauben. Ich kann's noch fünfmal sagen, ich kann's nicht glauben«, sagte Elena.

»Also, irgendwie hab ich's auch immer noch nicht realisiert. Man sieht so etwas im Film und dann …«

»… spielt man auf einmal die Hauptrolle«, fügte Elena hinzu.

Auf einmal fühlte sie sich müde. Nur noch ins Bett und die Decke über den Kopf ziehen. Sie bedankte sich bei Nina, dass sie sich so oft gemeldet hatte. Es war zurzeit ganz furchtbar, allein zu sein. Sie musste dann sofort weinen.

Am Montag ist Jakob bestimmt wieder da. Elena konnte es kaum abwarten. Drei Tage … Gerade erst hatten sie beide noch vor einem Döner-Laden gestanden. Jakob hatte so gefroren.

Im Ibiza-Kreis

> **Das war eine Welt, die mir imponierte und gefallen hat, die ich zwar kritisch hinterfragt habe, in der ich mich aber wohl gefühlt habe. Da bin ich aufgeblüht, da bin ich selbstbewusst geworden.**
>
> ***Magnus Gäfgen,***
> ***in der Hauptverhandlung***
> ***über den Ibiza-Kreis***

Noch dreieinhalb Stunden bis zur Geldübergabe. Magnus hatte sich gerade davon überzeugt, dass die Leiche dort im Wasser lag, wo er sie zurückgelassen hatte. Gegen acht Uhr war er von zu Hause aufgebrochen, Katharina wollte sich einen gemütlichen Abend vor dem Fernseher machen.

Um zum Weiher zu kommen, musste er durch den dunklen Wald stapfen. Anderthalb Stunden hatte ihn der Ausflug gekostet. Warum er noch einmal dorthin gefahren war, wusste er nicht so genau. Vielleicht war Jakob ja doch zu Hause? »Ich wollte sehen, ob wirklich so etwas Schreckliches passiert ist«, erklärte er dem Gericht.

Nun stieß er die Tür der Kneipe Zum Gemalten Haus auf, wo sich der Ibiza-Kreis, seine Freunde, am Sonntagabend häufig trafen.

Heiße Luft und Stimmengewirr schlugen ihm entgegen, wie üblich drängten sich die Leute in dem Apfelweinlokal an der Schweizer Straße, in dem schon seit Ende des achtzehnten Jahrhunderts ausgeschenkt wurde und das berühmt für seine Fresken im Eingang und Hof war. Die Bilder nahmen den Gast mit zur Zollburg im Rhein bei Kaub und zum Mäuseturm auf der Insel am Binger Loch vor Weinbergen; ein Lesender grinste von einer Wand im Hof herab, er lag neben Anglern im Gras, einen Spatz auf dem Zeh.

Der Kellner hetzte von Tisch zu Tisch, brachte den »Schoppen«, dazu Grüne Soße, Rippchen mit Kraut oder Frankfurter Würstchen. An künstlichen Hirschgeweihen baumelten Lampen und verbreiteten ein gedämpftes Licht, das die dunkel getäfelten Wände aus Holz verschluckten und die bleiumfassten Buntfenster kaum nach außen dringen ließen.

Nichts Außergewöhnliches fiel den Freunden auf an diesem Abend. Magnus wirkte wie immer. Er war eher ruhig, lachte aber über Witze und erwies sich wie üblich als guter Zuhörer. Ein Mädchen aus der Gruppe entschuldigte sich, weil sie ihm eine Musikkassette, die sie sich von ihm geliehen hatte, noch nicht zurückgegeben habe. Maggi winkte ab. Keiner am Tisch konnte im Nachhinein feststellen, dass ihn etwas belastet habe. »Es ist aber keineswegs so, wie es von außen wirken muss, dass ich eiskalt ein Kind getötet habe und man es mir nicht ansieht. In mir war alles durcheinander«, sagte Magnus in Erinnerung an den Abend.

Manche aus der Gruppe kannte er schon seit vielen Jahren. Eines der Mädchen hatte Magnus, als er Anfang zwanzig war, auf einer Jugendfreizeit der St.-Bonifatius-Gemeinde betreut. Jetzt gehörten sie beide zum selben Freundeskreis und waren mit diesem zweimal gemeinsam auf Ibiza gewesen. Zuletzt in diesem Sommer. Da war etwas Unschönes passiert. Es begann damit, dass der Schlüssel zum Appartement der Familie von Steglitz vermisst wurde.

Neunzehn Jahre alt war Magnus, als er den einige Jahre jüngeren Ansgar von Steglitz kennen lernte, eine Begegnung, die sein Leben veränderte. Die beiden nahmen an einem Schüleraustausch nach Krakau teil und freundeten sich an.

In was für einer Welt sein Kamerad lebte, ahnte Magnus

damals nicht. Bis zu einer gemeinsamen Reise durch Europa. Fünf Wochen lang gondelten sie mit dem Auto durch Österreich, Italien, Frankreich, Spanien – und stiegen in Häusern der Familie von Steglitz in Kitzbühel, an der Côte d'Azur und auf Ibiza ab. Ansgars Vater war als Rechtsanwalt geschäftlich erfolgreich, die Familie adelig, und beides zusammen schlug sich in diversen Immobilien nieder. Für Magnus war das überwältigend.

Um in die Welt seines Freundes zu kommen, oder zumindest dorthin, wo der Wohnsitz der Familie von Steglitz lag, brauchte er von der Fritz-Kissel-Siedlung aus nur einen Schritt auf dem Ziegelhüttenweg hinter die Bahnlinie zu tun. Lerchesberg heißt dieser Teil von Sachsenhausen, »Putzfrauenlinie« der Bus, der dorthin fährt. Auf dem Stadtplan ist das Viertel kreisförmig in sich geschlossen, und wer mit dem Wagen eindringt, wird von jenen wenigen, die durch die Straßen spazieren, gemustert. In den sich automatisch öffnenden Garagen verschwindet der Bankdirektor ebenso wie der Bordellbesitzer. Persönlich kennen sich am ehesten die Hundehalter, die Zäune zwischen den weitläufigen Anwesen sind zu hoch, um einander die Heckenschere zu reichen. Still ist es, wenn nicht gerade ein Flugzeug diesen Luxus schmälert, und es gibt Häuser, die den Schritt des Besuchers mit meterlangen grünen Teppichen vom Bürgersteig bis zur Tür dämpfen.

Das Anwesen der Familie von Steglitz grenzt direkt an den Stadtwald, in dem man Joggern mit weißen Handschuhen begegnen kann. Säulen zieren den Eingang des verwinkelten Hauses. Toskanisch mutet es an und einen Anflug von Idylle strahlt es aus, den es zu verteidigen gilt, wie die roten Lichter der Alarmanlage zeigen. Für Magnus öffnete sich mit Ansgar das Metalltor vor dem Eingang.

Fortan ging er bei der Familie von Steglitz regelmäßig ein und aus. Er lernte die jüngeren Brüder von Ansgar kennen, Calvin und Damien, und durch sie wiederum deren Freunde, die fast alle aus wohlhabenden Elternhäusern stammten und deutlich jünger waren als er. Auch mit Elena und Franz von Metzler traf er zusammen; sie begegneten einander auf Partys und dabei blieb es, denn die Geschwister gehörten nur zum erweiterten Freundeskreis der Steglitz-Brüder. Man kannte sich, war aber nicht enger befreundet.

Den meisten kam Magnus auf Ibiza näher. Herrn von Steglitz gehörte dort »ein ganzer Berg«, wie Magnus in der Hauptverhandlung schilderte. Ansgar habe ihn nach dem Abitur zum ersten Mal auf die spanische Insel eingeladen. Das Elternhaus am Lerchesbergring sei ja schon recht anspruchsvoll, doch auf Ibiza besäße die Familie riesige Villen, Gästehäuser, eine Yacht, ein Motorboot. Jeder der Söhne durfte im Sommer Freunde einladen, manchmal hätten sich dort um die zwanzig Jugendliche versammelt. Und alles sei bezahlt worden. Die Eltern spendierten sogar das Essen in Restaurants und gaben ihnen Geld für Ausflüge. Nur in der Disco mussten die Jugendlichen ihre Getränke selber zahlen.

Magnus war fünf-, sechsmal mit von der Partie. Er erlebte, wie die Besetzung der Besuchergruppen im Laufe der Zeit wechselte, und nur ein relativ kleiner Kern von Wohlhabenden blieb. »Ich war der Einzige, der sich über Jahre dort halten konnte«, sagte er in seinem Geständnis. Zugleich fürchtete Magnus damals, dass diese Freundschaft, der ganze Spaß, den er mit ihnen hatte, zu Ende gehen würde, dann nämlich, wenn er sein Manko, aus vergleichsweise ärmlichen Verhältnissen zu kommen, nicht länger würde kaschieren können. Womit konnte er diesen Jugendlichen schon imponieren? Sie fanden ihn doch bloß interessant, weil er deutlich älter war und entsprechend erfahrener, weil er schon eine eigene Wohnung hatte und ein eigenes Auto besaß; auch weil er sich nützlich machte, indem er die Ausflüge organisierte und jede Menge Spiele kannte – so dachte er. Dass in dem Kreis auch ein Jugendlicher aufgenommen wurde, der sich selbst zum »gesunden Mittelstand« zählte und ebenfalls nicht unbegrenzte Finanzkraft versprühte, schien Magnus nicht zu merken. Dabei soll er mit dem jungen Mann besonders eng befreundet gewesen sein.

Fern des Festlands begannen sich Magnus' Wünsche und Ziele zu verändern. Früher waren es ein schickes Auto und eine Eigentumswohnung, von denen er träumte, nun wollte er auch eines Tages Haus und Boot auf Ibiza haben. Der Inselzauber verlor sich auch in Frankfurt nicht. Die Zeiten, in denen sich Magnus mit Klassenkameraden in verräucherten Pubs tummelte, waren vorbei, stattdessen balancierte er in klimatisierten Galerien das Sektglas zwischen den Fingern; seine Zeit auf Vernissagen zu verbringen, schien ihm sinnvoller zu sein als das, was er bisher getrieben hatte. Mit seinen neuen Freunden ging er nur noch in Nobeldiscos, wo er Runden schmiss, um den anderen nicht nachzustehen, und verkehrte auf Partys gehobener Kreise. VIP-Karten für Eintracht-Spiele waren auf einmal selbstverständlich, ja, das Leben konnte so leicht sein. Wenn einer seiner Freunde auf einen begehrten und heiß umkämpften Praktikumsplatz strebte, genügte meist ein Anruf von Papa.

Aber auch jenseits des Geldes fand Magnus die Mitglieder des Ibiza-Kreises sympathisch. Im Vergleich zu anderen Jugendlichen erlebte er sie als freier, sorgloser und nicht so verbissen. Er genoss ihre Lebensfreude, ihre Ausgelassenheit, überhaupt die positive Stimmung, die sie verbreiteten. Auch ihr selbstbewusstes Auftreten beeindruckte ihn. Immer wieder stellte er voller Erstaunen fest, dass sich diese Jungen und Mädchen schon jetzt, immerhin waren sie alle vier bis sieben Jahre jünger als er, nichts sagen ließen. Aber sie mussten sich ja auch nichts sagen lassen! Sie wussten doch, dass ihnen ohnehin die ganze Welt offen stand. Eine sehr viel schönere Welt, als die, aus der er kam. Eine Welt, in der auch er sich sehr viel besser fühlte.

Magnus war klar: Mit diesen Menschen wollte er den Rest seines Lebens verbringen. Auf gar keinen Fall wollte er dorthin zurück, woher er gekommen war. Nein, er musste werden wie sie.

So begann er, ihre Kleidung zu tragen. Wenn früher jemand vor ihm geprotzt hätte, 200 Mark für ein Hemd ausgegeben zu haben, er hätte sich an die Stirn getippt. Jetzt kaufte er selbst in den edlen Geschäften auf der Goethestraße. Trainierte im Fitness-Studio. Ging ins Solarium. Ließ sich das Muttermal im Gesicht wegmachen. Tauschte die Brille gegen Kontaktlinsen. Und er ging jedem Streit mit seinen Freunden aus dem Weg. Aus Angst, sie zu verlieren, gab er lieber nach. »Das tat mir gut«, erzählte Magnus, »ich wurde selbstsicherer und angesehener, das, was ich in meiner Kindheit und Jugend vermisst habe.«

Bis Ibiza war Magnus ein sparsamer Mensch, der das Geld, das er sich hart in Nebenjobs verdiente, auf sein Sparbuch verfrachtete. Solange seine Inselbekannten noch jung waren, blieb es dort auch liegen. Schließlich sei es ihnen anfangs nicht wichtig gewesen, ob er Geld hatte oder nicht, ein sechzehnjähriger Reicher benehme sich genauso wie ein Sechzehnjähriger, der nicht über unbegrenzte Mittel verfüge, hatte Magnus festgestellt. Zunächst war er der Erwachsene, der studierte und schon genau wusste, was er werden wollte. Kaum merklich aber wuchsen sie über ihn hinaus. Das, wofür sie ihn bewundert hatten, eigneten sie sich selbst an, den Führerschein, zum Beispiel. Und zum 18. Geburtstag gab es den ersten Wagen. Ein Ferrari war es zwar nicht gleich, aber ein Golf war schon drin. Ein neuer, versteht sich.

Ganz anders verhielten sich die Leute nach Magnus' Erfahrung, wenn sie erst das zwanzigste oder einundzwanzigste Lebensjahr erreicht hatten. Auf einmal entdeckten sie, dass ihr Geld sie zu etwas Besonderem machte, sie achteten darauf, in welches Auto sie stiegen, betraten nicht mehr jedes Lokal und trugen Designer-Klamotten. Magnus wollte ihnen nicht nachstehen, er musste mit seinen Freunden auf Augenhöhe bleiben, ohne dass sie merkten, welche Mühe ihm das bereitete. Es sollte so scheinen, dass auch er sich keine Gedanken machte, wie viel Geld er für etwas ausgab. Den Preis dafür formulierte er selbst: »Das war nicht ich.«

Ein Finanzpolster aus einem Rentenfond, den sein Vater angelegt und ihm zum 18. Geburtstag übertragen, und aus Geld, das er sich während des Zivildienstes und in Nebenjobs verdient hatte, ließ den gewählten Lebensstil zunächst zu. Außerdem profitierte er vom Börsenboom, kaufte Wertpapiere und machte Gewinne. Zwischenzeitlich verfügte er über ein ordentliches Aktiendepot im Wert von damals 30 000 DM. Zudem spekulierte er auf das erste Staatsexamen. Wenn er das in der Tasche hatte und als Referendar arbeitete, konnte er sicher mehr verdienen als in den Nebenjobs. Ob das Angesparte aber bis zum Studienende reichte, schien bald fraglich. Vor allem, als die ins schier Unermessliche gestiegene New-Economy-Welle ihrer Höhe entsprechend hart niederschlug und Magnus viel Geld verlor – mit Herlitz, Holzmann, EMTV …

Magnus stand das Wasser bis zum Hals, als der Urlaub auf Ibiza im Sommer 2002 von dem unangenehmen Ereignis überschattet wurde. Wie groß seine Not inzwischen war, ahnte niemand. Die Jugendlichen sorgten sich, weil an dem verschwundenen Schlüssel zur Wohnung der Familie von Steglitz ein Schild hing mit einem Hinweis auf die Anlage, in der sich das Appartement befand. Der Finder könnte ohne Schwierigkeiten in die Wohnung spazieren und sie ausräumen, die Angst vor einem möglichen Einbruch ließ ihnen keine Ruhe mehr.

Damien von Steglitz fand den Schlüssel in Maggis Hose. Der Maggi habe daraufhin versucht, dem Damien die Sache anzuhängen, erinnerte sich ein Mädchen aus der Gruppe. Er habe behauptet, Damien habe ihm den Schlüssel selbst gegeben, damit er ihn nicht verlor. Die Jugendlichen wussten nicht recht, wem sie denn nun glauben sollten, aber sie mussten an einen anderen Urlaub in Kitzbühel denken, bei dem Maggi ebenfalls dabei gewesen war. Auch damals war Geld verschwunden, und man hatte ihn unter Verdacht.

Magnus will von den Vorwürfen, die gegen ihn erhoben wurden, immer nur gerüchteweise gehört haben. Dass die anderen meinten, er würde sie bestehlen, habe ihn belastet, behauptete er. Unheimlich belastet. Er wurde verlegen und sah nur einen Ausweg: Irgendwie musste er seinen Freunden glauben machen, ihr Geld überhaupt nicht nötig zu haben. Daher legte er sich eine Maske zu.

Die Summe, mit der seine Eltern ihn monatlich unterstützten, reichte nicht einmal für die Miete. Er stürzte sich in zahlreiche Nebenjobs und verdiente hinzu als Animateur, Nachhilfelehrer und im Nachtdienst bei der Frankfurter Messe. Wenn er sich drei Wochen bei Ravensburger verpflichtete, erklärte er sein Fernbleiben im Freundeskreis damit, an einer Hausarbeit zu schreiben. Ansgar von Steglitz äußerte einmal seine Verwunderung über Maggis Zahlkraft, erfuhr aber nichts von dessen »Knochenarbeit«, sondern bekam eine Geschichte aufgetischt, die sein Freund für angemessen hielt: Er verdiene sein Geld in einer deutschlandweit angesehenen Kanzlei, die ihn nach dem Studium auch übernehmen wolle. Und nicht nur das: Sein Anwalt habe ihm Geld geliehen, schon im Vorgriff auf die spätere Zusammenarbeit, und sein Wagen, den er in Kürze erwarte, ein Mercedes SLK, werde über das Unternehmen gekauft. Monatelang erzählte er, das Fahrzeug wegen Fehlern bei der Herstellung noch nicht bekommen zu haben. Es sei mit den falschen Sitzen ausgestattet worden …

Katharina lernte in Magnus also einen wohlhabenden Jungjuristen auf dem Weg nach oben kennen.

In den Ibiza-Kreis führte Magnus seine Freundin ein, als sie noch geschwisterlich miteinander umgingen, und er behauptete später, sie sei von den Verhältnissen noch faszinierter gewesen als er, da sie ebenfalls aus kleinbürgerlichen Verhältnissen stamme und sehr materialistisch gesinnt sei. Fakt ist: Katharina mied diese Gesellschaft schon sehr bald.

Die Ibiza-Leute warnten Magnus vor seiner großen Liebe, sie sei markengeil, nur an seinem Geld interessiert, zu jung und wolle ihn ausnutzen. Katharina erfuhr von Magnus, was seine Freunde über sie dachten, und bemerkte gleichzeitig, wie »superfreundlich« sich die Jugendlichen ihr gegenüber verhielten, wenn sie dabei war. Sie fand das falsch, er höflich. Die Spannungen zwangen Magnus in einen »schwierigen bis unlösbaren Spagat«: Einerseits bemühte er sich nach Kräften um die Sympathien seiner Freunde, andererseits gehörte Katha nun einmal zu ihm, und er fand, dass die anderen das akzeptieren müssten. Der Konflikt entschärfte sich, weil das Mädchen nicht wollte, dass Magnus seine Freunde ihretwegen verlor, und sie ihn allein mit dem Kreis ziehen ließ.

Zugleich nahmen jedoch die Komplikationen zu in dem Spiel, das er sich mit seiner Maske auferlegt hatte. Musste er doch fortan nicht nur im Ibiza-Kreis etwas darstellen, sondern auch vor dem Menschen, der ihm am nächsten stand, der immer um ihn herum und fast schon ein Teil von ihm selbst war. Er begann, sich innerlich zu spalten und gleichzeitig war ihm klar, dass er so nicht endlos weitermachen konnte. Das Lügengebäude drohte ohne materiellen Mörtel zusammenzubrechen und sein Glück zu begraben. Es war schon sehr hoch, als Katharina noch nicht in Sicht war. Bereits ein gutes Jahr zuvor hatte er dermaßen über seine Verhältnisse gelebt, dass ihm die Bank im November 2001 aus Bonitätsgründen vorübergehend die American-Express-Karte kündigte. Im April 2002 waren seine Rücklagen zwar noch nicht gänzlich aufgebraucht, aber doch beträchtlich zur Neige gegangen.

Magnus machte sich zunehmend Sorgen, ob sein Geld wohl reichte, bis er als Jurist richtig viel verdiente. Und nicht nur das. Was käme wohl auf ihn zu, wenn er durch das Examen fiele? Bei dieser Vorstellung packte ihn die nackte, kalte Angst, seine Situation erschien ihm aussichtslos, und er war manchmal so verzweifelt, dass er überlegte sich umzubringen. Das konnte er aber mit seinen religiösen Prinzipien nicht vereinbaren, wie er später erläuterte, und nachdem auch endlich die große Liebe gefunden war, gedachte er erst recht nicht aus dem Leben zu scheiden. Stattdessen kam ihm die Idee, irgendeine Tat zu begehen, die alle akuten finanziellen Nöte mit einem Schlag beseitigte und ihm ein paar sorgenfreie Jahre bescherte, bis er ein großer Anwalt war. »Bevor du dich umbringst, kannst du auch mal was riskieren«, flüsterte eine Stimme in seinem Kopf. Anfangs wollte er sie nicht hören, sondern das bleiben, was ihm eine andere Stimme einredete, eine Stimme, die seiner Meinung nach war wie er, gesetzestreu, selbstlos und dem Guten verpflichtet. Doch dann meldete sich immer wieder und immer lauter diese andere skrupellose Stimme zu Wort, die ihn drängte: Sei doch nicht nur der blöde Liebe. Trau dich endlich einmal, das Arschloch zu sein.

Der Jugendliche aus dem Kreis, der ebenfalls nicht aus begüterten Verhältnissen stammte, wusste, dass Magnus in wirtschaftlichen Schwierigkeiten steckte. Eines Tages sprach er seinen Freund auf die teuren Einkaufstouren an und äußerte seine Bedenken. Magnus gab ihm Recht, sah aber keinen Ausweg. Er war fest davon überzeugt, Katharina an einen Reicheren zu verlieren, wenn er ihr nicht viel böte. Seit er mit ihr befreundet war, habe sich die Spirale mit dem Geld immer drastischer gesteigert, erzählte er. Katha habe einen teuren Lebensstil gepflegt, und er wollte sie glücklich sehen. Verlangt habe sie den Luxus nicht, aber sie ging nun einmal davon aus, dass er reich war. Für wie selbstverständlich seine Freundin es hielt, von ihrem vorgeblich wohlhabenden Freund verwöhnt zu werden, bekam er heftiger denn je während eines Urlaubs in Florida zu spüren.

Katharina bezahlte in der Annahme, sich als Schülerin ohne

Einkommen getrost von ihrem begüterten Verehrer unterhalten lassen zu dürfen, lediglich den Flug, ihre Eltern einen Teil der Unterkunft. Beinahe einen Monat lang erkundeten sie das Land in einem Mietwagen, räkelten sich am Strand und deckten sich verhältnismäßig günstig mit Markenklamotten ein, denn das Hotel befand sich in der Nähe eines der größten Outlet-Stores der Welt. Fast täglich zog es sie dorthin.

Der Aufenthalt in den Vereinigten Staaten verschlang ungefähr 5000 Euro und damit mehr, als Magnus von einem Bausparvertrag geblieben war, den er im Mai aufgelöst hatte. Seine Rücklagen waren verbraucht, sämtliche Aktien verkauft und auf einmal saß er in einem Paradies, aus dem er fürchtete, nicht mehr herauszukommen, eine Sorge, die durchaus berechtigt war, falls seine Kreditkarte gesperrt würde. Vorsichtig versuchte Magnus seine Freundin in ihren Einkaufswünschen zu bremsen, was ihm jedoch nur mäßig gelang. Er wollte einfach nicht, dass sie sauer war, wenn er nicht tat, was sie sich vorstellte – er fürchtete diese Art an ihr und liebte sie zugleich, diese Trotzigkeit und eigenwillige Stärke. Katharina bemerkte rückblickend in einem Brief zu den Geschenken von Magnus: »Er wusste, dass er damit eine Freude machen kann, und so hat es angefangen. Ich glaube auch, er hat gedacht, wenn er das nicht machen würde, würde er mich verlieren, aber das stimmte absolut nicht. Nein, ich war nicht beleidigt, wenn er mir nicht gekauft hat, was ich mir gewünscht hatte. Nur, wenn er es versprochen hatte und dann nicht gemacht hat.«

In letzter Verzweiflung rief Magnus seine Mutter aus Florida an und bat sie, sein Konto aufzufüllen. Sie überwies ihm tausend Euro. Seiner Freundin machte er weis, dass sein Konto so gut wie leer sei, weil eine Rate für den Mercedes SLK abgebucht worden sei.

Die Rückkehr war gesichert.

Magnus hängte einen zweiten Urlaub auf Ibiza dran, den er schon vor Monaten geplant hatte. Da er Katharina jedoch vermisste, telefonierte er alle Nase lang mit ihr. Und kaum war er wieder in Deutschland, setzte Katharina ihre Shopping-Touren fort, diesmal von Freundin Susi ermutigt. Inzwischen hatte sie sich an Markenklamotten gewöhnt, und es störte sie wenig, dass die Designerware auf der Goethestraße um einiges teurer war als in dem Einkaufszentrum in Florida. Maggi wusste doch scheinbar kaum wohin mit seinem Geld. Und doch musste sich Katharina in letzter Zeit dauernd von ihrem Freund anhören, er habe keine Lust, shoppen zu gehen. Was war denn nur los mit ihm? Liebte er sie womöglich nicht mehr? Mitte September ließ Susi sie dann auch noch wie beiläufig wissen, dass sie von ihrem Freund Gert eine Kreditkarte zur Verfügung gestellt bekommen hatte. Damit kannte Magnus Kathas nächsten Wunsch.

Bei der Polizei behaupteten zur Zeit des Prozesses böse Zungen, Katharina habe ihre Freundin sogar gefragt, ob sie sie nicht mit einem Juwelier auf der Goethestraße verkuppeln könnte, weil der finanzstärker sei. Und als Susi von ihrem Börsenmakler-Freund einen Hund geschenkt bekommen habe, soll auch Katharina ihre Vorliebe für ein solches Tierchen entdeckt haben.

Was auch immer an diesen Gerüchten dran war: Magnus konnte nicht mehr. Seit er die Liebe seines Lebens gefunden hatte, also in den Monaten von Mai bis September, hatte er allein mit seiner Kreditkarte 6100 Euro ausgegeben. Sein Konto war blank, ja einige Rechnungen noch nicht einmal bezahlt. Aber wie sollte er aus all dem Schlamassel herauskommen? Heil, wohlgemerkt.

Er spielte kurz mit dem Gedanken, sich zu öffnen und alles zuzugeben. Verwarf diesen aber schnell wieder, denn alles, was ihm im Leben etwas bedeutete, würde er verlieren. Seine Freunde, Katha … Gut, Katha liebte ihn, da war er sich inzwischen recht sicher, aber sie liebte auch sein Geld. Und selbst wenn ihr das dann doch nicht so wichtig war, nicht über alles ging, wie würde sie reagieren, wenn er ihr plötzlich offenbarte: »Ich bin nur ein Student«? Einer, der noch nie eine Kanzlei von innen gesehen hat, der seine in niederen Jobs gescheffelte Kohle auf den Kopf gehauen hat und wofür? Für nichts als Lügengeschichten. Jahrelange Lügen. Konnte Katha ihm verzeihen? Ihm je wieder vertrauen? Nein, weder sie noch seine Ibiza-Freunde. Sie würden sich von ihm abwenden. Ganz sicher. Das Spiel musste weitergehen, bis er wirklich reich war. Nur bis dahin brauchte er Geld. Seine Eltern oder seinen Bruder um Hilfe zu bitten, schien ihm sinnlos. Mit ein paar hundert Euro war es nicht getan.

Es gab keine Alternative. »Ich war in meinen Lügen gefangen. Der einzige Lösungsweg war der Plan, den ich hatte.« Sein Anwalt Hans Ulrich Endres stellte im Prozess fest: »Er hätte sich selbst entlarven müssen und nicht bei null, sondern darunter angefangen.«

Sooft Magnus in Gedanken nach einem kriminellen Ausweg suchte, so selten fühlte er sich fähig, diesen wirklich zu beschreiten. »Ich war doch immer ein rechtschaffener, gesetzestreuer Mensch. Ich wollte Jura auch deshalb studieren, weil ich das Rechtssystem richtig finde«, beteuerte er gegenüber dem Richter. In den ersten Semestern fand er das Studium tatsächlich noch ganz gut, wussten seine Studienkollegen; aber die stumpfe Paukerei vor dem Examen empfand er eher als Zeitverschwendung, denn von dem, was er lernte, meinte er in der Praxis nicht viel anwenden zu können.

Es fiel Magnus überdies schwer, die strafbaren Handlungen, die ihm einfielen, mit seinem Naturell zu vereinbaren, war er doch ein »Typ, der nie in eine Schlägerei verwickelt war, der nicht gewalttätig ist«, sonder eher ein »schüchterner, zaghafter Mensch«, wie er vor Gericht beteuerte. Mit Pistole in der Hand eine Bank zu stürmen – nein, das war weiß Gott nichts für ihn. Auch unter anderen Gesichtspunkten schied jeder noch so ausgeklügelte Plan für einen Überfall aus, egal ob Bank, Tankstelle oder Geldtransporter. Er hätte einen Partner gebraucht, doch über Kontakte zur Halbwelt verfügte er nicht und außerdem hätte ein Überfall auch nicht genügend Geld gebracht.

Ein »Hirngespinst« konnte er aber nach reiflicher Überlegung nicht mehr aus seinem Kopf verbannen: die Entführung eines Kindes.

Freilich war das Ganze nur eine fixe Idee, aber als solche kam sie Magnus immer wieder. Schon in Florida und auf Ibiza hatte er an ihr gesponnen, einfach weil ihm die Vorstellung gut tat, auf einen Schlag alle Schwierigkeiten los zu sein. Den ganzen Tag folgte er diesen Gedanken, oder sie verfolgten ihn.

In seinem Geständnis erzählte Magnus, er sei ziemlich schnell bei Jakob von Metzler gewesen. Er kannte ihn nur aus Erzählungen, Jakob musste so in der fünften oder sechsten Klasse sein, war ihm demnach körperlich klar unterlegen. Magnus wusste natürlich auch, dass der Junge aus reichem Hause kam: Eine Million Euro könnte seine Familie spielend locker machen und obendrein leicht verschmerzen. Vielleicht würden sie für solch einen lächerlichen Betrag nicht einmal die Polizei einschalten. Mehr als eine Million Euro wollte er doch gar nicht, das würde reichen, bis er als Erfolgsanwalt durchstarten könnte. Bis zur Rente brauchte er ja nicht gleich auszusorgen.

Er entwarf einen Plan, der nach seinen Aussagen drei Kriterien erfüllte: Das Risiko für ihn war gering, die Familie würde durch das Lösegeld nicht ruiniert und das Opfer, wenn überhaupt, nur möglichst geringen Schaden nehmen. »Es sollte eine Entführung sein, die zu keinem Zeitpunkt tödlich endet«, versicherte Magnus jenen, die über ihn urteilten. Den ganzen Sommer grübelte er, wie er vorgehen würde. »Aufgrund meiner Persönlichkeit war mir klar, dass ich den Plan minutiös durchspielen musste.« Alle Eventualitäten sollten berücksichtigt werden. Das fing beim Erpresserschreiben an: Womit schrieb man solch einen Brief, was war beim Text zu bedenken – zum Beispiel wäre es unklug, ein bestimmtes Datum für die Geldübergabe anzugeben. Womöglich war man gezwungen, die Entführung zu verschieben, dann müsste alles neu geschrieben werden. Sonntagnacht 1 Uhr reichte als Angabe. Wo würde er Jakob das ganze Wochenende unterbringen? Und wie konnte er bewacht werden?

Ihm war aus seinem Studium auch bekannt, wie hoch die Aufklärungsquote bei Entführungen war, achtzig Prozent der Fälle wurden von der Polizei gelöst. Es war eben ein bisschen wie beim Pokern, beim Bluffen.

Für den Brief hatte er eine Schreibmaschine seiner Eltern mitgenommen, die in einer Ecke verstaubte, weil sie nicht mehr gebraucht wurde; das Klebeband wartete, in entsprechende Längen geschnitten, unter dem Tisch, er hatte ein Beil gekauft. Mit dieser Axt beabsichtigte er die Tür der Hütte zu öffnen, in der er Jakob verstecken würde. Am Freitag, Samstag und Sonntag wollte er ihm abends Essen und Trinken bringen, mal Warmes, mal Kaltes, je nach Witterung. Und wenn die Familie gezahlt hatte, würde er Jakob am Montag in den frühen Morgenstunden am Hauptbahnhof in Offenbach ablegen, in ein Betttuch verschnürt und geknebelt. Pendler würden das zappelnde Bündel auf ihrem Weg zur Arbeit finden.

Kurz vor dem Abschluss seiner Planungen lernte Magnus dann Jakob kennen. Er hatte seinen Wagen angehalten, weil er Elena gesehen hatte, die offenbar auf dem Nachhauseweg war. Als er anbot, sie heimzufahren, bestand sie darauf, dass auch Jakob mit in den Wagen stieg.

Trotz dieser Begegnung hielt Magnus an seiner Idee fest. Der Junge hatte ihn doch nur kurz gesehen und musste ihn deshalb noch lange nicht wieder erkennen, argumentierte er einmal. Ein andermal gab er an, das Treffen sei für die Ausführung seiner Tat wichtig gewesen, denn Jakob wäre mit einem Fremden höchstwahrscheinlich nicht mitgegangen.

Jakob könnte natürlich auch sterben …

Diese Eventualität zog Magnus bei seinem Gedankenspiel ebenfalls in Betracht, obwohl dem Opfer nichts passieren sollte. Aber es könnte ja versehentlich im Kofferraum ersticken … Oder ein Auto auffahren. Er könnte Jakob auch zufällig zu viel Alkohol einflößen. Der Junge musste unbedingt einen Filmriss haben, um die halbe Stunde zu vergessen, in der er seinen Entführer sehen würde. Wodka und Cola sollte er schlucken, ohne Ende. Wie stark das Zeug bei Kindern und Jugendlichen wirkt, hatte Magnus bei Kneipenbesuchen in Sachsenhausen erlebt.

»Wenn es passiert, so nehme ich es billigend in Kauf«, habe er sich gesagt.

Ende August war der Plan fertig. Und wieder hörte Magnus zwei Stimmen. Die eine sagte, er könne nichts mehr ändern, die andere hielt dagegen: Das wird nie passieren. Das ist etwas Schlechtes, das nie passieren sollte.

Die warnende Stimme dürfte endgültig verstummt sein, als er Katharina erzählte, seine Eltern würden ihm eine Million Euro schenken, sobald er sein Examen bestanden habe. Und Anfang September rief er eine Immobilienfirma an und teilte einer Verkäuferin mit, er habe Interesse an einer Neubauwohnung in Sachsenhausen, drei Zimmer mit Blick auf die Frankfurter Skyline für rund 400 000 Euro. Zwei Mehrfamilienvillen sollten auf dem Gelände am Schützenhüttenweg entstehen. Wäre Magnus Besitzer eines dieser Luxusappartements, müsste er nur noch der Straße »Letzter Hasenpfad« folgen, um im Ursprung seines Ibiza-Kreises zu sein, im Lerchesbergring.

Zum ersten Mal traf die Verkäuferin Herrn Gäfgen auf der Baustelle. Er kam Hand in Hand mit seiner Freundin. Die Begegnung dauerte nur ein paar Minuten und die Immobilienhändlerin fand das Treffen eigenartig. Sie hatte nicht das Gefühl, der Mann interessiere sich wirklich für die Wohnung. Außerdem wirkten die beiden verklemmt. Normalerweise erlebte sie die Leute am Sonntagnachmittag locker und gut gelaunt, aber diese zwei schauten ernst drein. Kein Lachen, nicht einmal ein Lächeln. Die Kleidung des möglichen Käufers ließ nicht unmittelbar den Schluss zu, dass er über genügend Geld für eine solche Investition verfügte. Er trug Jeans und Turnschuhe. Aber aus Erfahrung wusste die Maklerin, dass dies nichts heißen musste. Auch sein junges Alter sprach nicht gegen Kaufkraft, sie hatte schon an deutlich jüngere Kunden Wohnungen dieser Preisklasse übergeben. Hinter ihnen standen meist wohlhabende Eltern.

»Wie soll die Wohnung denn aussehen? Legen Sie Wert auf Zimmer mit Blick auf Frankfurt?«, fragte die Verkäuferin. »Ja.« – »Soll die Wohnung im Erdgeschoss sein?« – »Ja.« – »Mit Fußbodenheizung?« – »Ja.« Nach weiteren schlichten »Ja« hatte die Händlerin keine Lust mehr zu bohren. Normalerweise fragten die Interessenten den Verkäufern Löcher in den Bauch. Sie äußerte vorsichtig Zweifel an seinen Absichten und musterte seine Freundin. Das Mädchen legte offenbar Wert auf ein gepflegtes Äußeres ohne überkandidelt zu sein. Sie trug ebenfalls Jeans und hatte ihr langes dunkles Haar in einem Zopf zusammengefasst. Zurückhaltend trat sie auf, ein wenig unbeholfen vielleicht. Vor allem aber sagte sie die ganze Zeit über keinen Piep. Weder zu ihr noch zu ihrem Begleiter.

Herr Gäfgen versicherte, er sei sehr interessiert, und drängte sogar, die Unterlagen so schnell wie möglich zu bekommen. Daher brachte sie ihm am nächsten Tag einen Grundriss sowie andere Informationen persönlich vorbei. Als sie den Umschlag in den Postkasten warf, stutzte sie noch einmal, da die Gegend, in der Herr Gäfgen wohnte, nicht gerade nach einem Reiche-Leute-Viertel aussah. Aber er hatte erzählt, er würde viel Geld erben.

Kurz darauf rief er sie an und sagte, er müsse noch die

Finanzierung klären und würde sich dann melden. Eine Woche vor dem Mord versicherte er noch einmal, die Wohnung unbedingt haben zu wollen, und kündigte an, eine Reservierungsgebühr in Höhe von 500 Euro zu zahlen. Das letzte Mal telefonierte die Verkäuferin mit Herrn Gäfgen einen Tag vor der Entführung. Sie mahnte die ausstehende Gebühr an, er sagte, er habe die Reservierung schon an sie gefaxt, das Geld aber noch nicht überweisen können, weil er sich gerade nicht in Frankfurt aufhalte. Am Montag, dem 30. September, wäre er aber zurück und würde alles in die Wege leiten. Es erschien der Maklerin allerdings nicht so, als ob ihm an einem Notartermin sonderlich gelegen wäre.

»Wie wollen Sie die Immobilie finanzieren?«, wollte sie daher abermals wissen. Er wich aus, sie aber blieb hartnäckig. – Er bekomme Geld von seiner Familie, den Rest über die Bank, erhielt sie schließlich als Antwort. Um welche Bank es sich handelte, erfuhr sie nicht.

Ungefähr zwei Stunden musste Magnus an dem Sonntagabend noch bis zu der Million Euro überbrücken, als er sich vom Stammtisch des Ibiza-Kreises erhob. Er fragte zwei Freundinnen, die bei ihm um die Ecke wohnten, ob er sie mitnehmen sollte, wie er es schon oft gemacht hatte. Aber die beiden Mädchen wollten noch nicht nach Hause gehen; es war doch erst kurz vor elf. Und außerdem Urlaubszeit. Mit einigen anderen der Gruppe beschlossen sie, Dart spielen zu gehen. Magnus zog es heim zu seiner Freundin, wie er sagte.

Es wurde Zeit, dass alles vorbei war. Die vergangenen Tage hatten sich schier endlos hingeschleppt, nachts konnte er kaum schlafen, wälzte sich im Bett, fand keine Ruhe; so zu tun, als ob nichts wäre, kostete ungemein viel Kraft. Den ganzen gestrigen Tag hatte er mit Katharina in der Rhein-Main-Therme verbracht, einer Bade- und Saunalandschaft in Hofheim, anschließend brutzelten sie im Solarium. Am Abend wollten sie eigentlich den Videofilm ansehen, aber aus dieser Zerstreuung wurde nichts, der Rekorder war kaputt und für ein anderes Unterhaltungsprogramm – zwei Freunde riefen an, fragten, ob sie Lust hätten, etwas zu unternehmen – fühlten sie sich nach dem Schwimmen zu müde.

Heute waren sie spät aufgestanden. Kathas kleiner Bruder hatte sie per SMS zum Frühstück eingeladen, stattdessen erschienen sie zum Mittagessen.

Am Nachmittag erzählte Magnus Katharina, er wolle Rad fahren. Tatsächlich holte er sein blaues Mountainbike aus dem Keller, da er mit diesem nachts zum Ort der Geldübergabe radeln wollte. Dummerweise hatte es einen Platten, was im Plan nicht vorgesehen war, noch weniger, dass die Reifen an der Shell-Tankstelle nicht aufgepumpt werden konnten. Er schob es bis zu einer Tankstelle beim Uniklinikum, die Luft, die das Rad dort bekam, verlor es aber schon nach wenigen Metern wieder. Also schob er das kaputte Rad nach Hause zurück. Auf dem Heimweg machte er einen kleinen Umweg, am Anwesen der Familie von Metzler vorbei, konnte aber nichts Auffälliges bemerken. Es war immer noch entsetzlich lang hin bis zur Übergabe. Statt sich den Ort der Geldübergabe mit dem Mountainbike noch einmal genau anzusehen, fuhr er mit der Straßenbahn an der Haltestelle Oberschweinstiege vorbei. Später am Nachmittag holte er für Katha eine CD bei einem Freund ab.

Je länger das Wochenende ging, umso mehr habe er sich herbeigesehnt, dass die Polizei eingeschaltet würde, sagte Magnus. Er wollte festgenommen werden, erzählte er dem Richter, und: »Ich hätte nie von mir selber aus zur Polizei oder zu den Eltern gehen können, mich zu offenbaren.« Das musste von außen kommen.

Am Sonntagabend gegen 23 Uhr ließ er sich neben Katharina auf dem Sofa nieder, erzählte ihr das Neueste vom Stammtisch und sie schauten noch ein wenig fern. Kurz vor Mitternacht stand Magnus auf, bemerkte, er müsse noch einmal los: Calvin von Steglitz würde am nächsten Tag zur Bundeswehr eingezogen und wollte vorher mit ihm sprechen. Mit Taschenlampe und Rucksack bewaffnet, machte er sich auf.

Am Geld

> **Ich habe gehofft, dass ich aus meinen Lügen befreit werde.**
>
> ***Magnus Gäfgen, in der Hauptverhandlung***

Sie werden mich schnappen, dachte Magnus. Gleich ist alles vorbei. Wahrscheinlich hatten sie ihn längst im Visier, und er merkte es nur nicht. Auf dem Weg nach Neu-Isenburg schaute er immer wieder in den Rückspiegel, ob ihm jemand folgte, achtete auf jeden Menschen, der seinen Weg kreuzte, aber er konnte nichts Verdächtiges entdecken. Doch auch das war beunruhigend.

Gegen ein Uhr nachts fuhr er auf den Waldspielpark Tannenwald am Rande von Neu-Isenburg, hielt den Wagen an und stieg aus. Es standen noch weitere Fahrzeuge auf dem Parkplatz. In einigen Autos entdeckte Magnus Personen, die es sich scheinbar gemütlich gemacht hatten. Na bitte. Vermutlich beschatteten die ihn, aber wenn schon. Er hielt das alles ohnehin nicht mehr aus. Im Grunde wollte er nur noch raus aus diesem Dilemma, das er sich selbst angetan hatte.

Dennoch wendete Magnus seine Jacke, so dass die dunkle Seite nach außen gekehrt war und ihn nicht so leicht verraten würde, warf sich den Rucksack über und machte sich mit der Taschenlampe in der Hand auf den Weg zum Ort der Geldübergabe. Zuerst ging es ein kleines Stück durch den düsteren Wald, unter der Autobahn hindurch, weiter bis zur Isenburger Schneise, über diese Straße hinweg und dann war er schon fast da. Ein Scheinwerfer blitzte auf. Bedeutete das, sie hatten das Geld abgelegt?

Vorsichtig näherte er sich der Straßenbahnhaltestelle Oberschweinstiege. Die Taschenlampe konnte er ausschalten, das letzte Stück Weg war beleuchtet. Keine Menschenseele war zu sehen, aber Magnus traute dem Frieden nicht. An der Haltestelle steuerte er nicht sofort auf die Aldi-Tüten zu, sondern überquerte die Geleise und tat so, als studierte er den Fahrplan. Wer ihn sah, sollte meinen, er warte auf die S-Bahn.

Es schien ihn aber niemand zu beobachten. In dem Wartehäuschen an der Haltestelle lag zwar ein Schlafsack, aber ob auch jemand drinsteckte, konnte er ohne nachzuschauen nicht ausmachen. Und das wollte er ganz sicher nicht.

Er wechselte abermals die Seite und ergriff die Aldi-Tüten. Hastig öffnete er sie: Das Geld war drin! Er schaute sich um. Niemand da. Dennoch wollte er fort, so schnell wie möglich. In der Nähe gab es einen See, den Jacobi-Weiher. Dort konnte er unauffälliger prüfen, ob sich das Gewünschte in den Tüten befand.

Auf einem Hügel stand eine Bank, dort setzte er sich und nahm seine Beute in Augenschein. Die Scheine waren in Din-A4-Paketen verschweißt. Er riss einen der Blöcke auf. War das wirklich echtes Geld? Es sah ganz so aus. Nagelneue Scheine – und fortlaufend nummeriert ... Damit war Magnus klar: Sie hatten die Polizei eingeschaltet.

Er packte das Geld aus den Tüten in den Rucksack. Bündel für Bündel. In einem der Beutel lag ein Schreiben: Die Metzlers baten ihn darin, Jakob gut zu behandeln und ihn schnell freizulassen. »Das hätte ich ja auch gern getan«, sagte Magnus in seinem Geständnis. Er habe beim Lesen des Briefes geahnt, was in den Eltern vorging, und tiefes Mitleid empfunden. Er hasste sich selbst. Hoffentlich ist das alles bald vorbei, habe er wieder gedacht.

Magnus raffte die Sachen zusammen und machte sich auf den Weg zurück zum Auto. Sein Herz konnte er noch im Hals spüren. Gleich würde jemand auftauchen. Hinter ihm oder neben ihm ... Da! Ein Lichtstrahl traf ihn ins Gesicht.

Es war aber nur ein Pärchen, das am See spazierte. Sie spielten mit dem Kegel ihrer Taschenlampe, warfen ihn auf die Gestalt, die ihnen entgegenkam, und gingen weiter. Wenig später hörte er das Geräusch eines Hubschraubers. Kam er näher? Nein, er flog in andere Richtung. »Warum greifen die nicht ein?«, fragte er sich. Vermutlich warteten sie, dass er Jakob freiließe.

Magnus lief am Ufer entlang, bog irgendwann ab in Richtung Neu-Isenburg, stieß auf Schienen und folgte diesen, bis sie endeten. Wieder stand er an einer Haltestelle. Er schritt über einen Parkplatz, als plötzlich Motoren ansprangen. Zwei Autos setzten sich in Bewegung und begannen, im Kreis zu fahren. Jetzt nehmen sie mich fest, durchfuhr es ihn.

Erneut Fehlanzeige. Er konnte seinen Weg ungestört an der Friedensallee fortsetzen, aber das Gefühl, verfolgt zu werden, wurde er nicht los. Einige Wagen fuhren auffallend langsam an ihm vorbei. Nur fort von der Straße, in die Seitenstraßen. Dort konnte er auch die Tüten und das Schreiben der Familie von Metzler entsorgen. Einige Mülleimer standen schon draußen, den Deckel aber bloß nicht fallen lassen!

Im Auto atmete Magnus einmal tief durch, dann fuhr er los. Kurz darauf stoppte er jedoch nach einer Kurve und schaltete das Licht aus, lauerte, ob ihm jemand folgte. Ein paar Wagen kamen vorbei. Ob darin Polizisten saßen, die ihn observierten? Auf alle Fälle fuhren sie weiter und er auch. Magnus entschloss sich, auf anderem Wege heimzukehren als auf dem, über den er gekommen war. Er wollte über die Mörfelder Landstraße, die am Waldstadion vorbeiführte, nach Sachsenhausen kommen, verfranste sich aber und steuerte ungewollt in Richtung Walldorf. Das Ganze musste wie ein Ablenkungsmanöver wirken.

Zurück in Frankfurt, lenkte er den Wagen nicht gleich in Richtung Teplitz-Schönauer Straße, sondern machte noch einen Abstecher in die Schweizer Straße zu einem Geldautomaten. Die Maschine nahm ein paar tausend Euro an: Damit hatte er den endgültigen Beweis, die Scheine waren echt.

Gegen zwei Uhr zückte er den Wohnungsschlüssel, schloss

leise die Tür, versteckte den Rucksack unter dem Sofa und legte sich zu Katha ins Bett. Er schlief schlecht. Die Familie von Metzler gar nicht, denn die Polizei hatte den Mann, der am Ort der Geldübergabe aufgetaucht war, tatsächlich keine Sekunde aus den Augen gelassen. Über sein Kennzeichen »F – M 5052« wussten sie nun den Namen. Als Frau von Metzler diesen hörte, brach in ihr alles zusammen: Der Entführer war ein Bekannter von Jakob, einer, den sein Opfer wieder erkennen würde.

Katharina erwachte, und Magnus war nicht da. Das Bett neben ihr sah zerwühlt aus, wahrscheinlich war er schon aufgestanden. Sie rieb sich die Augen und gähnte. Dann kuschelte sie sich wieder ins Kissen. Montagmorgen und keine Schule, herrlich. Maggi war ganz schön früh dran, dafür dass es doch recht spät geworden war. Sie hatte ihn gar nicht kommen hören, zumindest konnte sie sich nicht daran erinnern, dass er sie geweckt hatte, was aber nicht ungewöhnlich war. Schließlich sprach sie manchmal auch im Schlaf und wusste am Morgen nichts mehr von den Dingen, die sie des Nachts verkündet hatte.

Als Katharina das Wohnzimmer betrat, hockte Magnus auf dem Sofa, vor ihm eine Menge Briefumschläge. »Wozu brauchst du die denn?«, fragte sie noch leicht schläfrig und bekam zur Antwort, darin sei sein Erspartes. Daraufhin habe Katharina wissen wollen, ob er heute das lange angekündigte Auto kaufen würde, Magnus hatte diese Frage noch vor Gericht im Ohr. Sie hatte sich häufig erkundigt, wann es denn so weit wäre. Zuletzt in der vergangenen Woche, vor dem Freitag, und er hatte sie auf Montag vertröstet. Nun endlich würde er sein Versprechen wahr machen. An diesem letzten Tag mit seiner Freundin.

Katha war sicherlich nichts aufgefallen. Er war extra früh aufgestanden, hatte sich aus dem Schlafzimmer geschlichen und den Rucksack unter dem Sofa hervorgezogen. So viele

Scheine, es war nicht leicht, alle unterzubringen. Die Geldkassette allein reichte natürlich nicht, in einem Brettspiel war aber ziemlich viel Platz und in der Kommode. Das Portemonnaie drohte zu platzen, und sich die Jackentasche mit losen Scheinen voll zu stopfen, ging auch nicht, wie sah das denn aus. Es war besser, immer ein paar Scheine in ein Kuvert zu stecken.

Nach dem Frühstück telefonierte Magnus wegen des Wagens herum, die Fahnder, inzwischen längst in der Leitung, lauschten auf jedes Wort. Vielleicht enthielt eines davon einen Code und verriet etwas über das Versteck des Jungen oder das weitere Vorgehen der Entführer. Doch nach einem Gespräch mit Komplizen klang das alles wirklich nicht. Was redete der Kerl denn da, von wegen Autokauf. Hatte der keine anderen Sorgen?

Nach seinem Telefonat mit dem Fahrzeughaus erzählte Magnus seiner Freundin, sie würden zu einem Händler nach Aschaffenburg fahren, weil es dort eine größere Auswahl an Wagen gebe. Außerdem habe er sich über die Frankfurter Filiale schon genug geärgert wegen der ständigen Verzögerungen. Oft genug sei etwas schief gegangen, nun habe er die Nase voll und würde den Mercedes in einem anderen Autohaus kaufen. Das klang plausibel. Tatsächlich wollte Magnus, wie er dem Richter erklärte, in Frankfurt nicht auffallen.

Dann hatte er noch etwas Erfreuliches bekannt zu geben: Er würde mit Katha für eine Woche in den sonnigen Süden fliegen, wohin, war noch nicht raus. Das könnten sie sich gleich in Ruhe in einem Reisebüro überlegen.

Gegen zehn Uhr verließen sie die Wohnung. Magnus schaute sich gründlich um, doch alles schien wie immer, bis auf das Gefühl, das ihn ständig verfolgte, das sichere Gefühl, noch heute festgenommen zu werden. Allerdings ging er davon aus, frühestens am Abend hochzugehen. Die Polizei würde in der Annahme, dass Jakob noch lebte, nichts riskieren, sondern warten, dass er seinen Part erfüllte. Er hoffte das vor allem für seine Freundin, denn auf keinen Fall sollte sie dabei sein, wenn er festgenommen wurde. Vor diesem Moment wollte er sie bewahren, versicherte er dem Gericht. Katharina legte er nahe, die kommende Nacht zu Hause bei ihren Eltern zu verbringen, da er am nächsten Tag arbeiten und daher ganz früh aufstehen müsse.

In der Schweizer Straße trennten sie sich kurz. Katharina ging zur Sparkasse, Magnus steuerte die Deutsche Bank an, wo er abermals ohne Schwierigkeiten einen Teil seiner Beute loswurde. So wollte er es machen, nach und nach das Geld in kleineren Beträgen an unterschiedlichen Geldautomaten oder Schaltern einzahlen. Gemeinsam schlenderten sie anschließend zur Dresdner Bank, vor den Augen seiner Freundin zahlte er auch dort aus einem Kuvert Geld auf sein Konto. Einige Zeit später zog es ihn abermals zu einer Bank, diesmal in Neu-Isenburg. Er brauche für den neuen Wagen irgendein Papier, begründete er seine plötzliche Affinität zu den Geldhäusern. In einem Reisebüro buchten sie schließlich eine Reise auf die Kanaren. Welch eine Aussicht, eine Woche fort von allem, in einem Hotel direkt am Meer, Cocktails am Pool, bunte Buffets, Wärme, weicher Strand und ganz viel Sonne.

Und wenn sie zurückkämen, könnten sie in einem schwarzen Mercedes durch Frankfurt schweben, gut 160 Pferdestärken würden sie durch die Welt tragen. Wie sich das anfühlte, testeten sie an diesem Montag bei einer Probefahrt in Aschaffenburg. Danach schloss Magnus den Handel ab. 30 700 Euro sollte der Jahreswagen kosten, in sieben Tagen stünde er zum Abholen bereit, lediglich 500 Euro müssten angezahlt werden. Magnus ließ 700 Euro da, was waren schon 200 Euro? Den glatten Betrag von 30 000 konnte man sich besser merken. Eine runde Sache. Und wieder zog er einen Briefumschlag aus der Jackentasche und blätterte die Scheine auf den Tisch. Nett und höflich, ruhig und völlig unauffällig wirkte er auf eine Mitarbeiterin. Ein Käufer wie jeder andere Kunde auch.

Das Gefühl, in solch einem Wagen zu sitzen, war wunderbar, in den Honda Civic zurückzusteigen, anscheinend kaum noch zu ertragen. »Ich wollte ihr einen weiteren Gefallen tun, weil ich wusste, wie wichtig ihr Autos sind«, sagte Magnus in der Hauptverhandlung. Also griff er zum Handy und orderte für die nächsten Tage bei einem Autoverleih am Frankfurter Flughafen einen Mietwagen der Luxusklasse. Noch an diesem Nachmittag würden sie ihn abholen. Nun aber führte er seine Freundin zunächst einmal in ein Eiscafe in Dietzenbach und von dort auf die Zeil zum Friseur.

Die Polizei beobachtete jeden Schritt des Pärchens. Das konnte doch nicht wahr sein, die warfen mit der Beute um sich, als wenn das Geld von einem LKW gefallen wäre, und machten nicht die geringsten Anstalten, sich um den entführten Jungen zu kümmern. Die Familie von Metzler hoffte und betete, ihren Sohn bald in die Arme schließen zu können. Sekunden wurden zu Ewigkeiten. Dann und wann hielten sie das Warten, die Ungewissheit kaum noch aus, fragten von sich aus bei den Ermittlern nach, ob es etwas Neues gebe. Die Antworten fielen immer spärlicher aus.

Die Maske fällt

Ich kann das alles immer noch nicht glauben, weder dass Jakob tot ist noch dass Maggi der Mörder sein soll.

Katharina, in einem Brief vom November 2003

Sollten sie sich für die Zeit bis zum Urlaub in der zweiten Ferienwoche einen 3er BMW oder einen Mercedes der C-Klasse mieten? Diese Frage war wohl schon geklärt, als Katharina und Magnus zum Frankfurter Flughafen fuhren und im Parkhaus des Terminal 2 einen Platz für den Honda Civic suchten. Der Abholtermin stand jedenfalls fest: gegen 16 Uhr bei der Firma Sixt. Auf jeden Fall brauchte Magnus ein solches Fahrzeug, um Katha endlich die Karosse zu bieten, die ihren Ansprüchen, wie er glaubte, genügte, und Katharina dachte, ihr Freund würde den Wagen mieten, weil er mit ihren beiden Geschwistern und ihr an einem der nächsten Tage in den Europapark Rust fahren wollte. Da bräuchten sie einfach mehr Platz. Wenig später war beiden klar: Sie würden kein gemeinsames Ziel mehr erreichen.

Die Polizei war zu dem Schluss gekommen, dass Magnus überhaupt nicht beabsichtigte, zu dem Jungen zu gehen, und so lautete nunmehr der Befehl: »Bei nächster Gelegenheit: Zugriff!« Es gab die strikte Anweisung, den beziehungsweise die Täter auf keinen Fall entkommen zu lassen, sie dementsprechend hart anzugehen. Außerdem erhoffte sich die Polizei, durch den Festnahmeschock die Täter zum Sprechen zu bringen. Aus Erfahrung wussten sie, dass der Festgenommene beim Anblick der vielen bewaffneten Personen und der hochwertigen Fahrzeuge um sich herum zumindest irritiert reagierte. Den Moment, in dem der Verdächtige in dem Gefühl »und das alles wegen mir« gefangen und überwältigt war, wollten die Kriminalisten ausnutzen.

Am 30. September um 16.22 Uhr fiel Katharina »in ein schwarzes Loch«, wie sie in einem Brief beschrieb:

> *Ich habe bis heute, über ein Jahr nach der Katastrophe, immer noch manchmal Albträume davon und wache schweißgebadet auf. Diese Festnahme ging nicht mit rechten Dingen zu. Als wir in der Tiefgarage im Flughafen eingeparkt hatten, rissen sie die Türen vom Auto auf, ohne irgendwelche Warnungen oder sonstiges hielten sie mir sofort die Waffe an den Kopf. Ich konnte genau in das Abschussloch gucken. Das werde ich mein Leben lang nicht vergessen. Sie haben geschrien: »Wo ist der Junge, wo ist der Junge?« Ich wusste überhaupt nicht, wovon die reden und was sie von mir wollen. Dann haben sie mich aus dem Auto gerissen und auf den Boden geschleudert, meine Hände hinter meinen Rücken gezerrt und mir Handschellen angelegt. Da diese wohl für Erwachsene waren und mir nicht richtig gepasst haben, haben sie dann extra enge genommen. Ich hatte noch Wochen danach rote Riemen um meine Handgelenke. Dann haben sie mich wieder hochgezerrt und gegen den Kofferraum eines Autos gepresst, so dass ich kaum noch Luft bekommen habe. Sie haben mir ihre Ellenbogen in den Rücken gepresst und mich gleichzeitig an den Haaren gezogen. Und die ganze Zeit haben sie gesagt: »Sag uns, wo der Junge ist, wo ist der Junge, du wirst hier eh nicht ohne Strafe rauskommen.« Eine Frau, die mir ihren Ellenbogen in den Rücken gepresst hat, sagte: »Entweder du sagst uns jetzt die Wahrheit, oder ich hetze die Männer auf dich und dann wirst du uns schon sagen, was Sache ist.«*
>
> *Dann haben sie mich wieder zu Boden geschleudert und mir in den Rücken getreten. Es war alles wie in einem bösen Albtraum, aus dem ich einfach nicht mehr aufwachen konnte. Dann musste ich mich hinter einem Jeep bis auf die Unterwäsche ausziehen*

und einen weißen Anzug wie in den Filmen anziehen, dann ging es direkt weiter. Ich wurde wieder gegen das Auto gepresst, ich wurde erneut an den Haaren gezogen und die Ellenbogen wurden mir in den Rücken gepresst. Dann wurde mein Gesicht gegen das Auto gepresst, und ein Mann hat mit seiner Faust immer einen Millimeter neben meinem Gesicht gegen das Auto geschlagen, wie in einem Psychofilm. Immer und immer wieder. Und ich konnte ihnen keine Antwort geben, ich wusste überhaupt nicht, worüber sie reden und was sie wollen. Ich kann nicht sagen, wie lange das alles gedauert hat, mir kam es vor wie Stunden. Ich musste auch mit ansehen, wie sie ihn, obwohl er gefesselt am Boden lag, an den Kopf und in den Bauch getreten und geschlagen haben, bis er geblutet hat. Dann wurde ich irgendwann mit einem Polizeiauto ins Polizeipräsidium gefahren. Dann wurde ich erst mal in den falschen Raum geschickt, dann in einen anderen und dann ging es auch schon weiter. Es wurde auf den Tisch gehauen, ich wurde angeschrien ohne Ende und wurde Lügner genannt. Dann kam ich irgendwann in eine kleine Zelle, in der es nach Tierkot gestunken hat, so ungefähr zwei mal zwei Meter groß. Da war ich dann für zwei Stunden und wusste immer noch nicht, was los ist, was sie wollen, warum das alles passiert ist. Nach zwei langen Stunden kam dann der Staatsanwalt Koch (der Einzige, der mich menschlich behandelt hat) und eine Frau in die Zelle und haben versucht, mir klar zu machen, was passiert ist und dass sie mir jetzt glauben würden. Ich habe nur angefangen zu schreien und konnte nicht mehr aufhören. Um zwei Uhr nachts haben sie mich dann nach Hause gefahren.

Magnus sagte in seinem Geständnis, ihm sei klar gewesen, dass dies der letzte Tag in seinem Leben mit seiner Freundin sein würde. »Ich wollte ihr an diesem Montag noch einen schönen Tag machen.« Katharina war nach diesem Tag wochenlang zu nichts mehr fähig. Sie lag nur im Bett, weinte und schlief.

Ihre Eltern beklagten sich in einem Brief an das Frankfurter Landgericht über das Vorgehen des Mobilen Einsatzkommandos. Katharinas Vater, Werner Pelzer, hatte den Brief, so erzählte er, persönlich Richter Hans Bachl gebracht. Am 17. April 2003 staunte Herr Pelzer, wie er sagte, nicht schlecht, Zitate seines Schreibens in einer deutschen Tageszeitung wiederzufinden.

In dem Brief vom 10. April 2003 hatten Katharinas Eltern gegenüber Herrn Bachl bemerkt, dass er sicher darauf achten werde, »dass sich die Kette aus Pannen, Pech, Peinlichkeiten und Pleiten um diese schreckliche Tat nicht aus weiterem Übermut und Übereifer fortsetzt«. Bei dem Zugriff sei ihre sechzehn Jahre alte Tochter vor Schreck wie gelähmt im Auto sitzen geblieben. »Obwohl sie sich der Festnahme nicht widersetzte, wurde sie an den Haaren gefasst und über den Boden geschleift« sowie »öffentlich unter Gewaltandrohung nackt ausgezogen.

Die ›Professionalität‹ der Kommandoführung gipfelte in der mehrfachen massiven Androhung von Massenvergewaltigung durch die Einsatzkräfte des Kommandos. Dieser stümperhafte Vorgang ist eine Blamage für zivilisierte rechtsstaatlich handelnde Polizeiprofis. Durch diese Aktion wurde die Persönlichkeit unserer Tochter weitgehend und nachhaltig zerstört. Sie ist nach unserer Beobachtung nicht in der Lage, eine Zeugenbefragung unter der Anwesenheit von Zuschauern und Presse zu verkraften.«

Im Zuge der Ermittlungen wurde nach einem Video von der Festnahme gesucht, da die Parkdecks ständig optisch überwacht werden. Sie tauchten nicht auf. Die Frankfurter Staatsanwaltschaft kündigte an, die massiven Vorwürfe zu überprüfen, äußerte sich zugleich aber verwundert, dass diese erst ein halbes Jahr später bekannt geworden seien, also erst zu einem Zeitpunkt, da die Aussage des Mädchens in einem Mordprozess bevorstehe. Herr Pelzer bemerkte dazu nur trocken: »Neun Zeugen gegen eine.« Die Polizisten des

Einsatzkommandos hätten eben unter erheblichem Druck gestanden – wegen der Prominenz des Falles.

Am 25. Juli 2003 wurde das Ermittlungsverfahren wegen der angeblichen Übergriffe bei der Festnahme eingestellt. »Die Vorwürfe gegen die Polizei treffen einfach nicht zu«, kommentierte Oberstaatsanwalt Rainer Schilling die Entscheidung.

Magnus wurde nach seiner Festnahme mit einem Schwächeanfall zunächst in die Flughafenklinik eingeliefert. Da der behandelnde Arzt allerdings keine akute Erkrankung feststellen konnte, brachten die Beamten ihn umgehend ins Polizeipräsidium in die Frankfurter Innenstadt.

Wochen nach der Festnahme beklagte Magnus Gäfgen das brutale Vorgehen der Polizei; auf die Reifen hätten sie geschossen – laut Polizei war von Schusswaffen kein Gebrauch gemacht worden – und ihn geschlagen. So heftig, dass er verletzt gewesen sei, wofür es Beweise gebe. Nichts als »Wo ist der Junge, wo ist der Junge?« hätten die Männer gebrüllt. Er sei total geschockt gewesen von diesem überfallartigen Auftritt.

Am späten Montagnachmittag traf Magnus in Begleitung der Beamten im Polizeipräsidium ein. Er trug den obligatorischen weißen Overall, da seine Bekleidung inzwischen in einem blauen Müllsack steckte und zur Spurensicherung weitergeleitet worden war. Handy und Portemonnaie hatte man ihm gleichfalls abgenommen. Ein Hauptkommissar, der schon in anderen Entführungsfällen Erfahrungen gesammelt hatte, holte ihn in sein Dienstzimmer, und die Kriminalisten begannen, ihn zu befragen. Sie standen unter Druck. Seit Sonntagnacht, als Magnus das Geld abgeholt hatte, war er jede Sekunde beschattet worden und hatte in dieser Zeit, in den vergangenen 16 Stunden also, nicht die geringsten Anstalten gemacht, den entführten Jungen aufzusuchen oder jemanden zu beauftragen, das Kind zu versorgen.

Magnus rutschte auf seinem Stuhl herum, rieb sich über die Augen, die Stirn und wiederholte immer wieder, dass Katharina mit der Tat nichts zu tun habe, bat eindringlich, seine Freundin herauszuhalten. Er würde alles erklären. Dann gab er die Geschichte mit dem großen Unbekannten zum Besten: Ein Mann habe ihn am Sonntagabend vor seiner Wohnung abgepasst. So zwischen zehn und elf Uhr abends, er sei gerade von einem Treffen mit Freunden wiedergekommen und habe seinen Wagen abgestellt. Der Unbekannte habe ihn gefragt, ob er für 20 000 Euro etwas für ihn erledigen würde. Magnus habe bei dieser Summe und in Anbetracht seiner finanziellen Notlage natürlich die Ohren gespitzt, erst recht als der Mann von weiteren 30 000 Euro sprach, die er bekommen würde, wenn er den Auftrag erledigt hätte. Die Forderung schien Magnus im Verhältnis zur Summe fast lapidar, lediglich zwei Tüten sollte er noch in dieser Nacht an der Haltestelle Unterschweinstiege abholen und dem Mann am nächsten Tag übergeben. Er habe also die Tüten geholt, und das Geld in seiner Wohnung versteckt. Von einem entführten Kind wisse er nichts. Aber wenn er etwas dazu beitragen könne, dass der Junge gefunden werde, würde er das tun.

Am Montagabend entschlossen sich die Ermittler im Einvernehmen mit den Betroffenen kurzfristig zu einer Pressekonferenz – auch in der Hoffnung, auf diesem Wege Hinweise auf Jakobs Versteck zu bekommen. Um 18.30 Uhr standen die Reporter schon vor dem Tor der Familie von Metzler Schlange. In der Nacht wachten dort um die 20 Übertragungswagen, Scheinwerfer tauchten das Anwesen ins Licht. Als Magnus erfuhr, dass die Öffentlichkeit unterrichtet worden war, tat er vor den Polizisten schockiert: »Hoffentlich finden Sie jetzt kein totes Kind!«, habe er gesagt.

Die Polizeikräfte litten immer stärker unter der außergewöhnlich hohen Belastung. Sämtliche Mitarbeiter der Kripo standen von Freitag an, dem 27. September, dem Tag der Entführung, Gewehr bei Fuß. Alles, worüber die Polizei personell, logistisch und materiell verfügte, war nur noch auf diesen einen Fall konzentriert, andere Arbeiten blieben liegen. Von der Hoffnung getrieben, den Jungen wohlbehalten zu finden, arbeiteten die Beamten nicht selten 24 Stunden ohne Pause. Bisweilen kamen mehr als tausend Polizisten zum Einsatz. Darüber hinaus waren seit der Geldübergabe am Sonntagabend etwa 120 Angehörige des Mobilen Einsatzkommandos und des Spezialeinsatzkommandos durchgehend in Bereitschaft. Mancher Mitarbeiter des Führungsstabes hatte in vier Tagen gerade einmal acht Stunden Schlaf bekommen. Einige Kräfte waren dermaßen erschöpft, dass sie nicht mehr in der Lage waren, selbst mit dem Auto nach Hause zu fahren. Ans Essen dachten die Ermittler oft überhaupt nicht. Etwa zehn Personen hatten sie festgenommen, die »Blase rund um Gäfgen damit abgefischt«, wie es im Polizeijargon hieß. Doch keiner der Bekannten des Verdächtigen konnte etwas sagen – und Magnus hielt strikt an seiner Version fest, das Lösegeld für 20 000 Euro bloß abgeholt zu haben.

Bis zu diesem 30. September, genauer bis zu diesem Montagabend, wäre die Entführung des Jakob von Metzler vermutlich eines von vielen tragischen Verbrechen gewesen. Dass der Fall aber nicht nur in die Kriminal-, sondern auch in die Rechtsgeschichte eingehen würde, begann mit einem Eingriff des Vize-Polizeipräsidenten Wolfgang Daschner, der in diesen Tagen an der Spitze der Frankfurter Polizei stand, da Polizeipräsident Harald Weiss-Bollandt im Urlaub weilte.

Daschner

Erst kommt der Mensch, dann erst die Menschenordnung.

Eine Maxime von Wolfgang Daschner,
aus Carl Zuckmayers
»Der Hauptmann von Köpenick«

Es war einmal in einem kleinen bayerischen Städtchen Anfang der sechziger Jahre. Ein junger Polizist, der gerade seine dreijährige Ausbildung bei der Bereitschaftspolizei in Würzburg und München abgeschlossen hatte, saß auf seiner Dienststelle und tippte fleißig vor sich hin. Da stand auf einmal ein Mann vor ihm, der recht verärgert dreinschaute. Er hielt ein Knöllchen in der Hand. Der Mann gehörte zu der Gruppe Mensch, die in der Politik des Ortes eine nicht unbedeutende Rolle spielten und die es nicht gewohnt waren, auf Fehlverhalten mit Knöllchen hingewiesen zu werden. »Sie kennen mich wohl nicht, sonst hätten sie das nicht geschrieben«, raunzte der politisch bedeutsame Mensch den jungen Polizisten an. Er gehe davon aus, dass der Fall nunmehr vergessen gemacht werde.

Der junge Polizist vergaß aber nicht. Und sein Name dürfte inzwischen bekannter sein als der des bayerischen Kommunalpolitikers: Der junge Polizist hieß Wolfgang Daschner.

Die Geschichte mit dem Knöllchen begleitete ihn bis ins Frankfurter Polizeipräsidium. Noch heute, vierzig Jahre später, erzählen die Beamten sie über ihren Vize-Präsidenten. Wenn ihm dies zu Ohren kommt, schmunzelt er und schweigt. Daschner vermeidet emotionale Nähe in seinem beruflichen Umfeld, sagen ihm seine Mitarbeiter nach. »Daschner braucht keine Freunde«, spitzt es einer zu, aber so, wie er es sagt, klingt es eher bewundernd, im Sinne von: Er schmeichelt nicht, er tut nichts nur, weil es anderen gefallen könnte, sondern handelt nach reiflichen Überlegungen aus Überzeugung.

In der Dienststelle von Rüsselsheim war er deshalb gefürchtet. Nachdem Daschner sechs Jahre lang bei der Schutz- und Kriminalpolizei in Lindau, anschließend zehn Jahre lang im hessischen Landeskriminalamt in Wiesbaden seine Fähigkeiten unter Beweis gestellt hatte, wurde er in Rüsselsheim 1979 Leiter der Kriminalabteilung – und damit Chef von einem »Saustall«, wie es hinter vorgehaltener Hand aus Kreisen der Polizei hieß. Wer nach Rüsselsheim beordert wurde, musste sich damals auf einiges gefasst machen. So hatten sich etliche Polizeibeamte offenbar daran gewöhnt, bis um zehn Uhr zu frühstücken und schon in diesen frühen Morgenstunden ihren Durst mit Hochprozentigem zu löschen. »Der Jüngste wurde zum Spanier geschickt, um Alkohol zu holen«, erinnerte sich ein Polizist.

Daschner kehrte fortan mit eisernem Besen. Zunächst in seinem eigenen Büro. An einem Samstag rückte er an mit seiner Frau, und gemeinsam putzten sie das Zimmer und räumten auf. Dann rief er die Verantwortlichen zu sich. Er war der Erste am Arbeitsplatz und nicht selten brannte um 23 Uhr noch Licht in seinem Büro. Akten und Mappen türmten sich über- oder reihten sich nebeneinander auf seinem Schreibtisch, denn um Ordnung zu schaffen scheute er keine Mühe, schreckte nicht einmal davor zurück, Fahrtenbücher mit sämtlichen Vorgängen zu vergleichen.

Für viele war er daher ein »Korinthenkacker« und »Erbsenzähler«; Daschner habe selbst Bügelfalten auf der Unterhose, lästerten sie. Zugleich aber kam keiner umhin, ihm Respekt für seine fachliche Kompetenz zu zollen. Was er einmal lese, vergesse er nicht, behauptete so mancher. Und wenn er nicht sofort eine Antwort parat hätte, dann würde er diese eine halbe Stunde später liefern.

Streng, korrekt und perfektionistisch, Entscheidungen nach allen Seiten hin abwägend – das war nach Ansicht vieler bezeichnend für den Kripochef; Gefälligkeitsbeurteilungen für Durchläufer zum höheren Dienst im Bundeskriminalamt, damals in Rüsselsheim nicht unüblich, kannte er nicht. Bei der Auswahl für Beförderungen zog er weder jemanden vor noch benachteiligte er einen anderen. Daschner behandelte alle gleich – und blieb distanziert. Sogar auf der Weihnachtsfeier. Die Rüsselsheimer Weihnachtsfeiern hatten bei der Polizei einen legendären Ruf, da es dort »in jeder Hinsicht abging«. Einer der Teilnehmer erinnerte sich, wie Daschner mit einem Glas Mineralwasser auf einer Art Podest stand, abseits von den anderen, beobachtend. Ein paar Polizisten setzten daraufhin gut aussehende Frauen auf ihn an, die versuchten, ihn bei der Damenwahl auf das Parkett zu ziehen. Vergeblich.

Daschner blieb im Hintergrund, bevorzugte die Arbeit im Stillen. Selbst als Polizeivizepräsident von Frankfurt überließ er das Repräsentieren von vornherein dem Obersten, Harald Weiss-Bollandt. Für den Pressesprecher der Polizei in Limburg, Bruno Reuscher, brachen neue Zeiten an, als Daschner nach neun Jahren in Rüsselsheim und weiteren sechs Jahren bei der Kriminalpolizei in Darmstadt 1994 zum Leiter der Direktion Limburg-Weilburg aufstieg. Sein Vorgänger hatte Auftritte vor dem Publikum genossen, Daschner nahm keinen einzigen Termin in der Öffentlichkeit mehr wahr. Und noch etwas änderte sich in der Limburger Direktion nach dem Wechsel an der Spitze: War der frühere Leiter berühmt-berüchtigt für endlose Unterredungen, in denen er sich nicht einmal durch Punkt und Komma bremsen ließ, kam nunmehr jeder zu Wort, und dennoch gingen die Veranstaltungen zügig über die Bühne.

Zielstrebigkeit bewies Daschner auch im Kampf gegen die

Drogenkriminalität. Auf Haschisch-Dealer an Schulen hatte er es vor allem abgesehen, und um diesen effektiv entgegenzutreten, gründete er den Verein »Kriminalprävention Limburg-Weilburg«. Ein paar Jahre später baute er als Leiter der Kripo Frankfurt die »AG Crack« auf. In keiner anderen Stadt Deutschlands florierte in den Jahren 1999 und 2000 das Geschäft mit dieser Droge so wie in der Stadt am Main, und dass dies nicht so blieb, ging im Wesentlichen auf den Einsatz der Arbeitsgruppe zurück.

Bei der Bekämpfung der Rauschgiftkriminalität beschritt Daschner zur Freude eines Mitarbeiters in dem entsprechenden Dezernat nicht immer nur konventionelle Wege. Für den Polizisten war Daschner der typische Kriminalist, freidenkerisch, doch zugleich ein Beamter preußischen Stils, linientreu, der alle Vorschriften kannte und von diesen kein Jota abwich. So entwickelte der Kripochef gemeinsam mit der Staatsanwaltschaft in Frankfurt ein neues Verfahren, durch das die Strukturen bei der Einfuhr von Heroin aus der Türkei nach Deutschland aufgedeckt und die Zusammenarbeit mit der Türkei in der Kriminalitätsbekämpfung intensiviert werden sollte. Das Hessische Innenministerium war zunächst nicht sonderlich angetan von dem neuen Vorgehen, wie es hieß, stimmte aber letztlich zu, und ein Mitarbeiter des Rauschgiftdezernats fuhr mit 4,5 Millionen Mark, so genanntem Vorzeigegeld, nach Holland, um fingierte Drogengeschäfte abzuwickeln. Ein für den Polizisten ebenso aufregender wie heikler Auftrag, da »man immer mit einem Fuß im Knast stand«.

Wer mit Daschner zusammenarbeitete, war gefordert. Wem er vertraute, dem ließ er Freiraum für eigene Ideen und Entscheidungen, dem verlangte er aber auch eigenverantwortliches Handeln ab. Unaufgefordert stand Daschner jedoch Mitarbeitern zur Seite, wenn sie sich in einer Notsituation befanden. Als einer seiner Hauptkommissare in Rüsselsheim schwer erkrankte, erkundigte er sich regelmäßig bei dessen Frau nach seinem Befinden und sprach ihr während der vier schweren Wochen immer wieder Mut zu. Und nachdem sein Mitarbeiter die komplizierte Operation in Berlin überstanden hatte, ließ er es sich nicht nehmen, ihn persönlich vom Flughafen abzuholen und nach Hause zu bringen. Von da an wusste der Hauptkommissar: »Wenn man Daschner nachts anruft und bittet zu kommen, egal zu welcher Zeit, er wäre bereit.« Ob dieser umgekehrt je nach Beistand suchen würde, bezweifelte er. In den fünfundzwanzig Jahren, die er ihn kannte, erlebte er nicht ein einziges Mal, dass der Polizist jemanden um Hilfe bat. Er mache die Dinge lieber mit sich selber aus.

Daschners Bürotür stand jederzeit für jeden offen. Musste er zu einem Termin, wenn jemand mit einem Anliegen kam, wurde das Gespräch so bald wie möglich nachgeholt. Ansonsten unterbrach er das, woran er gerade arbeitete, stellte das Tippen auf der Schreibmaschine ein – die er nie durch einen Computer ersetzt hat – und widmete sich dem Anliegen seines Mitarbeiters. Dabei verblüffte er oftmals durch seine Geduld. Während andere Vorgesetzte nicht selten nach zehn Minuten anfingen, auf dem Stuhl herumzurutschen, saß Daschner, wenn es sein musste, eine Stunde lang ruhig da und hörte zu.

Was in ihm vorging, wusste aber niemand. Er verlor nie die Nerven, schrie nicht herum, redete oder lästerte nicht über Kollegen. Aß er in der Kantine, dann tat er dies ruhig und konzentriert. Ihn schlingend zu erleben, wäre ebenso absurd wie die Vorstellung eines Daschners, der ein paar Kilos zu viel ansetzte; der unrasiert oder verstrubbelt am Arbeitsplatz erschiene; der keinen Schlips umbände, einen groß gemusterten Anzug trüge oder sich beim Autofahren einmal nicht an die Geschwindigkeitsbegrenzung hielte – Daschner überraschte manchen Kollegen mit den Fahrzeugen, in denen er selbst als Leiter der Kripo das Präsidium ansteuerte; sein Ford Escort war »eine alte Kiste, bei der man das Gefühl hatte, durch das Bodenblech die Straße zu sehen«, meinte ein ehemaliger

Beifahrer. Das Nachfolgemodell, ein Ford Fiesta, soll dem Vorgänger in nichts nachgestanden haben. Freilich waren alle Wagen gepflegt, technisch einwandfrei und TÜV-geprüft.

Berühmt war Daschner dafür, nie den Geburtstag eines Mitarbeiters zu vergessen. Sogar Kollegen, mit denen er seit zig Jahren nichts mehr zu tun hatte, die mitunter längst in einem anderen Bundesland beschäftigt waren, konnten mit einem Anruf rechnen. Sein eigenes Geburtsdatum, den 4. März 1943, gab er nur zögerlich preis. Von seinen Hobbys sprachen lediglich die Bilder in seinem Büro: Fotografieren war das eine, Bergsteigen das andere. Dass er auf Sechstausender geklettert ist, erfährt man von Kollegen. Wenn er tatsächlich jemandem das »Du« anbot oder einen Mitarbeiter gar zu sich nach Hause einlud, galt dies als Vertrauensbeweis. In nichts war er so zurückhaltend wie in Auskünften über sein Privatleben. Und nichts bedeutet ihm so viel. Daschners Frau beschrieb ein langjähriger Mitarbeiter, der ihn daheim, im Taunusstein, besucht hatte, als eine »Persönlichkeit«. Sie sei schlank und attraktiv, wirke ausgeglichen und strahle Ruhe und Sicherheit aus. Sie verhalte sich natürlich, kein bisschen gekünstelt. »Man hat den Eindruck, die Frau ist einfach so.«

Zwei Kinder haben sie großgezogen, deren Hautfarbe verrät, dass sie aus einem anderen Land kommen. Dass das Ehepaar Adoptivkinder hat, war nur wenigen Kollegen bekannt und nicht einmal diese wussten sicher, ob die beiden Mädchen aus Brasilien oder – wie zutreffend – aus Sri Lanka stammten. Und ebenso wenigen dürfte Daschner verraten haben, was seiner Ansicht nach das Schlimmste wäre, das einem Menschen zustoßen kann: ein Kind zu verlieren.

Am Ende

> **Es gibt keine Gerechtigkeit, aber es gibt gewisse Grenzen: Die einen, die keine Ordnung schaffen wollen, und die anderen, die alles in eine Ordnung zu pressen versuchen, überschreiten sie gleichermaßen.**
>
> *Carl Zuckmayer*

An dem Montagabend, als Daschner erstmals in die Lage eingriff, war der Polizeiführer, der eigentlich die Verantwortung für die Bewältigung der Situation trug, nach Hause gefahren, weil er »platt« gewesen war, wie es bei den Ermittlern hieß. Und in dieser Situation traf Daschner eine gravierende Entscheidung: Er überließ das weitere Geschehen nicht den Stellvertretern des Polizeiführers, sondern übernahm selbst die Dienst- und Fachaufsicht. Gegen 20 Uhr eröffnete er dem Führungsstab für das weitere Vorgehen eine Option. Um Magnus dazu zu bringen, das Versteck des Jungen zu verraten, vertrat er die Ansicht, man solle Magnus unter Androhung von Schmerzen zum Reden bringen.

Als diese Idee später den Polizisten des Führungsstabs zu Ohren kam, hielten sie den Atem an. »Was legt der uns denn da für ein Ei?«, schoss es einem der Kripobeamten durch den Kopf. »Das verstößt doch gegen die Genfer Menschenrechtskonventionen.« Unbekannt waren solche Überlegungen zwar nicht, schon im Fall der Erpressung des Lebensmittelherstellers Thomy hatte der eine oder andere mit dem Gedanken gespielt, dem Verdächtigen »Daumenschrauben anzulegen«, um ihn zum Reden zu bringen. Damals hatte der Erpresser gedroht, hunderte Menschen zu vergiften. Zwei Jahre lang, von 1997 bis 1999, hatte er die Kriminalisten auf Trab gehalten, tödlich wirkende Blausäure in Senftuben, Soßen und Kindergetränke injiziert. Letztlich sei diese Möglichkeit aber immer wieder verworfen worden.

Der Führungsstab kam zusammen. Anderthalb Stunden lang diskutierten die Kriminalisten darüber, wie Gäfgen anzupacken sei, mit welchen Methoden man ihn zum Sprechen bringen könnte, was rechtlich machbar sei. Der Polizeipsychologe soll davon abgeraten haben, dem Verdächtigen Schmerzen zuzufügen. Er habe stattdessen empfohlen, Gäfgen mit seinen eigenen Mitteln zu knacken. Nach stundenlangen, intensiven Gesprächen habe der Psychologe von dem Beschuldigten den Eindruck gewonnen, er sei arrogant, selbstverliebt und definiere sich und seine Umwelt nur über Geld. Kopfschüttelnd habe er bemerkt: »Ich habe noch nie einen so kalten Menschen erlebt.« Deshalb entwickelten die Beteiligten die Strategie, Gäfgen mit einer Person zu konfrontieren, die alles verkörpere, was er sich wünschte: Elena von Metzler. Das Mädchen war nicht nur hübsch, sie hatte Ausstrahlung, Geld und eine mit alldem einhergehende selbstbewusste Haltung. Trotz rechtlicher Bedenken, auch durch dieses Vorgehen möglicherweise den Vorwurf auf sich zu ziehen, auf den Verdächtigen psychischen Druck auszuüben, ihn unter Psychoterror zu setzen, was ja ebenfalls gegen geltendes Recht verstieß, einigten sich die Kriminalisten auf diese Strategie. Daschner sei von dem Vorschlag nicht begeistert gewesen, hieß es, aber er habe ihn akzeptiert.

Elena erklärte sich bereit mitzumachen. Sie kam ins Polizeipräsidium und wurde von dem Psychologen auf das Gespräch mit Magnus vorbereitet. Das Mädchen sollte von ihrem Alltag erzählen, beschreiben, was sich gerade in ihrer Familie abspielte. Stundenlang hockte sie auf dem Polizeipräsidium und wartete auf ihren Einsatz. Überlegte, wie sie dem jungen Mann, mit dem sie auf mancher Party geplaudert, von dem sie sich hatte nach Hause begleiten lassen, der oft genug für »ihre« Fußballmannschaft die Daumen gedrückt hatte – wie sie ihm das Versteck ihres kleinen Bruders entlocken konnte. Es würde sonderbar sein, diesem alten Bekannten gegenüberzutreten, hier, mitten in der Nacht im Polizeipräsidium; was für eine Situation, ihn mit Handschellen zu sehen, den Menschen, der Jakob hoffentlich nichts zuleide getan hatte.

Zu dieser Konfrontation würde es jedoch nicht kommen.

Außer der Schwester des entführten Jungen wartete noch jemand in der Nacht vergeblich darauf, mit dem Verdächtigen zu sprechen:

Frau Gäfgen erschrak beim Anblick der Männer, die bei ihr schellten. Als sich die Kriminalbeamten auswiesen, glaubte sie zunächst, einem ihrer Söhne sei etwas zugestoßen. Stattdessen teilten die Beamten ihr mit, dass sie ihren Jüngsten festgenommen hätten, weil er unter dem Verdacht stehe, einen kleinen Jungen entführt zu haben. Jakob von Metzler.

Frau Gäfgen bat die Beamten, sie zu ihrem Sohn zu bringen, sie mit ihm reden zu lassen. Die Polizei ging darauf jedoch nicht sofort ein. Sie ließ nicht locker, sie würde ihren Sohn schon dazu bringen, ihr das Versteck des Kindes preiszugeben. Verzweifelt schien sie, als die Polizisten ohne sie wieder davongezogen waren. »Ich wollte das Leben des Kindes retten«, erklärte sie später einem Journalisten. Im Laufe des Abends zogen die Kriminalisten eine Konfrontation mit der Mutter in Erwägung. Sie wurde aber aufgeschoben, weil sich die Situation völlig verändert hatte.

Die Polizisten wussten sich keinen Rat. Den ganzen Abend hatten die erfahrenen Kriminalisten ohne Unterlass versucht, Gäfgen von seiner unglaubwürdigen Version abzubringen. Ein Hauptkommissar hatte sich bemüht, eine Vertrauensbasis mit dem jungen Mann zu finden, er hatte seine körperliche

Nähe gesucht, ihn mit dem Vornamen angesprochen und geduzt. Doch alle Tricks und Methoden, an ihn heranzukommen, blieben wirkungslos. Gäfgen dachte nach, wenn ihm konkrete Fragen gestellt wurden, und schien sich die Antworten sorgfältig zurechtzulegen. Nur einmal hatte er sich durch eine leichte Bewegung zurückgezogen, als der Hauptkommissar ihn unerwartet und gezielt mit der Frage »Hast du ihn erwürgt, erdrosselt oder erschlagen?« konfrontierte. In unregelmäßigen Abständen hielten die Beamten ihm Fotos von Jakob vor die Nase – doch der vermeintliche Entführer zeigte keine Regung.

Schließlich schrieb der Hauptkommissar drei Fragen auf einen Zettel:

- Befindet sich Jakob allein irgendwo?
- Oder ist er unter Bewachung/Aufsicht?
- Oder befindet er sich nicht mehr am Leben?

Und schob ihn Gäfgen zu. In aller Ruhe las er, was auf dem Zettel stand, antwortete aber nicht. Die Kriminalisten schwiegen. Warteten. Nach einer Weile schlug einer von ihnen vor: »Pass auf, ich drehe mich jetzt um, und du kreuzt die richtige Antwort an, ja?« Als sich der Hauptkommissar dem Befragten wieder zuwandte, sah er zu seiner Freude tatsächlich ein Kreuz auf dem Papier, hinter »Oder ist er unter Bewachung/Aufsicht?«

Jakob lebte! Nun standen die Polizisten erst recht unter Strom. Denn wenn es so war, musste der Elfjährige schnellstens gefunden werden.

Indes trieb die Sorge um den entführten Jungen nicht nur die Ermittler in Frankfurt und die Medienvertreter des ganzen Landes um, sondern beschäftigte auch das Landeskriminalamt, das Landespolizeipräsidium und das Innenministerium. Ständig kamen Anrufe aus Wiesbaden, aber auch aus anderen Dienststellen erkundigten sich Mitarbeiter die ganze Nacht über nach Fortschritten. Sie erfuhren, dass die Polizei Gäfgens Wohnung durchsucht und dort Banknoten sichergestellt hatte, die zweifelsfrei aus dem Lösegeld stammten; außerdem entdeckten die Beamten im Schlafzimmer in einem Regal über einem Schreibtisch einen gelben Haftnotizzettel mit handschriftlichen Notizen folgenden Inhalts:

- Weg abfahren (Ortstermin Steg)
- Rucksäcke
- Brieftest
- Brief Ortstermin
- Briefsteinwurf testen
- Beil

Die Kripo-Leute beschrieben auf Anfrage aus den obersten Behörden die Persönlichkeit des vermeintlichen Täters; sie gaben Auskunft über den Stand, besser Stillstand der Befragung. Auch über den Entschluss, Gäfgen mit Elena zu konfrontieren, unterrichteten sie die Kollegen in Wiesbaden, und diese wiederum hielten den Staatssekretär auf dem Laufenden.

Der Innenminister wollte in seinem Urlaub ständig informiert sein. Auch Ministerpräsident Roland Koch, der ebenfalls gerade Ferien machte, wollte wissen, wie es weiterging.

Es ging aber nicht weiter, und daher wurden die 120 Angehörigen der Spezialeinheiten, die seit Sonntag, dem Tag der Übergabe, durchgehend im Einsatz waren und seit gut vierzig Stunden kein Auge zugetan hatten, kurz vor Mitternacht nach Hause geschickt. Torkelnd vor Erschöpfung machten sie sich auf den Heimweg, nur von einem Wunsch beseelt, ins Bett zu fallen und für ein paar Stunden abzuschalten. Der eine hatte kaum die Haustür hinter sich geschlossen, der andere diese vielleicht noch nicht einmal erreicht, da klingelte schon wieder das Telefon: Der Einsatz ging weiter. Magnus hatte endlich geredet.

Es war gegen Mitternacht, als Magnus Gäfgen gestand, die Geschichte mit den 20 000 Euro erfunden zu haben, und sich nach einem unbeaufsichtigten Gespräch mit einem Rechtsanwalt bereit fand, Auskünfte über den Aufenthaltsort von Jakob zu geben. Er erzählte, dass der Junge in einer Hütte am Langener Waldsee, die für Wochenendausflüge genutzt werde, versteckt sei und bewacht werde. Wo sich die Hütte befand, war nicht von ihm zu erfahren. Die Polizisten redeten auf ihn ein, drängten ihn zu genaueren Angaben, doch das Einzige, was sie noch aus ihm herausbekamen, war, dass es in dem Holzhaus zwei Räume gebe und vor den Fenstern Klappläden. Nach langem Zögern gab Magnus Gäfgen dann allerdings noch etwas preis, nämlich von wem Jakob bewacht werde: Es handele sich um zwei Brüder aus Frankfurt, presste er hervor. Diese hätten Jakob am Freitag abgefangen und in die Hütte verschleppt. Ihre Namen: Florian und Matthias Klasen.

Die Führung war zunächst ratlos. Sagte Gäfgen diesmal die Wahrheit oder führte er sie wieder an der Nase herum? Da er sich strikt weigerte, der Polizei auf einer Karte zu zeigen, wo das Kind gefangen gehalten werde, standen die Kräfte vor einem Problem: Um das Leben des angeblich bewachten Jungen nicht zu gefährden, mussten sie entweder alle Hütten, die es in dem Gebiet gab, gleichzeitig stürmen lassen oder die richtige herausfinden. Konnte man ein solches Großaufgebot mit allem, was dazugehörte, verantworten? Das bedeutete über hundert völlig übermüdete Angehörige der Spezialeinheiten in den nächtlichen Wald jagen, Wärmekameras und Hubschrauber organisieren und, und, und …

Von dem Polizeipsychologen sei die Einschätzung gekommen: Er lügt. Nach einigem Hin und Her hielten die Ermittler Gäfgens Aussage aber für glaubhaft. Ausschlaggebend war, dass der Psychologe kaum mehr Herr seiner Gedanken zu sein schien. Er wirkte dermaßen erschöpft, dass man ihn nach

Hause schickte, ihm aber nicht erlaubte, sich selbst hinter das Steuer zu setzen.

Die Kriminalisten verzichteten darauf, den mutmaßlichen Entführer Elena gegenüberzustellen, und der Aufmarsch um den Waldsee begann.

In den frühen Morgenstunden am Dienstag stand dann so viel fest: Die Beschreibung der Hütte, die Gäfgen abgegeben hatte, traf auf keine zu. Und wieder eindringliche Nachfragen aus der Landeshauptstadt, in denen die angespannten und übermüdeten Ermittler immer wieder dasselbe zu hören bekamen: dass der Elfjährige höchstwahrscheinlich seit Sonntag nicht versorgt worden und vermutlich allein sei, dass es in dieser Jahreszeit schon empfindlich kalt sei und man im Innenministerium ungeduldig auf Nachricht warte.

In der Hoffnung, endlich genauere Angaben über das Versteck Jakobs zu bekommen, entschied sich die Polizei, die Wohnungen der Brüder Klasen durch Spezialeinsatzkommandos stürmen zu lassen.

Falsch verdächtigt

> **Ich hatte mich mit meinem unausweichlichen Tod abgefunden.**
>
> *Linda Klasen, in einem Brief an den Frankfurter Polizeipräsidenten*

Im ersten Moment dachte Matthias nur eines: Krieg. Es hatte fürchterlich geknallt und nun lagen er und seine Freundin splitternackt im Bett, umringt von etwa zehn maskierten Gestalten, die ihre Waffen auf sie gerichtet hielten. Langsam drang das Wort »Polizei« in sein Bewusstsein vor, er hatte es irgendwann gehört, jemand hatte es gerufen. Im Traum oder in Wirklichkeit? Tatsächlich war am 1. Oktober 2002 gegen 6 Uhr die Tür seiner Wohnung in der Heimatsiedlung von Männern des SEK gesprengt worden.

Hastig griff das Mädchen nach den Boxershorts auf dem Boden neben dem Bett, um sie Matthias zu reichen, doch einer der Männer brüllte: »Keine Bewegung!« – »Wo ist der Junge? Wo ist der Junge?«, prasselte es salvenartig auf sie ein. Zunächst war Matthias viel zu benommen und erschrocken, um auch nur einen Piep sagen zu können. Er konnte nur immer wieder »Welcher Junge?« fragen. Keine Antwort. Er hatte das Gefühl, eine Ewigkeit so dazuliegen, ohne Kleidung, ohne Decke, diesen Eindringlingen ausgeliefert, die mit Schutzwesten und Helm vor ihm standen und von denen er nicht einmal das Gesicht erkennen konnte. Einige Male versuchte er, mit den Männern ins Gespräch zu kommen, zu erfahren, worum es ging, von welchem Jungen sie sprachen. Er hatte die Medien nicht verfolgt, von der Entführung nichts gehört.

Florian, der noch bei seiner Mutter wohnte, wurde etwa eine halbe Stunde später festgenommen. Für das, was Frau Klasen, ihre Söhne und Matthias' Freundin an diesem Morgen durchmachten, verlangte die Mutter der Brüder – »bei allem Verständnis für die Notwendigkeit des Einsatzes« – später eine Entschuldigung und Wiedergutmachung von der Polizei. Den »symbolischen Betrag« von fünfhundert Euro forderte sie je Person für »die seelischen und moralischen Belastungen«, die der Einsatz mit sich brachte, dafür, dass sich ihr Leben an diesem Tag »unverschuldet und durch fremde Einwirkung, durch das SEK, zum Nachteil veränderte«. In einem Brief an den Polizeipräsidenten, Harald Weiss-Bollandt, machte sie deutlich: »Wir müssen Kraft und Mühe für die Bewältigung und für eine von uns beabsichtigte seelische Verarbeitung und Genesung aufwenden, müssen uns hierbei mit dem Schrecken, der Angst, der Demütigung und dem damit verbundenen Leid und der Qual konfrontieren.«

Frau Klasen empfand das Vorgehen der »SEK-Truppe« als »unprofessionell« und »sadistisch«:

Sie schlug die Augen auf und hatte keinen Zweifel: Jetzt werde ich ermordet. Um ihr Bett herum standen unkenntlich und bedrohlich gekleidet Männer, die Gewehre und Lampen auf sie richteten. Hoffentlich geht es schnell und schmerzlos, wünschte sie sich. Dass es sich bei den Gestalten um Polizisten, nicht um Schwerverbrecher, Terroristen oder die Mafia handelte, realisierte sie erst später. »Ich fand mich in der Ecke meines Zimmers wieder, zwischen Kleiderschrank und Kleiderständer wie ein verängstigtes Tier versteckt. Ich wiederholte dreimal hintereinander ruhig und langsam, um die ›Gestalten‹ nicht unnötig zu reizen: Wer sind Sie? Was wollen Sie von mir? Was ist passiert?«, schilderte Frau Klasen in dem Brief an den Polizeipräsidenten. Sie erlebte weiter, wie jemand neben ihr die Schranktür aufriss und eine Gestalt aus der Mitte sich schließlich ihrer erbarmte und antwortete: »Wir tun Ihnen nichts.« Erst in diesem Augenblick will Frau Klasen erleichtert festgestellt haben: Er spricht meine Sprache. Und was er sagt, klingt gut, auch wenn das, was hier passiert, nicht dazu zu passen scheint.

Die Situation löste sich für sie erst, als ein »Ziviler« hinzukam. Sie saß auf ihrem Bett, immer noch umringt von unbekannten Gestalten, die stereotyp und nachdrücklich fragten, wo ihr Sohn sei. Ihr kam alles wirr vor, und sie hatte das Gefühl, diese Menschen um sie herum wüssten nicht genau, wen sie suchten. Instinktiv weigerte sie sich, diesen wenig vertrauenswürdigen Männern etwas von ihren Kindern zu verraten. Erst in dieser Situation habe sie einen Ausweis gezeigt bekommen, kritisierte Frau Klasen.

Da packte sie entsetzliche Angst um ihre Kinder. Sie bat und bettelte: »Was ist passiert?«, habe aber keine Antwort bekommen. Erst als sie sich traute zu fragen, ob sie noch lebten, habe der »Zivile« neben ihr gesagt: »Ich verstehe, dass Sie sich Sorgen um Ihre Söhne machen, sie haben das schlimmste Verbrechen begangen, das man begehen kann.« Daraufhin fragte Frau Klasen nichts mehr. »Ich war also die Mutter zweier Mörder, circa 50 Minuten lang.« Von dem weiteren Geschehen berichtete sie: »Zögerlich erklärte ich, wo die Polizisten Florian finden würden, nämlich in der Mansarde außerhalb der Wohnung, wo er schläft. Nach einem Fehlstart auf den Dachboden – vor deren Verwechslung ich zuvor gewarnt hatte – beschrieb ich noch einmal, wo sich das Mansardenzimmer befand, und forderte die Männer auf, mir zuzuhören, bevor sie wild durch die Gegend rannten.«

Während Frau Klasen zitternd darauf wartete, was mit ihrem Sohn geschehen würde, durfte sie nicht allein zur Toilette, nicht allein in die Küche, um ein Glas Wasser zu trinken und schon gar nicht telefonieren. »Als ich das Gesicht meines Sohnes erblickte – er trug weißen Overall und Handschellen –, war ich notdürftig beruhigt. Als er sagte: ›Mama, alles in Ordnung‹, bestätigte sich meine relative Beruhigung, und als er mir noch den Namen ›Maggi‹ zurief, habe ich es gerade noch zu einem Stuhl geschafft, auf den ich niedersank, denn ›Maggi‹ bedeutete für mich ernste Bedrohung.«

Als Florian vor Gericht von seinem Schock bei der Festnahme berichtete, beobachtete Frau Klasen, wie sie erzählte, dass Magnus hinter vorgehaltener Hand lachte …

Die Polizei musste bald feststellen, dass die Brüder Klasen mit der Entführung nichts zu tun, Magnus sie wieder belogen hatte. Und dann machten die Beamten der Sondereinheit, die stundenlang am See nach dem versteckten Jungen suchten, auch noch einen erschreckenden Fund: Sie stießen in einer der Hütten auf ein Schlaflager, das so groß war, dass ein Kind dort gelegen haben könnte. Und sie fanden Blutspuren.

Daher fuhr am Dienstagmorgen gegen 6.30 Uhr doch ein Streifenwagen bei der Familie Gäfgen vor. Frau Gäfgen wird darüber wohl fast erleichtert gewesen sein, aus Sorge um ihren Sohn hatte sie die ganze Nacht neben dem Telefon gesessen und gebetet, die Polizei möge sich endlich melden. Sie konnte nicht wissen, warum die Beamten nicht auf ihren Vorschlag eingegangen waren. Immerhin bestand aber die Hoffnung, dass die Ermittler ihre Hilfe gar nicht mehr benötigten. Vielleicht hatte Maggi längst geredet, vielleicht war ja auch alles ein Irrtum, ein grausamer. Oder einfach nur ein ganz fürchterlicher Traum. In den frühen Stunden klingelte das Telefon.

Als sie die Treppen hinunterlief und vor das Haus an der Friedensallee trat, steckte alles in tiefem Grau. Ein paar Krähen zerkratzten mit ihrem Krächzen den unberührten Morgen. Der Ort war noch nicht erwacht, Berufstätige nur vereinzelt unterwegs, und die Kinder würden in den Ferien länger schlafen. In wenigen Fenstern brannte Licht. Ob zwischen den Vorhängen das Gesicht der einen oder anderen Nachbarin aufgetaucht war, die sehen und anschließend verbreiten konnte, wie Frau Gäfgen in einen Streifenwagen gestiegen war, interessierte sie an diesem Morgen wenig.

Im Polizeipräsidium saß Magnus in einem weißen Overall an einem Tisch, an einer Hand baumelten Handschellen. Er hatte dunkle Ringe unter den Augen, wie ein Gespenst sah er aus. Ganz blass und schmal im Gesicht … Frau Gäfgen ging auf ihren Sohn zu, der sich beim Eintreten seiner Mutter erhoben hatte, und schloss ihre Arme um den fast zwei Meter großen Mann.

Magnus brachte keinen Ton heraus.

Schließlich schob sie ihn ein Stück von sich, ohne ihn loszulassen: »Magnus, was ist los?« Da schossen ihm die Tränen in die Augen, rannten ihm über das Gesicht. Ein erstes Schluchzen brach aus ihm heraus, es löste andere, bis sein Körper wie von Wellen des Schmerzes erfasst bebte. Haltlos klammerte er sich an sie, wie ein kleiner Junge. Seine Mutter hielt ihn umfasst. Dann machte er sich sanft frei und stammelte: »Es ist furchtbar. Ihr müsst weg. Ihr seid in Gefahr. Ich werde erpresst.«

Das war zu viel für den Kripobeamten, der bis dahin ruhig und beobachtend dagesessen hatte. Er schlug kräftig mit den Handflächen auf den Tisch. »Belügen Sie doch Ihre Mutter nicht«, herrschte er Magnus an.

Da schien jeglicher Ausdruck aus Magnus' Gesicht wie weggewischt. Frau Gäfgen griff nach seiner Hand: »Magnus, sag der Polizei, wo der Junge ist.« Flehentlich schaute sie zu ihm auf. »Lebt er denn überhaupt noch?« Er senkte den Kopf: »Ich hoffe es, ich hoffe es sehr.« – »Dann sag, wo er ist!«, drängte sie. Magnus hatte sich von ihr gelöst. Stumm sah er auf seine Füße. Dann hob er den Kopf. »Ich muss erst mit dem Anwalt sprechen, mit ihm etwas aushandeln«, sagte er und wandte sich ab.

Er machte ein paar Schritte auf seinen Platz zu, blieb dann jedoch abrupt stehen. Und ehe es sich Frau Gäfgen versah, hielt sie die Armbanduhr ihres Sohnes in der Hand, der sie dafür um ihre bat. Das sei eine Breitling-Uhr, betonte er nachdrücklich. Und eine derart wertvolle Uhr nehme er besser nicht mit in die Haftanstalt.

Dass dieser Chronometer tatsächlich einem Kommilitonen ihres Sohnes namens Moritz Hellwig gehörte, ahnte Frau Gäfgen nicht. Einige Wochen später standen wieder zwei Polizisten bei Gäfgens vor der Tür. Diesmal war Herr Gäfgen allein zu Hause, und so bekam er von den Beamten zu hören, dass sein Sohn im Besitz einer Herrenarmbanduhr sei, die er vermutlich gestohlen habe. Herr Gäfgen rief sofort seine Frau im Kindergarten der Gemeinde St. Aposteln an und erfuhr von ihr, wo sich das Schmuckstück befand. Er nahm die Uhr aus der Schublade ihres Schreibtisches und händigte den Beamten das kostbare Stück widerspruchslos aus.

Moritz Hellwig hatte Magnus im September 2000 kennen gelernt. Ein Jahr lang hatten sie gemeinsam für das Examen gebüffelt. Um gründlich auf die Prüfung vorbereitet zu sein, nahmen sie dreimal in der Woche an einem Repetitorium teil, für das jeden Monat 320 Mark fällig waren. Zusätzlich paukten sie regelmäßig in einer privaten Lerngruppe: Fünf Studenten, die sich zweimal die Woche in einer Wohnung zwischen Hauptbahnhof und Westhafen trafen, wo drei der Gruppe in einer WG lebten. Tag für Tag hockten sie über ihren Büchern und fragten sich ab.

Moritz erlebte Magnus als ruhigen Zeitgenossen, als jemanden, der kaum auffiel. Sehr zurückhaltend sei er gewesen, Fremden gegenüber habe er sogar beinahe gehemmt gewirkt, so schilderte er ihn vor Gericht. Wie Magnus lebte, wusste er nicht, denn zu Hause hatte er ihn kein einziges Mal besucht. Man stand sich nicht sonderlich nahe, aber Ärger hatte es auch nie mit ihm gegeben. Moritz kannte überhaupt niemanden, mit dem Magnus je Streit gehabt hätte. Von seiner Familie erzählte Magnus nie etwas. Wenn er ins Reden kam, dann über Fußball. Einmal habe er die Bemerkung fallen gelassen, dass er für einen Rechtsanwalt arbeite, der den Fußballer Anthony Yeboah von Eintracht Frankfurt vertreten habe. Dann und wann berichtete er auch von Freunden, die Häuser auf Ibiza und Yachten hätten. Aber Moritz empfand das nie als Prahlerei, sondern an der Art, wie Magnus von seinen Urlaubserlebnissen erzählte, schien dies für ihn eher selbstverständlich zu sein; beiläufig habe er erwähnt, wie sie mit der Yacht hierhin und dorthin gesegelt seien.

Und dann erlebte Moritz seinen Studienkollegen doch einmal höchst sonderbar. Es war im Dezember 2000 auf einer Weihnachtsfeier des Repetitoriums in der Wohngemeinschaft. »Gäfgen hat uns regelrecht abgefüllt«, erzählte Moritz dem Richter. Dauernd habe er versucht, ungefragt nachzuschenken. Schließlich sei er verschwunden, habe allein in Moritz' Zimmer gehockt, weil ihm angeblich nicht wohl gewesen sei. Und auf der Toilette habe er sich auch eingeschlossen. Mindestens eine halbe Stunde sei diese besetzt gewesen. Moritz fand anschließend »Kotzspuren« und dachte, Magnus sei betrunken. Am nächsten Tag fehlten ihm seine neuen Turnschuhe von Nike. Außerdem vermisste er ein Nokia-Handy und die Armbanduhr der Marke Breitling im Wert von 2100 Mark. Er hatte sie von einem Bekannten, dem Freund seiner Mutter, geschenkt bekommen.

Der Bestohlene zeigte den Diebstahl an. Damals verdächtigte er auch Magnus, die Dinge entwendet zu haben, aber da er keinen Beweis hatte, nannte er auf dem Revier keinen Namen. Das kann nicht der Maggi gewesen sein, sagten sich die Studenten der Lerngruppe. »Er kommt und schaut uns allen in die Augen.«

Im Oktober 2002 gestand Magnus, das Handy, welches die Polizei bei der Wohnungsdurchsuchung sichergestellt und als gestohlen identifiziert hatte, seinem Kommilitonen entwendet zu haben. Nachdem er diesen Diebstahl zugegeben hatte, schöpfte die Polizei Verdacht, dass die Breitling-Uhr ebenfalls Moritz Hellwig gehören könnte. Die Nummer auf dem Schmuckstück schloss zuletzt jeden Zweifel aus. Magnus gestand. Er habe sich nicht getraut, die gestohlenen Dinge am Morgen nach der Weihnachtsfeier zurückzugeben, begründete er sein Schweigen. Er habe sich zu sehr geschämt.

Die Entscheidung

> **Und von all denen, die sich kritisch oder ablehnend zu den polizeilichen Maßnahmen äußerten, hatte keiner eine bessere Lösung anzubieten. Die einzige Alternative bestand darin, tatenlos zuzuwarten und den qualvollen Tod des entführten Kindes in Kauf zu nehmen.**
>
> ***Wolfgang Daschner***

Daschner saß an seinem Schreibtisch und starrte ins Leere. Er hatte in der vergangenen Nacht kaum ein paar Stunden geschlafen und war am Dienstagmorgen schon kurz nach fünf Uhr wieder im Polizeipräsidium gewesen. Wie sollte er auch zu Ruhe kommen? Irgendwo wartete ein verängstigtes Kind, das seit Sonntag keine Menschenseele zu Gesicht bekommen hatte. Das hatte Gäfgen ja endlich zugegeben, und sie waren ungeheuer erleichtert gewesen: Jakob lebte. Doch nun mussten sie ihn auch finden, und zwar so schnell wie möglich. Keine Minute durften sie verlieren, denn der Junge hatte seit zwei Tagen nichts zu trinken bekommen, nichts zu essen, und war dem Anschein nach auch noch verletzt.

Daschner rieb sich die Stirn. Er musste etwas tun. Er konnte die Verantwortung nicht den anderen überlassen. Wenn ein Kind starb, weil die Polizei nicht in der Lage war, seinen Aufenthaltsort herauszubekommen … Wie sollte man das verkraften, wie den Eltern erklären? Da sitzt der Einzige, der sagen konnte, wo sich das Kind befindet, teilnahmslos vor ihnen und schweigt und lügt. Nie zuvor hatte er so etwas erlebt. Um Leben und Tod ging es zwar auch damals bei der Nestlé-Erpressung, wo die Täter damit gedroht hatten, vergiftete Produkte auf Kinderspielplätzen zu deponieren. Auch damals war er an den Ermittlungen beteiligt gewesen. Aber in einer Situation, in der eine konkrete Person, noch dazu ein wehrloses Kind, in äußerst bedrohlicher Lage war und der Täter mit dem Leben des Jungen spielte, hunderte von Polizisten tagelang durch die Gegend jagte, sie auf Unschuldige hetzte – in solch einer Situation war er noch nie gewesen.

Er musste es wagen. Sollte man später sagen: Wir bedauern außerordentlich, dass Jakob starb, aber Herr Gäfgen wollte einfach nichts sagen? – Aber was haben Sie denn getan, um ihn zum Reden zu bringen?, würde man fragen. Und: Wie kann das angehen, dass erfahrene Vernehmungsbeamte aus diesem jungen Mann, diesem Bubi, der allem Anschein nach ein Mickerling war, nichts herausbrachten? Haben Sie wirklich alles versucht?

Nein, beantwortete der Polizei-Vize diese Frage für sich. Eine Möglichkeit gab es noch. Und wenn er diese nicht nutzte, könnte man ihm später unterlassene Hilfeleistung, wenn nicht gar Tötung durch Unterlassung vorwerfen, davon war er überzeugt. Daschner kannte die Regularien, und was er plante, schien ihm durch diese gedeckt, durch eine solche Notlage gerechtfertigt, wenn nicht sogar geboten: Es gehörte zu seiner Berufspflicht als Polizist, den Bürger vor Straftaten zu schützen, er hatte einen Anspruch darauf, dass die Polizei zum Schutze seiner Rechtsgüter eingreift. Und verlangte nicht auch die Verfassung vom Staat, sich schützend vor das menschliche Leben zu stellen, das heißt vor allem, es auch vor rechtswidrigen Eingriffen von Seiten anderer zu bewahren? Stand das Recht auf Leben nicht über allem?

War ein Mensch in der Gewalt eines anderen, durfte Gewalt angewendet werden. Ein Entführer, der seine Geisel im Arm mit einer Waffe bedrohte, durfte erschossen werden. Wenn man eine Schusswaffe einsetzen darf, darf man dann nicht auch die bloßen Hände gebrauchen? Sollte die Polizei tatenlos zusehen, wie ein Kind ermordet wird?

Daschner wusste aber auch, dass er sich mit dem, was er vorhatte, in eine juristische Grauzone vorwagte. Er beschritt damit einen schmalen Grat, der Abgrund hieß »Strafandrohung für Aussageerpressung«. Wenn ein Gericht zu dem Schluss käme, er hätte sich strafbar gemacht, dann müsste er damit rechnen, aus dem Dienst entfernt zu werden und Pensionsansprüche aus 42 Dienstjahren zu verlieren. Das würde auch seine Familie treffen, seine beiden Töchter. Eine Entscheidung dieser Tragweite war ihm in seiner beruflichen Laufbahn noch nie abverlangt worden. Die Konstellation erinnerte ihn an eine griechische Tragödie: Entweder verletze ich die Rechte des Beschuldigten, oder ich verspiele das Leben des Opfers.

Daschner betrachtete die Polizisten ihm gegenüber. Sie schienen Mühe zu haben, sich aufrecht zu halten. Einer rieb sich die Augen, ein anderer hielt den Kopf gesenkt. Gemäß Dienstvorschrift hatten sie die Verantwortung, er konnte die Hände in den Schoß legen, ihnen die Entscheidungen überlassen und in Kauf nehmen, das Kind sterben zu lassen – und dies quasi unter den Augen der Polizei.

Als die Kripobeamten seinen Entschluss hörten, zuckten sie zusammen: Gegen 8.30 Uhr erteilte Daschner den Vernehmungsbeamten folgende Anweisung: »Drohen Sie ihm mit Schmerzen, mit großen Schmerzen, wie er sie noch nie erlebt hat. Die er nie in seinem Leben vergessen wird.« Und seine Lippen verzogen sich zu einer leicht nach unten gebogenen Sichel.

Mit seiner ganzen Persönlichkeit habe sich der Polizei-Vize hinter diese Entscheidung gestellt. Ein Beamter schüttelte den Kopf: »Seine ganze Körperhaltung sagte: Ich dulde keinen

Widerspruch.« Dennoch lehnten sich einige auf: Eine Möglichkeit stehe doch aus, Gäfgen sei noch nicht mit Elena konfrontiert worden; außerdem würde sich auch der ausführende Polizist möglicherweise schuldig machen, sein Job stand auf dem Spiel. Daschner selbst konnte die Drohung nicht aussprechen. Es hätte dem polizeilichen Grundsatz widersprochen, dem zufolge derjenige, der schwerwiegende Entscheidungen treffen musste, sich nie ins Detail einmischen durfte. Ein Polizeiführer sprach deshalb nicht mit Geiseln oder Geiselnehmern. Daschner hatte Gäfgen nie gesehen.

Ein Hauptkommissar erklärte sich bereit. Der Polizist um die fünfzig hatte den Ruf, ein Gemütsmensch zu sein. Seine Kollegen mochten an ihm seine immer positive, lebensbejahende Art. Zwischen den mitunter recht festgefahrenen Beamten fiel er auf als kreativer Kopf, ein Künstlertyp, immer unrasiert, manchmal ein wenig ungepflegt, aber intelligent, hoch qualifiziert und berufserfahren.

Während der sieben Stunden, in denen Gäfgen befragt worden war, hatte er cool gewirkt, wie die Beteiligten sagten, und sich zwischendurch über die Kriminalisten lustig gemacht. Er hatte bei den Beamten den Eindruck erweckt: »Ihr könnt mir gar nichts«, und sich wegen seiner Jura-Kenntnisse unangreifbar gefühlt. Nach allem, was über die Umstände bekannt ist, könnte die verhängnisvolle Begegnung zwischen dem Hauptkommissar, der die Drohung aussprach, und dem Kindesentführer an diesem 1. Oktober 2002 so abgelaufen sein:

Als der Polizist den Raum betrat, hing Magnus Gäfgen an einem leeren Holztisch, das Kinn auf eine Hand gestützt, ein Bein angewinkelt, das andere von sich gestreckt. Beim Anblick des Kriminalbeamten lehnte er sich zurück. Dann rutschte er langsam, sehr langsam nach vorn bis auf die Stuhlkante, spreizte die Beine und hob, als wollte er etwas fragen, die Augenbrauen. Blinzelte. Der Hauptkommissar wechselte einen Blick mit seinem Kollegen, der im Zimmer geblieben war. Durch das kleine Fenster zum Innenhof des Präsidiums drang kaum etwas von dem spärlichen Licht, das die Wolken am Morgen durchließen, und indem sich der Hauptkommissar – mit dem Rücken zu Magnus Gäfgen – davorschob, verdunkelte er den Raum fast vollständig. Irgendwo da draußen saß der Elfjährige, vielleicht zusammengekrümmt in einem Erdloch, die Arme um die angezogenen Beine gepresst, den Kopf auf den Knien. Oder zitternd, in einem Keller, einer Hütte, einem Schacht. Womöglich dachte der Kriminalbeamte an seine Kinder – und wandte sich um.

Kurz darauf stand er neben Magnus Gäfgen, der ihn musterte. Der Polizist beugte sich zu ihm hinab und schilderte dem jungen Mann noch einmal, wie furchtbar alles für Jakob sein muss, welche Ängste das Kind aussteht, wie endlos lang ihm die Zeit vorkommt, wie verlassen es sich fühlt. Ob er denn kein Gewissen habe? Gäfgen regte sich nicht. Da machte er ihm klar, dass der handschriftliche Zettel, den sie in seiner Wohnung gefunden hatten, ziemlich eindeutig belege, dass er die Tat begangen habe. Der Hauptkommissar machte ihm das recht eindringlich klar. So eindringlich, dass Magnus zehn Minuten später die Worte »Okay, das Kind ist tot« herausbrachte. Es liege in einem Teich, unter einem Steg in der Nähe von Bierstein. So eindringlich, dass Gäfgen diese Stelle auf einer Karte sofort zu zeigen bereit war.

Daschner schrieb über seine Anordnung unmittelbar nach dieser Befragung einen Vermerk und informierte um 13.40 Uhr den mit dem Fall befassten Staatsanwalt Rainer Schilling in Anwesenheit eines Zeugen. Damit habe er dokumentieren wollen, dass die Aussage erpresst worden sei und nicht als Geständnis gewertet werde dürfe, sagte er.

Daschnerisierung

> **Man muss eine Sache nur zum Politikum erklären, um sie dann unsachlich entscheiden zu können.**
>
> *Zitat von Viktor Renner, baden-württembergischer Innenminister von 1956 bis 1960*

Die *BILD*-Zeitung bekam Anfang des Jahres 2003 Wind von Daschners Vermerk und wandte sich mit der Frage »Ist er ein Held oder hat Frankfurt einen Polizeiskandal?« an die Öffentlichkeit. Ganz Deutschland begann zu diskutieren: Darf ein Polizist so etwas tun? Die Journalisten stürzten sich auf den Polizei-Vize, drängten ihn, sich zu den Vorgängen zu äußern. Er lehnte zunächst ab, entschloss sich dann aber doch, in Einzelinterviews einen Tag lang Rede und Antwort zu stehen. Sich den Folgen seines Handelns zu stellen, schien ihm nur selbstverständlich, auch wenn ihm öffentliche Auftritte eine Qual waren.

Die Medienvertreter lauschten atemlos, was ihnen der Polizei-Vize in die Feder diktierte, eine solche Freimütigkeit erlebten sie selten: »Wenn ich zehn Leute um Rat gefragt hätte, hätte ich 20 Meinungen gehört. Ich hatte während der Nacht genügend Zeit zu überlegen. Es war keine spontane Entscheidung, ich habe mich sehenden Auges entschieden. Wir hätten es nicht bei der Drohung belassen. Ich hatte klare Anweisungen gegeben. Sie lauteten: Keine Schläge, keine Tritte, keine Maßnahmen, die schwere Verletzungen hinterlassen. Da gibt es etliche Möglichkeiten. Zum Beispiel, indem man das Handgelenk nach hinten drückt und überdehnt. Es gibt am Ohr bestimmte Stellen, jeder Kampfsportler weiß das, wo man draufdrückt und es tut weh, es tut sehr weh, ohne dass irgendeine Verletzung entsteht. Sie brauchen jemandem nicht fürchterliche Schmerzen zuzufügen. Es genügt, wenn ein relativ geringer Schmerz für eine bestimmte Dauer aufrechterhalten wird. Wir hätten auch alles in Bild und Ton dokumentiert. Und alles wäre ausgeführt worden unter Beteiligung des Polizeiarztes, der anwesend war, um zu verhindern, dass Verletzungen entstehen. Ja, auch vom Einflößen einer Wahrheitsdroge war die Rede. Das war alles mit mir abgesprochen. Diese Wahrheitsdroge ist in Wirklichkeit ein Beruhigungsmittel, wie es Patienten vor einer Narkose erhalten. Der Auftrag lautete nur zu prüfen, ob es Medikamente gibt, welche die psychische Widerstandskraft herabsetzen, und ob man diese schnell beschaffen könne. Damit wollten wir vermeiden, Gäfgen notfalls Schmerzen zufügen zu müssen. Das war aber nicht zu realisieren, deswegen haben wir den Gedanken wieder fallen gelassen.« Sodann schloss Daschner von diesem Fall aufs Allgemeine: »Die Anwendung von Gewalt als letztes Mittel, um Menschenleben zu retten, müsste auch im Verhör erlaubt sein. Seit längerem fordern viele Kriminalbeamte eine entsprechende Gesetzesänderung.« Auch für die Frage »Bereuen Sie Ihr Vorgehen?« fand Daschner ein klares Wort: »Nein.«

Als Hessens Innenminister Volker Bouffier am nächsten Tag den Pressespiegel aufschlug, haute es ihn schier vom Stuhl und sein Naturell legt die Vermutung nahe, dass sein Haus bebte. Blankes Entsetzen breitete sich in der Landesregierung aus. Sowohl Ministerpräsident Roland Koch als auch Bouffier hatten sich nach der Enthüllung hinter Daschner gestellt, seine Entscheidung als »menschlich verständlich« gebilligt; nun aber, da die Diskussion durch diesen redseligen Polizisten gefährliche Ausmaße annahm, zunehmend von »Folter« die Rede war, von »brutalen Verhörmethoden«, die wieder hoffähig wurden, zogen in Wiesbaden dunkle Wolken auf und im Frankfurter Polizeipräsidium schlug der Blitz ein: Noch ein Wort, so ließ der Innenminister den Polizei-Vize wissen, und wir erledigen das anders.

Anfangs formulierten die Journalisten recht vorsichtig: »Beamte sollen Entführer Jakob von Metzlers mit illegalen Mitteln zur Aussage gedrängt haben«, hieß es am 18. Februar 2003 in der *FAZ*. Die *Frankfurter Rundschau* titelte am selben Tag: »Polizei drohte Jakobs mutmaßlichem Entführer Gewalt an«. In der *Süddeutschen Zeitung* war »Die Not der Vernehmer« dem Redakteur eine Abhandlung wert. Dann aber brachte der Anwalt von Magnus Gäfgen, Hans Ulrich Endres, bei seiner Forderung, Daschner vom Dienst zu suspendieren, ein Wort ins Spiel, das die Journalisten dankbar aufgriffen, war es doch griffiger und spaltenfreundlicher als der Begriff »Gewaltandrohung«. Zwar setzten sie die von Endres als solche bezeichneten »unerträglichen Foltermethoden« zuerst in Gänsefüßchen, wie es sich für ein Zitat gehörte, wenig später ließ man sie weg und sprach von Foltervorwurf, und bald schon hatte das Schlagwort sich von allen Einschränkungen befreit. Man fragte nun »Folter: Im Notfall erlaubt?«, was in großen schwarzen Lettern in die Überschrift passte. Im Laufe der Zeit, entwickelte sich der Vize-Präsident auch schon einmal zum »Freund der Folter«, wogegen beispielsweise die *Süddeutsche* eintrat mit: »Zur Not ein bisschen foltern – Anklage gegen die Daschnerisierung des Rechts«.

Erste Zweifel an Daschners Integrität hegte die *BILD*-Zeitung eine gute Woche nach ihrer Enthüllung. Sie kritisierte, dass der Polizei-Vize sich lange Zeit gelassen habe, sein schriftliches »Geständnis« dem Staatsanwalt zukommen zu lassen. »Hoffte er, dass das alles unter den Tisch fällt?«, fragte das Blatt und antwortete mit: »Die Fassade des edlen Ritters bröckelt …«

In den darauf folgenden Wochen diskutierte ganz Deutschland über die »Folterdrohung«. Schon bald beschwerte sich die Menschenrechtsorganisation Amnesty International über das Unrecht, das Gäfgen widerfahren war. Politiker meldeten sich zu Wort, aber eher gezwungenermaßen, weil sie sich dem Disput, in dem im Grunde kein Blumentopf zu gewinnen war, nicht gänzlich entziehen konnten. Bundesinnenminister Otto Schily sagte in einem Interview mit der Wochenzeitung *Die Zeit* unter der bezeichnenden Überschrift »Druck ja, Folter nein«, wie er Daschner als Anwalt verteidigen würde und äußerte stattdessen seine Sorge über die Berichtslage der Nation: »Ich halte die Debatte, die sich jetzt an dem schrecklichen Mord entzündet hat, für hochgefährlich. Diese Debatte wurde doch mutwillig begonnen, um Grenzen aufzulösen. Ich sage klipp und klar: Wenn man das Folterverbot aufweicht, wenn man es einer Abwägung zugänglich macht, gibt es kein Halten mehr. Dann kann man den Beschuldigten gleich auf eine Herdplatte setzen oder ihm den Finger abhacken und sagen: ›Wenn du schweigst, ist der nächste Finger dran.‹ Derartige Diskussionen führen nur weiter in die Irre und provozieren andere Debatten. Am Ende landen wir bei der Todesstrafe.«

Schweigen durfte natürlich auch nicht die Opposition im Hessischen Landtag. Der ehemalige Justizminister Hessens, Rupert von Plottnitz von den Grünen, zeigte Verständnis für einen stellvertretenden Polizeichef, der erklärte, er habe in schwieriger, weil für das Leben eines Entführungsopfers höchst bedrohlicher Lage keinen anderen Weg mehr gesehen als den Rechtsbruch. »Ein Polizei-Vize aber, der öffentlich fordert, die Androhung oder Anwendung von Folter im Polizeigesetz zu verankern, ist ein Risiko für den Rechtsstaat in Hessen.« Und der Vorsitzende der SPD-Landtagsfraktion, Jürgen Walter, hob ebenfalls hervor, dass ein zentrales Gebot des Rechtsstaates das »absolute Folterverbot« sei, und forderte den Ministerpräsidenten auf, sich deutlich gegen die Forderung nach Schaffung einer Rechtsgrundlage für das Foltern von Verdächtigen auszusprechen.

Kritik bekam Daschner auch aus den eigenen Reihen zu hören, etwa von der Gewerkschaft der Polizei. Ihr Landesvorsitzender, Jörg Stein, vermeldete über den Hessischen Rundfunk: »Ich bin total überrascht und entsetzt, dass er meinte, zu einem solchen Mittel greifen zu müssen.« Solch ein Verhalten sei bei der Polizei keineswegs üblich. Das Einzige, was für Daschner spreche, sei, dass er nichts verheimliche. Dagegen verteidigte für den Bund Deutscher Kriminalbeamter Lothar Herrmann die Entscheidung als »Güterabwägung«: Bedrohung eines Menschen gegen die Möglichkeit, ein Menschenleben zu retten. Mit dem selben Argument stellte sich auch der Polizeipräsident Harald Weiss-Bollandt hinter seinen Stellvertreter: »Die Polizei durfte nicht untätig bleiben, Leben zu schützen. Leben des Kindes und körperliche Unversehrtheit des Angeschuldigten waren gegeneinander abzuwägen. Wenn sich der Vizepräsident für das Leben des Jungen entschieden hat, so halte ich das für richtig.«

An den unzähligen Stellungnahmen namhafter Juristen ließ sich nur eines mit einiger Sicherheit feststellen: Der Vorgang war einmalig in der deutschen Rechtsgeschichte. Was als Fall »Jakob von Metzler« begann, würde als »Causa Daschner« wegen seiner juristischen Dichte noch Generationen von Lehrenden und Lernenden der Rechtswissenschaft mit Stoff für Seminararbeiten versorgen. Da war zunächst der Präsident des Europäischen Gerichtshofs für Menschenrechte, Luzius Wildhaber. Er machte seine Position deutlich in der Aussage: »Vom Verbot der Folter darf es keine Ausnahmen geben.« Der Vorsitzende des Deutschen Richterbundes beantwortete die Frage von *BILD* »Ist die Androhung von Gewalt erlaubt?« mit den folgenschweren Worten: »Nein. Das ist eine eindeutig verbotene Vernehmungsmethode. Aber das Leben des Jungen zu retten, ist ein sehr ehrenvolles Motiv. Deshalb ist es fraglich, eine Sache der Güterabwägung.« Er wurde für seine Position heftig gescholten und nahm sie später zurück. Dagegen blieb der Rechtsprofessor Otto Rudolf Kissel auch nach seinem *FAZ*-Leserbriefplädoyer für den umstrittenen Polizisten standhaft: »Die absolute, rein rechnerisch verstandene Respektierung der Menschenwürde des Täters durch die staatliche Gewalt wäre für das Opfer das ihm jede Menschenwürde vernichtende Todesurteil gewesen, und das in einer Zeit, in der auch die pränatale wie die postmortale Menschenwürde teilweise und zunehmend anerkannt wird. Aus dieser Überlegung folgt für mich nicht nur das vielfach geäußerte (schlichte) Verständnis für das Verhalten Daschners. Die umstrittene polizeiliche Maßnahme sehe ich in der konkreten Situation vielmehr als ermessensfehlerfreie Tätigkeit im Rahmen der Amtspflicht zur Erfüllung der verfassungsrechtlich gebotenen staatlichen Schutzpflicht für Leben und damit Menschenwürde des entführten Opfers.«

Die Diskussion erreichte ihren Höhepunkt, als Medienberichten zufolge die Richter des Schwurgerichts prüften, ob es überhaupt zulässig war, Anklage gegen Gäfgen zu erheben, oder ob Daschners Drohung zwangsläufig dazu führe, dass keines der Geständnisse verwertet werden dürfe und der Prozess damit platzen müsse. Der Vizepräsident des Bundesverfassungsgerichtes in Karlsruhe, Winfried Hassemer, ließ verlauten: »Wenn das Folterverbot verletzt wird, muss man natürlich auch an das schärfste Mittel denken, das wir in unserem Strafprozessrecht haben, nämlich das Verfahrenshindernis.« *Der Spiegel* stellte dazu fest: »Der als Held gefeierte Polizeivizepräsident hat der Justiz also einen Bärendienst erwiesen. Er hat sie in eine absurde Abhängigkeit vom Wohlverhalten des Angeklagten manövriert. Gäfgen ist jetzt in einer unerwartet günstigen Position.« Und spitzte die Diskussion der Rechtsexperten mit der Bemerkung zu: »Streng genommen, das vertritt der Heidelberger Ordinarius Thomas Hillenkamp, dürfte sich der Mordprozess folglich überhaupt nicht mit der Leiche des Kindes befassen, weil die ohne die erpresste Aussage vielleicht nie gefunden worden wäre.«

Diese mediale Blase platzte schnell, weil Gäfgen zwei Wochen nach der Drohung in Anwesenheit seines Anwaltes ein Geständnis aus freien Stücken abgelegt hatte. Die Art und Weise aber, wie dieses wiederum zustande gekommen war, prangerte der Frankfurter Rechtsanwalt und Strafrechtler Professor Dr. Rainer Hamm an: »Die völlig inakzeptable Vorgehensweise des Vizepräsidenten der Frankfurter Polizei wurde ausgerechnet durch den Verteidiger öffentlich angeprangert, der alsbald nach den fraglichen Vorgängen das Mandat übernommen und es für richtig gehalten hatte, in den Medien verbreiten zu lassen, er habe für den Fall, dass kein Geständnis abgelegt werde, dem Mandanten die sofortige Mandatsniederlegung angedroht.«

Am letzten Prozesstag verknüpfte der Vorsitzende Richter Hans Bachl das Urteil Gäfgens mit der Verurteilung Daschners: Die Diskussion um die Vernehmungsmethoden über die Zulässigkeit von »Foltermaßnahmen« zeige, »dass der Rechtsstaatlichkeit dieses Landes Schaden zugefügt worden ist«, donnerte er.

Die Staatsanwaltschaft klagte den Frankfurter Vizepolizeichef nach mehr als einjährigen Ermittlungen wegen schwerer Nötigung und Verleitung des ebenfalls angeklagten Vernehmungsbeamten an. Das Landgericht Frankfurt ließ die Anklage zu. Auf »Nötigung im schweren Fall« stehen zwischen sechs Monate und fünf Jahre Haft. Hessens Innenminister Volker Bouffier entband den Vizepräsidenten von seinen Aufgaben in Frankfurt und versetzte ihn nach Wiesbaden ins Landespolizeipräsidium, wo er zum einen damit beauftragt wurde zu untersuchen, ob die Neuorganisation der hessischen Polizeipräsidien reibungslos klappte, zum anderen ein Konzept zur Bekämpfung der Schwarzarbeit erstellen sollte.

Magnus Gäfgen verriet den Urteilenden später, was auf dem Polizeipräsidium in ihm vorgegangen war, warum er geschwiegen hatte. Sinngemäß erklärte er: Alles in ihm war zusammengestürzt, und er wollte am liebsten nur Ruhe haben. Er konnte diesen Männern, die ihn so brutal behandelt hatten, doch nicht von seinen Problemen erzählen und hatte auch das Gefühl, sie wollten ihm gar nicht zuhören. Wenn sich mal jemand Zeit genommen hätte, sich alles anzuhören ..., doch pausenlos stürmten sie mit derselben Frage auf ihn ein. »Sag uns, wo der Junge ist!« Stundenlang. Sie drängten immer massiver, aber er konnte doch nicht nur einfach sagen: »Da liegt der tote Junge.«

Um alles erklären zu können, hätte er jemanden gebraucht, der ihn anhört. Er wollte ja die Wahrheit erzählen, aber nicht, solange es den Beamten ausschließlich darum ging zu erfahren, wo der tote Junge war; nicht, solange es ihnen egal war, wie es dazu kommen konnte. Warum es geschehen war.

Um wenigstens vorübergehend Ruhe zu haben und sich sammeln zu können, musste er dann aber irgendetwas sagen. Also fiel ihm der Langener Waldsee ein. Und weil sie auch Namen hören wollten, nannte er ihnen die Brüder Klasen, denn mit denen hatte er schon vor Jahren Streit gehabt. Er wusste, dass man mit denen nicht zimperlich umgehen würde, und Freunden wollte er das nicht zumuten.

Die Begegnung mit dem Polizisten, der ihm Schmerzen androhte, gab Magnus Gäfgen ebenfalls zu Protokoll. *BILD* zitierte, was er in einer Nachvernehmung am 15. Januar gesagt habe: »Er rückte mit dem Gesicht ganz dicht an mich, packte mich an den Schultern, sagte: Das hier ist kein Spiel, kein Spaß. Ein Fachmann ist im Hubschrauber unterwegs, der sieht aus wie ein biederer Familienvater. Aber er wird dir Schmerzen zufügen, wie du noch nie welche hattest. Der hinterlässt keine Spuren. Zwischendurch machte er das Geräusch von Hubschrauberrotoren nach.« Und weiter habe der Polizist gedroht: »Wir stecken dich mit zwei Negern in eine Zelle. Die ficken dich in den Arsch und schlagen dich zusammen und du musst ihre Schwänze lutschen.«

Daschner wies dies als »Quatsch« zurück.

Auf seinen Verteidiger aber wirkte Magnus Gäfgen beim ersten Treffen angsterfüllt. Er habe in dessen Beisein den Vernehmungsbeamten angefleht: »Ich komme doch aber nicht mehr zu dem, der mir die Zähne einschlagen wollte.«

Kaum war das eindringliche Gespräch mit der Drohung beendet, lotste Magnus Gäfgen die Polizisten in Richtung Nordost zu dem Weiher kurz vor Rebsdorf. Die Strecke zog sich, sie kamen durch Dörfer, in denen sich seit Jahrzehnten wenig verändert zu haben schien. Durch Bierstein, durch Unterreichenbach. Vor einer Brücke bogen sie von der Landstraße links ab in den Wald. Der Wagen holperte über einen erdigen Weg, und das letzte Stück gingen sie zu Fuß, vorbei an Reifenspuren, die von Gäfgens Honda Civic stammten, wie sich später herausstellte. An einer verblichenen Schranke machten sie Halt. Von hier aus waren es nur noch wenige Schritte bis zum Teich. Tannen kuschelten sich an das ruhig daliegende Gewässer und man hörte das Rauschen eines Flusses. Über eine Wiese, die dem Weiher entgegenlief, streichelte der Wind. Die Luft roch würzig, nach den ersten verwesenden Blättern, nach Herbst. Magnus Gäfgen blieb stehen und weigerte sich weiterzugehen.

Die Polizisten setzten ihren Weg fort am Weiher entlang. Die Holzbohlen des Steges waren glitschig. Ein Schwarm Fische zog eine Wolke glitzernder Splitter hinter sich her, die Wolke spaltete sich und aus dem braunen Wasser stach ihnen das Blau des Müllsacks in die Augen.

Magnus Gäfgen stand vor der Schranke und weinte. Er schlug die Hände vors Gesicht, ging in die Hocke, stand wieder auf, schluchzte, krümmte sich. Im Sommer war er mit Katha dort auf dem Steg gewesen. Ein Freund hatte eine Party gefeiert, bei einer Hütte, da drüben, nicht weit vom Ufer entfernt. Schon damals war die Opferrolle in seinem Plan mit Jakob von Metzler besetzt. Als er den Steg an diesem warmen Abend im August gesehen hatte, dachte er, wenn etwas schief geht, lege ich die Leiche dort ab.

Katha war auf dem Steg nicht wohl gewesen. Sie hatte sich vor dem trüben Wasser geekelt.

Die Polizei hielt den Fund und Gäfgens Reaktion in einem Video fest, das während des Prozesses gezeigt wurde. Die Besucher der Verhandlung konnten den Film zwar nicht verfolgen, weil der Fernseher dem Richter zugewandt war. Aber sie konnten wahrnehmen, wie der Angeklagte sich sah: Eine Weile heftete er seine Augen auf den Bildschirm, ohne sichtbare Regung. Dann richtete er sich auf, legte die linke Hand auf den Mund, lehnte sich wieder zurück. Sein Verteidiger stand hinter ihm, berührte die Lehne des Stuhles. Einige Minuten verstrichen, in denen der Angeklagte dem Saal entrückt und bewegungslos einfach nur zuschaute. Auf einmal aber erhob er sich wie von einem Seufzer gepackt, ließ die Hände in den Schoß sinken und schlug sie dann vor das Gesicht. Zuletzt zog er sie fort, schloss sie locker, so als wollte er sie zu Fäusten ballen, was aber nicht gelang – und wandte sich ab.

Magnus Gäfgen war nicht dabei, als die Leiche seines Opfers geborgen wurde. Die Polizei brachte ihn zurück ins Präsidium und erfuhr bei einer erneuten Befragung von dem Beschuldigten, dass es in diesem schrecklichen Verbrechen einen Hintermann gab: Gert Schmidt. Er habe den Plan gehabt, eines der Metzler-Kinder zu entführen, sie sollten aber gegen Lösegeld freikommen. In den vorangehenden Befragungen war der Name des »Hintermannes« mehrfach gefallen, weil sich herausgestellt hatte, dass Katharina Pelzer mit der Freundin von Gert Schmidt bekannt war.

Am Dienstag traf Gäfgen auch erstmals mit seinem späteren Verteidiger Endres zusammen. Nach einem Gespräch mit seinem Mandanten stellte der Anwalt den Kripo-Leuten gegenüber sofort klar, dass Schmidt an der Tat ebenso wenig beteiligt gewesen war wie die Brüder Klasen. Magnus behauptete, er habe einfach irgendeinen Namen genannt, aus Angst vor dem, was ihm am frühen Morgen angedroht worden sei.

Dennoch legten Polizisten Gert Schmidt am Nachmittag vor seiner Haustür Handschellen an und durchsuchten seine Wohnung. Zeitgleich kreuzten Beamte an seinem Arbeitsplatz in der Börse auf, um auch diesen unter die Lupe zu nehmen. Gerade rechtzeitig, bevor sie Schränke und Schubladen aufreißen, Akten durchstöbern und Kollegen befragen konnten, erreichte sie die Mitteilung, dass Schmidt mit dem Verbrechen nichts zu tun hatte. Der Wertpapiermakler ließ sich seine Unschuld noch am selben Tag von der Staatsanwaltschaft bestätigen. Schon der leiseste Verdacht, in eine Entführung verwickelt zu sein, hätte ihn seine Reputation und damit die berufliche Existenz gekostet.

Magnus Gäfgen gestand der Polizei an diesem 1. Oktober, Jakob allein entführt zu haben. Er behauptete allerdings, Jakob habe noch gelebt, als er ihn verschnürt in den Kofferraum gelegt habe. Erst als er den Jungen bei der Hütte aus dem Wagen hob, wie er sagte, musste er feststellen: Jakob war tot.

»Bruder Jakob …«

> Ich habe daraus gelernt. Geld ist nicht wichtig, was wirklich zählt, ist glücklich zu sein, Freunde zu haben, auf die man sich verlassen kann, und seine Familie.
>
> *Katharina, in einem Brief vom 13. Dezember 2003*

Katharina ging neben ihrem Vater her. Ihre Fingerspitzen vibrierten vor Aufregung. Sie ballte die Hände in der Jackentasche zu Fäusten.

Er wollte sie begleiten, bis zum Eingang. Das erste Mal nach allem, was geschehen war, würde sie wieder ihre Schule betreten. Die vergangenen Wochen waren die schlimmsten ihres Lebens gewesen. Sie hatte einfach nicht glauben wollen, dass Jakob tot war und ihr Freund ihn ermordet hatte. »Es war wie ein Traum, aus dem ich nicht mehr raus konnte. Ich habe entweder geschrien oder geschlafen«, schreibt sie in einem Brief.

Wie aber würden sie nun die Klassenkameraden und Lehrer und all die anderen Schüler empfangen? Jeder kannte sie jetzt durch die Medien, sie, die Freundin eines Kindermörders. Und noch viel schlimmer: Sie stand da als eine, die Maggi aus purer Habgier zu dem Mord getrieben hatte. Womöglich hielten sie alle für mitschuldig. Natürlich taten sie das. In den Zeitungen kam es doch genau so rüber.

Sicherlich würden sie alle anstarren. Nichts sagen, sondern einfach nur anstarren und sich ihren Teil denken.

Jakob hatten die anderen auch gekannt.

Und Elena ging in ihre Parallelklasse. Oh je, was, wenn sie auf einmal Jakobs Schwester gegenüberstand? Wie sollte sie sich verhalten? »Ich wusste ja nicht, was sie über mich denkt. Und nach all dem, was so passiert ist, gehe ich jetzt sowieso immer vom Schlimmsten aus«, schrieb Katharina.

Außerdem hatte sie es sich mit ihren alten Freunden verdorben, seit sie mit Susi eng befreundet war. Total zerstritten hatte sie sich mit den meisten, und zwar so heftig, dass sie einander zuletzt nicht einmal mehr »Hallo« gesagt hatten, wenn sie sich irgendwo begegnet waren. Dafür hatte ihre neue Freundin sie in größter Not fallen gelassen und »einfach ihr Leben weitergelebt, wie bevor alles passiert ist. Einfach eiskalt«, bemerkte Katharina in einer E-Mail und weiter:

> ***Sie hat mich ja am Anfang sogar noch mitverdächtigt und auch in der Schule Scheiße über mich rumerzählt, dass ich ihr 10 000-Euro-Feuerzeug geklaut hätte und so einen Mist. Aber als ich dann wieder in die Schule kam, war sie dann wieder ganz lieb zu mir und war ja so besorgt um mich … blabla. Ich bin froh und sehr dankbar, echte Freunde zu haben, auf die ich zählen kann, wenn es drauf ankommt. (…) Nach Monaten, nachdem ich keinen Kontakt mehr zu ihr hatte, hat sie mir dann mal eine SMS geschrieben und gesagt, wie leid ich ihr tue und dass ihr das alles so leid tut. Ich habe dann einfach nur geschrieben: Sie soll mir nicht böse sein, aber ich will keinen Kontakt zu ihr haben. Das war das Letzte, was ich von ihr gehört habe, und natürlich die ganzen Geschichten über sie, aber das interessiert mich nicht. Also meiner Meinung nach kann man das als falsche Schlange bezeichnen.***

Am Vordereingang der Carl-Schurz-Schule wartete auf Katharina die Hälfte ihrer Klasse, und alle nahmen sie in den Arm.

Katharinas Vater konnte an diesem Morgen einigermaßen beruhigt zu seinem Wagen zurückkehren. Seine Tochter musste

Schlimmes durchmachen, aber letztlich würde sie es schaffen, daran hatte er keine Zweifel. »Katha ist tough, sie nimmt kein Blatt vor den Mund. Aber sie reagiert auf Gegenwind sensibel«, wusste er. Noch. Sie würde lernen.

Seine Tochter hatte viel von ihm, und er hatte schon einige Schlachten geschlagen, andere focht er Tag für Tag, die meisten in den osteuropäischen Ländern, vorzugsweise in Russland. Mit 25 Jahren gehörte der Diplom-Ingenieur zu den Verantwortlichen der Betriebsmannschaft eines Atomkraftwerks. Inzwischen setzte er sich für schadstofffreie Energien ein. Als freier Unternehmer bahnte er für namhafte deutsche Energie- und Rohstoffkonzerne Kontakte für die Geschäftswelterweiterung im Osten an. Die Verhandlungen liefen in Russland etwas anders. Zugespitzt könnte man sagen: mit Dollars auf und der Kalaschnikow unter dem Tisch. Die Russen seien näher an den »menschlichen Realitäten«, dort herrschten noch eher die »gesellschaftlichen Urgewalten«. Der Westen hingegen sei inzwischen überreguliert und dekadent. Hier dürfe man solche Wahrheiten wie »Auf einem Rettungsboot ist am Schluss nur noch einer drauf« kaum aussprechen – womit er meinte, dass der Mensch in äußerster Not sogar zum Kannibalen werden könnte. Dass der Mensch im Extremfall die moralischen Werte über Bord werfe, ja zum Tier werde, vor diesem Gedanken schrecke die aufgeklärte westliche Gemeinschaft zurück.

Zehn Jahre kämpfte er schon an der Spitze der »Gesellschaft für zukünftige Energie« mit einer Gruppe von Enthusiasten für die Nutzung der »endlosen Energien«: Sonne, Wind, Wasser und Biomasse. Die Jugend, vor allem im Osten, hielt er für ausgegrenzt, unterfordert und offen für Umsturzgedanken, sofern jemand die Führung übernähme.

Als er jung war, machte er zunächst eine Ausbildung als Starkstromelektriker, holte die Hochschulreife nach, studierte und verdiente seinen Lebensunterhalt auf Kraftwerkbaustellen. »Blut, Schweiß und Tränen« – das ist für ihn das Leben.

Die Lachfalten haben sich dennoch nicht aus seinem Gesicht verdrängen lassen, sie prallen aber gegen kantige Züge. Stämmig gebaut bahnt er sich den Weg durchs Leben, mehr auf Instinkt vertrauend als auf Intellekt. Dabei wirft er sich statt Sakko gern eine schwarze Lederjacke über.

Katharina ist genauso eine Kämpferin. Und sie ist ehrgeizig. Eines Tages würde sie sicherlich ganz ordentlich verdienen, sie besaß ein Händchen für das Finanzgeschäft. Schon dreimal hatte sie ein Praktikum bei der CK tr@ding Bank GmbH absolviert. In der Eurex/Xetra Handelsabteilung lernte sie die Arbeitsabläufe kennen, verfolgte interessiert, wie man ein Handelsterminal bediente, bekam unter anderem einen Überblick über die Struktur des Risikomanagements und eine Einführung in die Chartanalyse. »Schnell, gewissenhaft und zuverlässig« erledigte sie alle Aufgaben, wie das Unternehmen ihr bescheinigte. »Frau Pelzer verfügt über eine gute Auffassungsgabe und arbeitet selbstständig. Sie bewies hohe Einsatzbereitschaft und Fleiß. (...) ihr Verhalten war stets einwandfrei.«

Ja, Katharina würde ihren Weg schon machen. Trotz allem. Und sie hätte auch Maggi ordentlich Dampf gemacht ...

Herr Pelzer hatte viel über Magnus nachgedacht. Der Student wäre für ihn der ideale Schwiegersohn gewesen. Die paar Male, die er Magnus bei sich zu Hause getroffen hatte, oft war das nicht vorgekommen, denn er war ständig im Ausland unterwegs, hatte der junge Mann einen verantwortungsvollen und zuverlässigen Eindruck gemacht. Er hatte sich mit ihm über seine Arbeit in der Kanzlei unterhalten, auch über Magnus' Absicht, eine Wohnung auf dem Lerchesberg zu kaufen. In seinen Planungen wirkte der Jurastudent ausgesprochen zielstrebig, ja knochenhart, und wenn er nicht so viel Geld verloren hätte am Neuen Markt, als die Blase platzte, dann hätte er es bestimmt geschafft, sich eine eigene, erfolgreiche Kanzlei aufzubauen, sinnierte Herr Pelzer.

Davon abgesehen: Katharina und Magnus hatten einander

geliebt, davon war er felsenfest überzeugt. »Zwischen den beiden hat das Feuer richtig gebrannt«, bemerkte er einmal. Was sie verband, ließ sich nicht in Worte fassen. Wenn man eine Beziehung erklären muss, stimmt etwas nicht, die wesentlichen Dinge sind einfach. Vor dreißig Jahren hatte er seiner Frau das Jawort gegeben – und er würde sie jeden Tag wieder heiraten.

Je länger er über Magnus nachgedacht, je mehr er von seinen Beweggründen erfahren hatte, umso mehr konnte er die Tat nachvollziehen, was nicht bedeutete, dass er damit das Verbrechen entschuldigte. »85 Prozent aller Menschen würden ähnlich handeln, wenn sie in einer Situation wären wie er«, meinte Herr Pelzer. Den Mord aber konnte Magnus nicht geplant haben. Niemals. Er wollte die von ihm geschaffene Scheinwelt beenden, wofür ihm selbst jedoch der Mut fehlte, so erklärte es sich Katharinas Vater. Immerhin habe er sogar eine Facharbeit zum Thema Entführung geschrieben, insofern wusste er Bescheid über die hohe Aufklärungsquote dieses Verbrechens. Ruhig und fest war Herrn Pelzers Stimme, als er sagte: »Er hätte uns doch alles erzählen können. Es hätte doch nichts gemacht, wenn wir noch ein Kind mehr zu versorgen gehabt hätten.«

Der Direktor der Carl-Schurz-Schule wurde von den Ereignissen Ende September schier überrollt. Die Meldung von Jakobs Entführung erreichte ihn am Bodensee, wo er mit Frau und neunjähriger Tochter die Herbstferien zu verbringen gedachte. Er setzte sich sofort ins Auto und fuhr zurück nach Frankfurt. Vor der Schule warteten schon 20 Reporter, im Laufe der Woche waren es etwa 200 Medienvertreter, die Antworten suchten.

Der Schulleiter hatte keine Ahnung, wie er diese Krise bewältigen sollte. Wann hatte es so etwas schon gegeben, dass alle wesentlichen Beteiligten eines Verbrechens auf dieselbe Schule gingen oder gegangen waren? Das Opfer, die Schwester des Opfers, die Freundin des Mörders, die Freundin der Freundin des Mörders, und der Mörder selbst? In jeder Klasse gab es jemanden, der persönlich betroffen war. Die Freunde von Jakob würden auf die Klassenkameraden von Katharina treffen, Nachhilfeschüler von Magnus auf Elena, Elena auf Katharina, Katharina auf Jakobs Klassenkameraden und, und, und … Alles war so verquickt und Sachsenhausen ohnehin ein Dorf. Wie konnte er seine tausend Schüler und 70 Kollegen nach den Ferien wieder in den normalen Schulalltag geleiten?

Am Freitag vor dem Ende der Ferien rief er das Lehrerkollegium zusammen und zog eine Trauerberaterin hinzu, die ansonsten mit Familien arbeitete, die ein Kind verloren hatten. Gemeinsam einigten sie sich darauf, dass die Klassenlehrer und Tutoren am Montag in den ersten zwei Stunden mit ihren Schützlingen über den Fall sprachen und in der dritten Stunde eine Trauerfeier in der Aula stattfand. Überdies sollten die Schüler ihren Schmerz verarbeiten, indem sie Abschiedsbriefe an die Familie von Metzler schrieben, die in einem Erinnerungsbuch gesammelt, oder an Jakob, die in einer Holzkiste vergraben wurden, an den Wurzeln eines Baumes, den eine Gartenbaufirma auf eigene Kosten sechs Wochen nach dem Geschehen vor der Schule pflanzte.

Als »surreal« empfand der Kunstlehrer die Trauerfeier. 600 Schüler standen auf wie ein Mann, als Herr von Metzler hereinkam.

Keiner der Rabauken, die sonst immer am lautesten schrien, gab einen Laut von sich.

Jakobs Lehrerin, Frau Fink, besuchte im November mit der Klasse das Grab auf dem Frankfurter Hauptfriedhof. Die Kinder vergruben Schokoriegel und legten ein Fußballheft für ihren Kameraden zwischen die Blumen und Teddybären. Sie schlugen es auf der Seite auf, die Jakob immer zuerst gelesen hatte. Drei Stunden blieben die Schüler auf dem Friedhof. »Wir konnten ihn nicht allein lassen«, erklärten sie ihrer Lehrerin.

Magnus hatte einen großen Bekanntenkreis, vor allem unter den jüngeren Schülern. Viele hatte er auf Kirchenfreizeiten betreut, anderen Nachhilfeunterricht gegeben. Er war für sie eine Vertrauensperson gewesen. Nun mussten manche Pädagogen erleben, wie die Schüler misstrauischer wurden. Einige Kinder weigerten sich, zu sportlichen Wettkämpfen im Bus des Trainers zu fahren. Sie bestanden darauf, von ihren Eltern gebracht zu werden.

In großer Sorge war die Klassenlehrerin von Katharina. Die allgemeine Stimmung in der Schule gegen Magnus' Freundin war schlecht, viele hielten das Mädchen für eine Mittäterin oder zumindest für eine Mitwisserin, auch wenn ihre eigene Klasse davon überzeugt war, dass Katharina selber ein Opfer war, und ihr helfen wollte. Hatte Katharina vor den Herbstferien in vorletzter Reihe hinten rechts gesessen, so saß sie nach ihrer Rückkehr vorne links. Meist hing eine Traube von Beschützerinnen an ihr, aber es gab auch die Gruppen, die sich mit den anderen Betroffenen solidarisierten. Mehrmals brach Katharina im Unterricht schluchzend zusammen, etwa, als ihr Deutschlehrer ein Gedicht durchnahm, in dem es um Mörder und Opfer ging. Der Pädagoge begründete die Auswahl des Werkes auf Nachfrage damit, dass das Thema »Leben und Tod« nun einmal auf dem Lehrplan gestanden habe. Katharinas Klassenkameraden hielten die Luft an, als sie begannen, das Gedicht zu lesen. Sie ahnten, was diese Worte bei ihr auslösen mussten, und waren schockiert. In Elena von Metzlers Klasse seien auch Gedichte durchgenommen worden, berichtete eine Schülerin rückblickend. Das Thema »Tod« sei jedoch ausgespart worden. Auch in den anderen zehnten Klassen.

Ein andermal begann ein Mitschüler, an dem Katharina auf dem Flur vorbeiging, ein Lied zu singen: »Bruder Jakob, Bruder Jakob, schläfst du noch …?«

Er sang es auf Französisch.

Als Katharina das erste Mal Elena begegnete, konnte sie nur wortlos vorbeigehen. Elena war davon getroffen, doch ein paar Tage später drückte ihr Katharina einen Brief in die Hand.

Als ich diesen Brief geschrieben habe, habe ich bestimmt zwanzigmal von vorne angefangen. Ich habe geschrieben, wie sehr mir das alles leid tut, und habe versucht, ihr meine Situation näher zu bringen. Am Tag nachdem ich ihr den Brief gegeben hatte, hat sie mich dann angesprochen und gesagt, dass sie auf keinen Fall glaubt, dass ich damit etwas zu tun habe. Weil, das hatte ich sie auch gefragt in dem Brief.

Elena habe sich extrem verantwortungsbewusst verhalten, berichteten die Lehrer. Sie sei sehr stark gewesen, man habe sich nicht um sie kümmern müssen. Und sie setzte sich für Gäfgens Freundin ein, dafür, dass keine Hetzjagd auf sie gemacht wurde. Katharina nahm trotzdem die Gelegenheit wahr, für ein Jahr nach Amerika zu gehen. Ihre einstmals beste Freundin Susi wechselte die Schule.

Aus den USA berichtete Katharina: »Ich vermisse zwar meine Familie und Freunde, aber sonst geht's mir gut. Meine Mitschüler hier wissen nicht, wer ich bin. Und das möchte ich auch so. Ich will einfach versuchen, wenigstens etwas Abstand zu nehmen und nicht jede Sekunde daran zu denken. Ich schätze am meisten an den USA, dass die Menschen einfach viel freundlicher sind.« Nach einem kurzen Aufenthalt in New York wünschte sie sich, dort zu studieren. »Das ist einfach die Stadt meiner Träume!«

Ob sie offen sei für eine neue Beziehung? Auf diese Frage kannte sie nur ein klares »Nein«. Ob es stimme, dass Magnus sie mehr geliebt habe als umgekehrt? Auch davon wollte sie nichts wissen. »Ich glaube, er hat es nur mehr gezeigt«, überlegte sie und fügte hinzu: »Ich habe Maggi niemals beim Lügen erwischt, und es kam mir auch gar nichts komisch vor. Deshalb ist das Ganze ja auch so unfassbar.«

Unfassbar war das Verbrechen aber offenbar nicht für jeden. Eine Frau aus Sachsenhausen wunderte sich vor laufender Kamera über etwas ganz anderes: »Eine Familie mit dem Background sollte ihren Sohn nicht allein zum Bus laufen lassen.« Die Bemerkung traf Jakobs Eltern bis ins Mark. Sie mussten auch miterleben, wie eine Münchner Sicherheitsfirma das Ende der Entführung nicht abwartete, sondern die Stunden des Entsetzens nutzte, um Werbebotschaften abzusondern. Darin erkannte das Unternehmen den Grund für Entführungen vermögender Privatpersonen: fehlendes oder unprofessionelles Sicherheitsmanagement.

Vor dem Tor zum Anwesen der Familie von Metzler häuften sich Blumen und Kerzen.

Ein Licht brachte eines späten Abends Frau Gäfgen vorbei.

Getrennt

> **Sehr geehrter Herr und sehr geehrte Frau Metzler,**
> **ich schreibe Ihnen aus der JVA Weiterstadt. Das mit Jakob hat mich sehr berührt. Und da ich selbst drei Kinder habe, möchte ich Ihnen und Ihrer Familie mein herzliches Beileid aussprechen, auch im Namen meiner Familie.**
> **Hochachtungsvoll …**
>
> *Ein Häftling der JVA Weiterstadt, am 01. Oktober 2002*

Die Verhandlung im Landgericht Frankfurt war beendet. Magnus Gäfgen saß wieder im Umlaufbus auf dem Weg in die Justizvollzugsanstalt Weiterstadt. Die Polizeibeamten waren schweigsam, wie immer auf den Fahrten mit ihm, denn es gab wenig, was sie in Anwesenheit des Häftlings besprechen konnten oder wollten, und an Magnus Gäfgen das Wort zu richten, vermieden sie. Mit dem einen oder anderen Häftling, den die Beamten ansonsten zwischen Gericht und Gefängnis begleiteten, ergab sich durchaus auch einmal ein Gespräch, aber der Fall Daschner und die Vorwürfe im Zusammenhang mit der Festnahme hatten gezeigt, wie unheilvoll Begegnungen mit dem jungen Mann auch für die Polizei enden konnten. Das machte sie vorsichtig.

Während des Transports erlebten die Beamten den geständigen Kindermörder stets still und freundlich. Manchmal musterte der Sicherheitschef ihn verstohlen und fragte sich, was dieser Gäfgen, dieses Milchgesicht, eigentlich für ein Mensch war. Wenn er das Finanzamt um zehn Millionen betrogen hätte, könnte man glatt Mitleid mit ihm kriegen. Sein Verteidiger hatte gerade wieder die Sorge geäußert, dass der Angeklagte zusammenklappen würde. Jedes Mal aber, wenn der Polizist diesen Anflug von Mitgefühl verspürte, rief er sich den Ablauf des Mordes ins Gedächtnis, wie lange es gedauert hatte, bevor das Kind bewusstlos wurde, wie entsetzlich groß die Angst, wie schmerzhaft das Sterben und wie einsam der Kleine in seinen letzten Minuten gewesen sein musste. All das hatte der Täter hautnah miterlebt, den sich verzweifelt wehrenden Körper gespürt, der sich spannte und krümmte, er hatte seine Hand nicht von dem kleinen Gesicht genommen, jede Sekunde des sich über Minuten hinziehenden ungleichen Kampfes gefühlt. So etwas konnte doch nur ein Mensch tun, der innerlich eiskalt war. Hätte er einen Strick genommen und seinem Opfer damit die Blutgefäße abgedrückt, wäre das Kind bewusstlos geworden, bevor es keine Luft mehr bekommen hätte. So aber war es ein ungemein brutaler Mord und nach allem, was der Polizist in seinen inzwischen zahlreichen Berufsjahren erlebt hatte, kaum vorstellbar, dass er von jemandem begangen worden war, der noch nie körperliche Gewalt ausgeübt hatte.

Abfahrt Weiterstadt, die nächste wäre Darmstadt. Von der Autobahn brauchten sie nur wenige Minuten bis zu dem unscheinbaren Städtchen, und kaum hatte man dieses erreicht, befand man sich auch schon wieder auf einer Bundesstraße zwischen Feldern. Ein Schild zum Erdbeerpflücken … Die Dinger, die man im Laden bekam, waren verdammt teuer geworden. Und nicht einmal süß. Bei dem bescheidenen Gehalt eines Polizeibeamten musste man auf solche Ausgaben schon achten. Überhaupt war so ziemlich alles unverschämt teuer geworden. Bloß an dem, was monatlich auf dem Konto landete, änderte sich nichts. In dieser Hinsicht hatte ein Polizist wirklich einen miesen Job. Der Sicherheitsmann schaute kurz zu Magnus Gäfgen, der scheinbar geistesabwesend aus dem Fenster blickte. Der hätte in den nächsten zehn Jahren ein Vermögen verdienen können. Er fragte sich, ob der Jurastudent dahinten im Wagen wirklich so intelligent war, wie die Psychologen es ihm attestierten. Wie konnte jemand, bloß weil er mal in einer momentanen Geldnot steckte, ein derart hohes Risiko eingehen – abgesehen davon, dass die ganze Planung dumm gewesen war, saudumm. Die meisten Täter fingen weiter unten an. Magnus Gäfgen hätte es zuerst mit leichtem Betrug probieren können, sich mit einem gefälschten Scheck selbst Geld überweisen, das wäre doch eine Idee gewesen. Vielleicht 100 000 Euro. Das geistige Niveau dazu hätte er doch wohl gehabt und er wäre mit einer geringen Strafe davongekommen.

Der Bus näherte sich einer Abzweigung. Ein Schild wies nach links. »Kompostanlage, Recyclinghof« war darauf zu lesen, und direkt darunter »Justizvollzugsanstalt«.

Die Haftanstalt, in der unter der höchsten Sicherheitsstufe männliche Strafgefangene vom Dieb bis zum Topterroristen untergebracht sind, liegt gut drei Kilometer entfernt vom nächsten Ort mitten im Grünen. Nur eine schmale Straße schlängelt sich zu der Anstalt, sie ist kaum befahren, öffentliche Verkehrsmittel gibt es hier nicht. Hin und wieder läuft ein Fußgänger an der Straße entlang, manchmal schwer beladen, das ist dann meist ein aus der Untersuchungshaft entlassener Gefangener auf dem Weg in die Freiheit, einer von jenen, die niemand abholt. Wo die Straße endet, beginnt auf 2260 Quadratmetern eine Welt für sich. Sie ist umzogen von Bäumen und einer weißen Mauer, auf der sich Stacheldraht windet, abgeschnitten von der Idylle um sie herum und doch durchflutet von Licht. Die Justizvollzugsanstalt Weiterstadt zählt seit dem Sprengstoffanschlag der RAF am 27. März 1993, bei dem der damals weitgehend bezugsfertige Neubau in die Luft gesprengt wurde, nicht nur zu den berühmtesten Gefängnissen Deutschlands, sie gilt auch als »Luxusknast«. Kritiker hatten die Haftanstalt als »Fünf-Sterne-Hotel« verspottet, keine Gelegenheit versäumt, auf den Gefängniszaun vom Typ »Schlossgartenbegrenzung« hinzuweisen, und immer wieder auf den Sitzquadern aus Taubertaler Muschelkalk im Freigelände herumgehackt. Zwölf Jahre lang war an dem Gefängnis gebaut worden, bis es 1997 fertig gestellt wurde, 250 000 Euro kostete einer der insgesamt 577 Haftplätze. Da sich die Bauherren bei ihren Planungen von der Unschuldsvermutung, die für Untersuchungsgefangene gilt, leiten ließen, gerieten die Räumlichkeiten hell und freundlich. Glasbausteine, roter Klinker, weiß getünchte Wände und groß gekachelte, hell glänzende Böden prägen das Bild. Und wären da nicht Gitter und Mauern, müssten die Mitarbeiter nicht auf ihren Wegen durch die Anstalt jeden Tag an die 250 Türen auf- und zuschließen, könnte die JVA Weiterstadt auch als Freizeitheim im Stile einer postmodernen Industrieanlage durchgehen. Aufenthaltskosten: 83 Euro am Tag pro Person.

Die Anstaltsleitung hat sich auf ihre Fahnen geschrieben, den Inhaftierten mit Respekt zu begegnen und ihre Probleme ernst zu nehmen. Es gibt einen Sozialdienst, der schon in den ersten Tagen den Kontakt zwischen den Inhaftierten und ihren Angehörigen herstellt; um den Haftschock zu mildern, stehen Bedienstete des allgemeinen Vollzugsdienstes, Psychologen, Pädagogen, Sozialarbeiter und Seelsorger bereit; etwa 100 ehrenamtliche Mitarbeiter bieten darüber hinaus Gespräche und Kurse an, ein Drittel davon ist nicht deutscher Herkunft; es gibt 50 Gesprächsgruppen, Kursangebote und Gottesdienste, eine Suchtberatung, eine AIDS-Beratung, eine Ausländerberatung.

Magnus Gäfgen stellte dazu in einem Interview fest: »Wie in den meisten Haftanstalten fehlt es auch hier massiv an Personal. Die Betreuung durch Seelsorger und Psychologen ist entsprechend. (...) Es ist eine Verwahrung, keine Betreuung oder Hilfe; aber mehr lässt die Personalsituation nicht zu. In solch einer Situation ganz allein in der Zelle kommt man Gott wieder sehr nahe.«

In Weiterstadt sagen die Mitarbeiter statt »Zelle« lieber

»Haftraum«. Und im Fall von Magnus Gäfgen stand von Beginn an fest, dass er seinen zur freien Bewegung auf der Station besser nicht verlassen sollte. Kindermörder und Sexualstraftäter stehen in der Hierarchie eines Gefängnisses ganz unten, und über die Medien wusste jeder in der Justizvollzugsanstalt, wer Magnus Gäfgen war.

Der Umlaufbus kam in der Sicherheitsschleuse der Haftanstalt zum Stehen, und das Tor hinter dem Transporter fuhr langsam herab. Ein Blick auf die Uhr zeigte, dass die Mittagsruhe schon vorbei und es noch längst nicht an der Zeit für den Einschluss um 18 Uhr war. Bei dieser Feststellung dürfte sich Magnus Gäfgens Magen zusammengezogen haben. Um diese Zeit liefen die anderen Häftlinge frei durchs Haus, sie kochten sich Kaffee in der Gemeinschaftsküche, spielten Tischtennis im Aufenthaltsraum oder standen auf dem Flur herum und plauderten. Manche halfen auch bei der Ausgabe des Abendbrotes. Er würde also wieder mitten zwischen ihnen durchgehen müssen. Apathisch stieg er aus dem Bus, der inzwischen sein Ziel erreicht hatte. Einer der Polizisten fasste ihn am Arm und schob ihn voran. Seine Hände steckten immer noch in Handschellen.

Als Magnus Gäfgen das erste Mal nach Weiterstadt gekommen war, hatten ihn die Sicherheitskräfte zunächst in die so genannte Kammer gebracht. Dort wurde ihm alles abgenommen, was er bei sich trug, sein Handy, sein Geld, nur die billige Uhr durfte er behalten, sie taugte im Knast nicht als Zahlungsmittel. Er musste sich ausziehen und duschen, durfte anschließend aber wieder in seine eigenen Sachen schlüpfen, in die frische Jeans und das Markenhemd, die ihm seine Mutter aus seiner Wohnung geholt und mit Tränen in den Augen in die Hand gedrückt hatte. Im Strafvollzug würde er keine Privatkleidung mehr tragen können. Bevor er die Kammer wieder verließ, hatte ihm einer der Beamten ein Bündel auf die Theke gelegt, in dem sich das befand, was ein

Gefangener noch brauchte: Essgeschirr, Bettzeug, eine Zahnbürste, Zahnpasta, Seife. Dann fassten sie ihn wieder am Arm und brachten ihn über eine metallene Treppe in eine Zelle, in der er darauf warten musste, zugangsuntersucht zu werden. Die Wände waren verschmiert und es roch aus dem offen im Raum stehenden Klo.

Magnus Gäfgen spürte Übelkeit in sich aufsteigen, je öfter der Schlüssel in den schier unzähligen Türschlössern auf dem Weg zu seinem Haftraum klapperte. In der Erschließungsstraße, ein 350 Meter langer Flur, von dem zu beiden Seiten die sieben Unterkunftshäuser, der Verwaltungstrakt und das Krankenrevier abgehen, schaute er kurz nach oben an die gläserne Decke, um noch einmal in die Sonne zu blinzeln. Besser war es aber, wieder den Blick zu senken, denn vom Ende des Flures war fröhliches Stimmengewirr vernehmbar und eine Gruppe von Häftlingen näherte sich, die augenscheinlich beim Sport gewesen waren. Nur vor ihnen da sein. Schneller gehen, einen Fuß vor den anderen setzen und nichts anderes sehen. Als er mit seinen Begleitern den Zugang zum Haus D erreichte, waren die Sportler nur noch ein paar Meter entfernt und Magnus Gäfgen gab sich alle Mühe, nichts von dem zu hören, was er immer zu hören bekam, sobald die anderen ihn irgendwo entdeckten. Auch in dem Stationshaus starrte er auf den grauen Linolboden, verfolgte mit den Augen die gelben Leisten und schaute dann an allen vorbei nur noch auf die hölzerne Tür mit dem grünen Rand, hinter der er verschwinden würde.

Hinter dieser Tür spielte sich auf elf Quadratmetern das neue Leben von Magnus Gäfgen ab. Ein Bett, ein Schrank, ein Regal, Tisch und Stuhl aus Holz und eine kleine Nasszelle mit Waschbecken und Toilette, durch eine Schiebetür vom Zimmer getrennt, gehörten dazu. Der Kontakt zur Außenwelt war mit einer Rufanlage sichergestellt, über die jederzeit ein Bediensteter der Hauszentrale erreichbar war. Außerdem konnte er durch das vergitterte Fenster auf einen Freistundenhof schauen, drei Kiefern wuchsen dort, es gab eine Rasenfläche und ein kleines Basketballfeld. Ein gepflasterter Weg säumte den viereckigen Hof, er führte direkt am Gebäude und einem mehrere Meter hohen Metallzaun entlang; an seinem Rand standen ein paar Felsen und halbrunde Sitzbänke aus Stein. Magnus Gäfgen durfte seinen Haftraum eine Stunde am Tag in Begleitung von Sicherheitskräften verlassen und sich im Unterbringungshaus oder an der frischen Luft aufhalten, wenn seine Mithäftlinge unter Verschluss waren. Im Hof setzte er sich jedoch unweigerlich den Beschimpfungen jener aus, die hinter den Fenstern lauerten.

Alles, was zum Alltag in der Haftanstalt gehörte, blieb ihm verwehrt. Wenn morgens um halb acht die Gefangenen ihre Zellen verließen, um zum Friseur zu gehen, wenn sie an Sprach-, Mal- und Zeichenkursen teilnahmen oder einen Gottesdienst besuchten, im Kirchenchor probten oder beim Joga meditierten und sich beim Töpfern oder in der Seidenmalerei erprobten, blieb die Tür von Magnus Gäfgen geschlossen. Auch konnte er nicht wie die übrigen Inhaftierten zweimal in der Woche Sport treiben; den Fußballplatz, der auch zum Joggen groß genug war, würde er nie betreten, in der modernen Sporthalle nicht mit den anderen Handball, Basket- oder Volleyball spielen; das Becken einer blitzsauberen Schwimmhalle mit bullaugenförmigen Fenstern würde er nicht durchziehen und in dem Fitnessraum keine Gewichte stemmen. Er konnte sich die Zeit auch nicht mit Gärtnerarbeit vertreiben oder darauf hoffen, einen anderen der 300 begehrten, da bezahlten Arbeitsplätze in der Küche oder Bücherei, im Haus oder in der Werkstatt zu bekommen. Einmal in der Woche war es den Häftlingen gestattet, in einem Gefängnisshop einkaufen zu gehen – für maximal 51 Euro, die über einen Einkaufsschein von ihrem Konto abgebucht wurden. Als Gefangener mit besonderen Sicherungsmaßnahmen musste Magnus Gäfgen sich auf den so genannten »Tüteneinkauf« beschränken, wozu er im Haftraum einen Bestellschein ausfüllte und die Besorgungen einem Bediensteten überließ.

In seinen vier Wänden durfte er, wie jeder andere Insasse der Anstalt, einen Fernseher, die Sony-Playstation 1 und einen Radiorekorder haben; Computer waren verboten, der Gesetzgeber erlaubte allerdings Schreibmaschinen ohne Speicher. Aus der Bibliothek konnte er Bücher oder Sprachkassetten bestellen. Jede Stunde wurde ihm die Aufmerksamkeit eines Bediensteten zuteil, der in einem Kurzbesuch herauszufinden suchte, wie wahrscheinlich es war, dass er sich selbst umbringen würde, und ob es weiter bei der stündlichen Lebendkontrolle bleiben sollte oder nicht doch eher eine Videoüberwachung geboten schien. Ab und an betrat auch ein Psychologe seinen Raum, da Magnus Gäfgen aber noch nicht verurteilt war, ging es in den Gesprächen nie um die Aufarbeitung der Tat, sondern mehr um das Befinden des Häftlings. Häufig tat ihm der Kopf weh, er hatte Magenschmerzen und konnte nicht schlafen. Wenn er dann endlich wegdämmerte, quälten ihn Albträume, in denen er davonlaufen wollte, aber nicht von der Stelle kam. Ständig war er müde und fühlte sich schlapp.

Im Grunde war Magnus Gäfgen 24 Stunden am Tag mit sich allein.

Alle zwei Wochen durfte er für eine Stunde Besuch empfangen, höchstens drei Personen waren erlaubt, meist kamen Mutter und Bruder. Den Besucherraum betraten und verließen der Inhaftierte und die ihn Besuchenden durch zwei verschiedene Türen. Wer von außen kam, durchschritt eine luftige Empfangshalle, die von einer Empore mit hölzernem Geländer umzogen war. In der Mitte der Halle befanden sich ein Wasserbecken und Blumenbeete, die in den hellgrau gefliesten Boden eingelassen waren. Magnus Gäfgen konnte nicht sehen, woher seine Besucher kamen – und sie wiederum nicht, was hinter der Tür lag, aus der er den fensterlosen Raum betrat.

In dieser einen Stunde nach 14 Tagen war Magnus Gäfgen nicht allein mit seinen Angehörigen. Ein Bediensteter saß dabei, sah und hörte aufmerksam zu. Und nach diesen 60 Minuten gab es für den Häftling wieder nur noch eine Möglichkeit sich mitzuteilen: per Brief. Doch auch in diesen durfte er seine Gedanken nicht verschließen, jedes Schreiben wanderte offen und frankiert in einem blauen Umschlag über den Tisch des Richters oder Staatsanwaltes.

Einmal teilte sich Magnus Gäfgen der Öffentlichkeit über ein Interview des *Tagesspiegels* mit, das der Vorsitzende Richter der Schwurgerichtskammer, Hans Bachl, genehmigt hatte, und bereitete damit seinen Eltern Sorgen, die meinten, er würde provozieren. Magnus Gäfgen hatte die Fragen schriftlich in seiner Zelle beantwortet. Dort tippte er in seine Schreibmaschine die Worte »Leere und Verzweiflung«, die er fühlte. »Es ist auch eine Mischung aus Selbsthass und Selbstverachtung auf der einen Seite, aber auch Ratlosigkeit, Verzweiflung und Fassungslosigkeit über dieses schreckliche, sinnlose Verbrechen andererseits und natürlich riesiges Mitleid für alle, denen ich damit so viel Leid angetan habe.« Er schrieb, dass er Jakob immer vor Augen hätte, dass alle Gedanken sich um ihn drehten und darum, wie das passieren konnte. Davon dass es ihm unmöglich sei, die Bilder mal zur Seite zu schieben. »Ich denke an nichts anderes.« Er bekannte, noch einen langen Weg vor sich zu haben und in seiner Situation, außer der verzweifelten Suche nach Antworten und Erklärungen, alles infrage zu stellen, »auch dies, wovon man bisher sicher überzeugt war«. Er berichtete aber auch, dass die anderen Gefangenen ihn immer stärker bedrohten, und fügte eine Begründung an: »Durch die Medien weiß ja jeder hier, wer ich bin und was ich getan habe, und gerade durch einen Teil der Frankfurter Medien ist der Hass ja massiv geschürt und die Hetzjagd angetrieben worden.« Und er tat kund, wie traurig es ihn mache, dass man sich auf das Bild festgelegt habe, dass er »ein Monster« sei, weil er etwas so Schreckliches getan habe. Hierfür kritisierte er den Professor Norbert Leygraf vom Institut für Forensische Psychiatrie der Universität-Gesamthochschule Essen, der das psychologische Gutachten über ihn erstellt hatte: »Die Medien lechzen nach einem Monster, er hat es ihnen gegeben.« Seiner Ansicht nach hätte Leygraf besser der Frage nachgehen sollen, wie es denn dazu kommen konnte, dass »ein Mensch mit offensichtlich guten Seiten und allen Perspektiven ein solch schreckliches wie sinnloses Verbrechen begehen kann«. Um das Gutachten zu erstellen, hatte man Magnus Gäfgen für zehn Tage in die Justizvollzugsanstalt Münster verlegt. Die Bedingungen, unter denen die Gespräche dort stattfanden, waren überaus schwierig. Die anderen Patienten wussten über ihn Bescheid und waren dem Kindermörder alles andere als wohlgesinnt, daher musste er von ihnen ferngehalten werden. Und da es an Bediensteten fehlte, war es nicht einmal möglich, ihn hin und wieder für ein Stündchen aus der Zelle zu holen, so dass er sich, einzeln beaufsichtigt, die Beine hätte vertreten können. Magnus Gäfgen blieb daher – abgesehen von den Untersuchungszeiten – ununterbrochen hinter Schloss und Riegel. Zudem stand ihm kein Fernseher zur Verfügung, und Bücher hatte er auch nicht mitgenommen.

Trotzdem soll er stets freundlich geblieben sein und nicht geklagt haben. Ja, sogar Verständnis habe er gezeigt für die Situation. Äußerlich waren den Psychologen die vollständig abgeknabberten Fingernägel ihres Patienten aufgefallen, worauf sie auch vor Gericht hinwiesen. Zu seiner modischen Aufmachung standen sie in deutlichem Kontrast. Ansonsten machte Magnus Gäfgen auf sie keinen besonders bedrückten Eindruck, sondern wirkte rational und zeigte kaum Gefühle. Nur einmal fragte er den Gutachter, ob er sich vorstellen könne, dass man auf einmal Dinge tue, die man nie von sich gedacht hätte – und weinte.

Magnus Gäfgen nutzte das Interview mit der Zeitung und damit seinen viel beachteten Auftritt in der Öffentlichkeit zuletzt auch zur Kritik am Rechtsstaat. Das Verfahren gegen den Frankfurter Polizeivizepräsidenten werde »verschleppt«. – »Was soll man von einem Ermittlungsverfahren halten, in dem zehn Monate nach der Tat noch nicht mal der geschädigte Zeuge gehört wurde? Das Gericht verurteilt mich neben dem Mord auch wegen falscher Verdächtigung – dass diese durch Folterandrohung erpresst wurde, will das Gericht noch nicht einmal überprüfen. Genauso wie zu den Misshandlungen bei der Festnahme durch das Mobile Einsatzkommando weder meine damalige Freundin noch ich vor Gericht etwas aussagen durften. Das sollte doch schon nachdenklich stimmen. Das alles ändert nichts an meinem schrecklichen Verbrechen an Jakob. Vielleicht habe ich auch kein moralisches Recht, mich über diesen Justizskandal zu beschweren; aber jeder rechtsstaatlich denkende Mensch sollte hier sehr hellhörig werden, welcher Weg hier eingeschlagen wurde.«

Was Magnus Gäfgen von Recht verstand, hatte er schon vor diesen Äußerungen unter Beweis stellen können. Fünf Monate nachdem er Jakob getötet hatte, am selben Tag als die Staatsanwaltschaft gegen ihn Mordanklage erhob, legte er im Gefängnis die mündliche Prüfung zum ersten juristischen Staatsexamen ab. Er hatte darauf gedrungen, das Studium beenden zu können, und das Justizprüfungsamt hatte keine Möglichkeit gesehen, seinen Antrag zurückzuweisen. Der Student im 13. Semester hätte, solange seine Schuld nicht rechtskräftig festgestellt sei, vor dem Verwaltungsgericht die Teilnahme an der mündlichen Prüfung mit Hinweis auf sein Grundrecht der freien Wahl der Ausbildung einklagen können, argumentierten die Rechtsexperten. Kurzzeitig überlegten die Juristen zwar, ob die Situation im Gefängnis für Prüfer wie Geprüften nicht derart belastend sei, dass eine objektive Beurteilung ausgeschlossen werden müsse, doch letztlich schlugen diese Erwägungen nicht durch. Der Präsident des

Justizprüfungsamtes, Hermann Stephan, fuhr persönlich nach Weiterstadt und leitete die in der Geschichte der Juristenausbildung vermutlich ungewöhnlichste Veranstaltung. Magnus Gäfgen beantwortete Fragen unter anderem aus dem Zivil-, Verwaltungs- und Strafrecht und bestand die Prüfung mit der Note »befriedigend«. Sein Anwalt empfahl ihm daraufhin, während des Strafvollzugs zu promovieren. Als verurteilter Mörder würde er zwar niemals Richter, Staatsanwalt oder Beamter werden können, aber Anwalt.

Nach Ansicht einer Psychologin in Weiterstadt könnte ihm sein Abschluss auch innerhalb der Gefängnismauern eines Tages zugute kommen, er verfüge damit über Kompetenzen, die andere nicht besäßen, woraus sich möglicherweise wieder Kontakte entwickelten. Magnus Gäfgens frühere Freundin Vanessa ist überzeugt, dass Maggi, wenn ihn erst einmal »alle durch hätten«, sogar im Knast der Chef werde.

Im Strafvollzug ist die Zeit der Isolation für den Kindermörder vorbei. Er wird mit zu hohen Haftstrafen verurteilten Straftätern arbeiten und essen, mit ihnen Sport treiben und duschen. In Weiterstadt sahen sich die Bediensteten einmal gezwungen, Magnus Gäfgen in einen abgelegeneren Haftraum zu verlegen, denn den Gefangenen war es trotz der besonderen Sicherungsvorkehrungen gelungen, Urinbeutel durch sein Fenster zu werfen.

Verurteilt

> **Mir hilft keine Lüge vor mir selbst.**
>
> ***Magnus Gäfgen, vor Gericht***

Frau Gäfgen saß zu der Stunde, in der ihr Sohn zum Kindermörder erklärt und zur Höchststrafe verurteilt wurde, mit Perücke im Publikum des Frankfurter Landgerichts, wie ein Vertrauter der Familie erzählte. Sie war bei ihrem Sohn, auch wenn er sie nicht sehen konnte. Durch eine dicke Glasscheibe, die den Zuschauerraum vom Gerichtssaal trennte, verfolgte sie jede Regung des jungen Mannes auf der Anklagebank, den sie in die Welt gesetzt und für den sie das Beste gewollt hatte. »Ich habe mein Kind verloren«, sagte sie einmal. »Der Magnus, den ich geliebt habe, ist tot. Für den anderen Magnus, der im Gefängnis sitzt, muss ich jetzt da sein.« Und dann bemerkte sie noch: »Er hat nicht nur ein Leben zerstört.«

Sie hatte ihren Job als Kindergärtnerin zunächst aufgegeben. Die Mutter eines Mörders konnte doch nicht als Erzieherin wirken! Wenn sie einen kleinen Jungen sah, schauderte es sie. Aber dann hatten alle Kolleginnen gedrängt, sie möge wiederkommen. Auch der Verantwortliche von der Gemeinde St. Aposteln schätzte ihre Arbeit. Sie habe etwas Mütterliches, wahre jedoch zugleich die notwendige Distanz zu den Kleinen. Die Kinder fühlten sich bei ihr geborgen, aber auch geführt. Zwei Eltern wollten ihre Kinder aus der Gruppe von Frau Gäfgen holen. Doch die Kollegen ließen sich nicht beirren. Oft reichte ein Blick am Morgen in Frau Gäfgens Augen, um zu sehen, welche Abgründe sie in der Nacht durchlaufen hatte. Die Mitarbeiter des Kindergartens waren sich einig: Es durfte nicht auch für sie ein »lebenslänglich« geben.

Magnus wagte es nie, nach rechts zu schauen, dorthin, wo die Öffentlichkeit lauerte. Meist saß er unbeweglich an seinem Platz, einen Arm aufgestützt, den Daumen am Kinn, einen Finger über dem Mund. Seine Handgelenke waren so schlank und knochig, dass sie kaum geeignet schienen, die Last des Kopfes zu tragen. Handschellen um dieses zerbrechliche Gebilde wirkten übertrieben, ebenso wie die Polizisten an seiner Seite, wenn sie ihn in den Saal geleiteten. Schlaksig kam er daher, unsicher im Schritt, wie einer, der am liebsten unsichtbar wäre. Er konnte unmöglich zu den Zuschauern schauen. Das aufzunehmen, was ihm all die Menschen übermitteln wollten, die ihre Blicke auf ihn gerichtet hielten, ihn schier durchbohrten, wäre kaum zu ertragen gewesen. Und bis er seine Mutter finden würde, hätte er in viele Augen sehen müssen.

Um Frau Gäfgen herum drängten sich die Besucher. Der Zuschauerraum war bis auf den letzten Platz besetzt. Wer dort unterkam, hatte sich zeitig in die Schlange vor dem Landgericht gestellt, die sich an diesem letzten Prozesstag besonders lang an der Konrad-Adenauer-Straße hinzog. Sogar Medienvertreter, die sich nicht akkreditiert hatten, mussten draußen bleiben.

Im Sud der Schlagzeilen spiegelte sich, was die Menschen von dem Täter hielten: »Ein Verbrechen ohne Beispiel«, »Verachtenswert auf tiefster Stufe«, »Heimtückischer Mord aus Habgier«, »Da kommt einem die Galle hoch«. Die *BILD* glaubte zu wissen: »In seiner Welt ist kein Platz für Schuldgefühle und Reue«, und rief dem Angeklagten zu: »Mach die Augen auf, Mörder, du wirst endlos büßen!« Frau Gäfgen hörte sich an, was die Leute um sie herum tuschelten, wie sie das Geschehen vor Gericht kommentierten. Und sie bekam die Stimmung zu spüren, die sich am Tag nach dem Urteil in der Überschrift einer Boulevardzeitung ballte: »Schweig für immer, Kindermörder«.

Am letzten Verhandlungstag war es so gut wie sicher, dass Magnus Gäfgen zu einer lebenslangen Freiheitsstrafe verurteilt würde. Aber stellte das Gericht auch die besondere Schwere der Schuld fest? Oder war es seinen Verteidigern Hans Ulrich Endres und Stefan Bonn gelungen, sich gegen die Staatsanwaltschaft mit dem milderen Urteil durchzusetzen?

Vor Beginn des Prozesses hatte es einige Unruhe gegeben, nicht nur, weil der Angeklagte durchgesetzt hatte, dass Fotografen und Fernsehteams ausgesperrt werden müssten, bevor er den Saal betrat. Nein, mancher Rechtsexperte munkelte etwas von dem größten Unfall der deutschen Justizgeschichte. Und tatsächlich spielte sich am ersten Tag vor Gericht ab, was vielen ungeheuerlich erschien: Die Verteidigung verlangte, Magnus Gäfgen auf freien Fuß zu setzen. Soeben hatte die Staatsanwaltschaft noch zum Entsetzen der Besucher beschrieben, wie der Angeklagte mit dem toten Jakob im Kofferraum zur Villa der Familie von Metzler gefahren war und das Erpresserschreiben abgelegt hatte, in dem er versprach, dem Kind nichts anzutun, wenn seine Forderungen erfüllt würden. Und wie er anschließend die Leiche in einem Fischweiher versenkte. Da meldete sich Stefan Bonn zu Wort und beschuldigte den Polizei-Vizepräsidenten Daschner eines »Verbrechens«, das zu einer Einstellung des Verfahrens gegen Magnus Gäfgen führen müsse. Dem Angeklagten sei Folter angedroht worden, damit er verriet, wo er den entführten Jungen versteckt hielt. »Das war keine polizeiliche Notmaßnahme«, stellte er klar, sondern ein Verstoß gegen das Grundgesetz, die EU-Menschenrechtskonvention und die UN-Folterkonvention. Magnus Gäfgen nickte. Alles, was der Angeklagte in den Befragungen und Vernehmungen gesagt hatte, sei wertlos, denn weder die Staatsanwälte noch eine Richterin hätten ihn darauf hingewiesen, dass die unter Druck entstandenen Aussagen nichtig seien.

Das Gericht zog sich für zwei Stunden zur Beratung zurück.

Konnte es wagen, einen Mord an einem elfjährigen Jungen aus formalen Gründen für nicht sühnbar zu erklären?

Schließlich verkündeten die hohen Herren einen Kompromiss: Ein Verfahrenshindernis bestehe nicht, denn der Verstoß Daschners gegen das Rechtsstaatsprinzip könne nicht so gravierend sein, dass der Staat darauf verzichtete, eine schwere Straftat zu verfolgen. Und doch: Nichts von dem, was Magnus Gäfgen vor der Verhandlung gesagt habe, dürfe verwendet werden. Alle Aussagen seien null und nichtig, denn »die Folterandrohung war ein verbotenes Mittel« und ein »Verfassungsverstoß«, wie Richter Hans Bachl verkündete. Die Anwesenden im Saal hielten den Atem an, als er sich an den Angeklagten wandte: »Sie können heute völlig frei entscheiden, ob Sie nun noch etwas sagen wollen.«

Magnus Gäfgen konnte von seinem Schweigerecht Gebrauch machen. Die Justiz wäre gefordert, ihn anhand von Beweismaterial zu überführen. Oder auch nicht. Immerhin stellte das Gericht alle kriminaltechnischen Untersuchungen, die gesicherten Spuren und das Obduktionsergebnis nicht infrage. Vor Beginn des Prozesses hatte noch die Gefahr bestanden, dass als Folge von Daschners Drohung auch diese nicht in die Beweisaufnahme aufgenommen werden durften.

Als Rechtsanwalt Endres dennoch ein umfangreiches Geständnis seines Mandanten ankündigte, atmeten die Anwesenden auf. »Es wird die größte denkbare Entschuldigung an die Familie«, hob der Verteidiger hervor und erhoffte insgeheim, dass dieses Entgegenkommen wohlwollend berücksichtigt würde bei der Strafzumessung. Am Ende könnte auf die Feststellung der besonderen Schwere der Schuld verzichtet werden. Dann bestünde die Möglichkeit, dass Magnus Gäfgen im Alter von 43 Jahren wieder ein freier Mann war, mehr konnte man in Anbetracht der unwiderlegbaren Fakten und einer solchen Tat für seinen Mandanten nicht herausholen.

Einen Fall wie Magnus Gäfgen hatte Hans Ulrich Endres

noch nie übernommen. Stets betonte er die Diskrepanz zwischen der Persönlichkeit des Täters – einem Mann, dem jede Mutter ihre Tochter zum Besuch des Opernballs anvertrauen, mit dem man selbstverständlich ein Bier trinken würde – und dessen Verbrechen. Diese Unstimmigkeit bereite ihm »schlaflose Nächte«, tat er vor Gericht kund, dieser wollte er nachspüren. Finanziell lohne sich der Fall für ihn nicht, als Pflichtverteidiger bekomme er 310 Euro am Tag. Eine Summe, die sich lächerlich ausnimmt, wenn man seinen Worten Glauben schenkt, die sich in einem Porträt der *Berliner Zeitung* finden: »Sie müssen wissen, dass allein meine Praxis 17 000 Euro pro Monat kostet.« Zum ersten Mal habe er sich mit einem Freund und seiner Frau beraten, bevor er den Fall übernahm, heißt es dort weiter, und er begründete dies mit den Worten: »Ich hielt es für fair, die Sache mit meiner Frau zu bereden. Sie hat gesagt, dem Dreckschwein gehört der Kopf abgeschlagen, aber du bist Strafverteidiger, du musst wissen, was du tust.«

Endres ist Vater von drei Kindern. Recht spät hatte er sich dazu entschlossen, siebenundfünfzig Jahre alt war er, als der Prozess gegen Gäfgen begann, zwei, vier und fünf Jahre alt die Kinder. »Ich würde jeden umbringen, der meinen Söhnen etwas antut. Damit hätte ich kein Problem«, sagte Endres zu einem Journalisten der *Berliner Zeitung,* als sie mittags beim Italiener saßen. Er ließ die Bemerkung fallen zwischen Tagliatelle und Dessert. Und weitere Ansichten verriet er bei diesem Treffen: Wenn ein Mensch zum Tier werde, gebe es dafür Gründe. Keiner werde als Mörder geboren. »Man wird als Betrüger geboren, nicht als Mörder.« Nicht mehr hören könne er dieses Moralisieren, zu oft habe er diesen Anruf der Gerechtigkeit gehört. »Es gibt drei Berufe, die für eine funktionierende Demokratie wichtig sind: der freie Journalist, der freie Gewerkschafter und der freie Advokat.« Verteidigen habe nichts mit entschuldigen zu tun, als Anwalt sei man Fürsprecher, einer, der für seinen Mandanten spricht. »Sie dürfen niemals mit dem Herzen dabei sein. Sonst würden sie verzweifeln.« Schließlich notierte der Journalist noch: »Wenn wir herausbekommen, dass das, was der Magnus getan hat, in dieser Generation schlummert, die keinen Rückhalt mehr in einer Philosophie hat, für die Sein und Schein das Wichtigste ist, dann ist Magnus der Beginn einer Seuche.«

Vor Gericht trat Endres in Jeans und Cowboystiefeln auf. Als wäre er gerade vom Pferd gesprungen, leicht o-beinig und gertenschlank wie die meisten Reiter, durchstreifte er den Saal, als schlenderte er durch einen Saloon. Die Arme schwangen locker mit, es sei denn, die Hände stemmten gerade in den Hüften. Beim Nachdenken strich er sich gern durch das dichte, grau melierte Haar oder über den Schnurrbart. Stand ein Hindernis im Weg, bohrte er die Spitze seines Stiefels dagegen. Drehte ihn hin und her. Minutenlang. Wie ein väterlicher Freund und Beschützer saß er Magnus Gäfgen zur Seite, stand ihm im Rücken, lauschte ebenso stumm wie alle anderen, als der Angeklagte an dem Tag, an dem er den Beginn seines 29. Lebensjahres hätte feiern können, ein umfangreiches Geständnis ablegte. Magnus wusste auch, wann sein Opfer geboren war, er konnte sich dieses Datum leicht merken, denn Jakob hatte am selben Tag Geburtstag wie sein Bruder Achim.

Drei Stunden und zweiundvierzig Minuten schilderte Magnus Gäfgen, wie es zu dem Verbrechen kam, wie er es begangen hatte. In allen Einzelheiten legte er die Tat offen, schonte sich ebenso wenig wie die Prozessbeteiligten und die Zuhörer. Niemand unterbrach ihn. An manchen Stellen zitterte seine Stimme heftig. Einen Moment hielt er inne, als er von Katha sprach. »Ich liebte sie abgöttisch.« Seine Stimme versagte, er weinte und der Richter beraumte eine Pause ein. Hans Ulrich Endres nahm seinen Mandanten in die Arme.

Dann ging es weiter. »Mitleid erregend« wirkte der Angeklagte auf einen der Gerichtsreporter. Sein Schmerz über das, was er getan hatte, wirkte authentisch auf die Zuhörer. »Ich würde mein Leben dafür geben, wenn Jakob seines wiederbekommen könnte«, presste er schluchzend hervor und leise: »Ich weiß, was ich getan habe, ich weiß, dass ich Schreckliches getan habe, aber ich habe es nicht gewollt.«

Das Mitgefühl seiner Zuhörer währte jedoch nicht lange. »Dieses Arschloch«, entfuhr es einem Medienvertreter auf der Tribüne, als Magnus Gäfgen mit der »Alkoholgeschichte« aufwartete. Niemand nahm ihm ab, dass der Mord an Jakob nicht ebenso akribisch geplant war wie alles andere, sondern im Affekt geschah. Wer einen Intelligenzquotienten von 121 hatte – das Ergebnis einer der Untersuchungen durch die Psychologen, die den Wert als überdurchschnittlich bezeichneten, da nur neun Prozent der Gleichaltrigen auf einen höheren kämen –, konnte nicht ernsthaft glauben oder glauben machen, dass man einem Elfjährigen nur genügend Alkohol einflößen musste, um ihn alles vergessen zu lassen. Für wie dumm hielt der Angeklagte die Anwesenden? Auch Richter Bachl machte keinen Hehl aus seiner Ansicht: »Es fällt schwer, die Geschichte mit dem Alkohol nachzuvollziehen und ihr zu glauben.« Mit Nachdruck fragte er Magnus Gäfgen noch einmal: »War das wirklich Ihr Plan? Oder war es so, dass Jakob Sie kannte, Sie nicht verraten durfte und dies nur sicher war, wenn er nicht mehr lebte?« Der Angesprochene äußerte zwar Verständnis für die Zweifel des Gerichts, seine Darstellung müsse wie eine Schutzbehauptung klingen, das wisse er, aber es sei die wahrheitsgemäße Wiedergabe seiner damaligen Überlegungen.

Sogar seinem Verteidiger war unwohl. Er habe Magnus in Vorgesprächen darauf hingewiesen, wie unglaubwürdig die Version sei. Die *BILD*-Zeitung zitierte Endres: »Wir als Verteidiger sind uns nach langen Diskussionen mit unserem Mandanten einig, dass wir die Geschichte so nicht glauben werden. Wir haben ihm geraten, die Wahrheit zu sagen. Aber wenn das die Wahrheit ist, dann ist sie es halt.«

Der Mediziner und Toxikologe Prof. Dr. Gerhold Kauert stellte als Experte noch einmal klar, was allgemein bekannt ist: Ein Filmriss tritt nie rückwirkend ein. Jakob hätte sich an das erinnert, was geschah, bevor Magnus ihn mit Alkohol betäubt hätte. »In Ihrer Wohnung fand die Polizei keine einzige Flasche Wodka«, hakte Richter Bachl nach. – »Ich weiß auch nicht, wie ich das gemacht hätte. Vielleicht hätte ich an einer Tankstelle gehalten«, bekam er von Gäfgen zur Antwort.

Monate später, am 17. Juni 2003, korrigierte Magnus Gäfgen seine Alkoholgeschichte, nachdem er »mit sich ins Gericht« gegangen war, wie es sein Anwalt einleitend zu dem ergänzenden Geständnis seines Mandanten formulierte. Er sei zu der Erkenntnis gekommen, »dass man Unaussprechliches aussprechen muss«:

Er habe die Alkoholgeschichte erfunden, um vor sich selbst gerade stehen zu können, gestand er mit hoher dünner Stimme. »Um mich nicht noch mehr zu verachten, als ich es ohnehin schon tue.« Die Ausrede sei für ihn ein Krückstock gewesen. »Sie schadet mir heute mehr, als sie mir hilft.« Es sei ihm völlig unbegreiflich, wie gerade er so etwas tun konnte.

Richter Bachl hakte ein: »Wie wollten Sie denn verhindern, dass Jakob Sie verrät?«

»Das ist ja die Crux, dass für mich klar war, dass die naheliegendste Lösung für mich die des Todes wäre. Ich habe mich dagegen komplett gesperrt und mich an diese Alkoholgeschichte gehalten.«

»Haben Sie daran gedacht, Jakob zu töten?«

»Ja, ich habe den Tod Jakobs in Kauf genommen. Aber ich glaube nicht, dass mir dies so deutlich klar war.«

Der Gedanke an den Tod seines Opfers war Magnus Gäfgen zuwider, wie er mehrfach betonte. Er hatte ihn verdrängt, verabscheut. Doch der Plan, an dem er Tag für Tag in Gedanken gefeilt habe, »verselbstständigte« sich. »Die Geister, die ich rief, werd ich nicht mehr los«, meinte Endres diese Situation seines Mandanten in der Weltliteratur wiederzufinden. Magnus Gäfgen fand ein eigenes Bild: »Ich war im Prinzip meine eigene Marionette. Gefangen in dem, was ich geplant hatte. Es ging alles automatisch, von einem Schritt zum nächsten.«

Am Anfang seien es nur wirre Gedanken gewesen, erzählte er und seine Stimme zitterte wieder. Der Plan sei doch bloß ein Hirngespinst gewesen. Je ferner er diesem gewesen sei, desto ruhiger, sachlicher habe er planen und nachdenken können. Als das Opfer noch kein Gesicht hatte, habe er den Tod einkalkuliert. »Und als das Opfer dann ein Gesicht bekam, blieb der Gedanke in mir.« Immer widerwärtiger sei er sich selber geworden. Nun erkannte er: »Ich bin doch das, was ich mir nie eingestehen wollte.«

Magnus Gäfgen kämpfte gegen ein Schluchzen, konnte kaum noch weitersprechen. Nach der langen Zeit des Vorbereitens, nachdem er alles zigmal von Minute zu Minute durchgespielt habe, Szene um Szene, habe er nicht mehr bewusst handeln können. »Zuletzt war ich komplett überrascht«: Aus dem Hirngespinst war Realität geworden.

Dennoch, den Tod Jakobs habe er ausgeblendet. Seine präzisen Planungen hätten damit geendet, dass er Jakob fesselte. »Mit dem Rest wollte ich mich gedanklich nicht auseinander setzen.« Vergeblich bemühte sich die Staatsanwaltschaft, vom Angeklagten klar und deutlich das zu vernehmen, was sie sinngemäß hören wollte: »Ja, ich hatte den Mord an Jakob geplant, von langer Hand mit kaltem Blut.« Magnus Gäfgen weigerte sich bis zum Schluss, sich mit seiner eigenen Tat zu identifizieren. »Ich wollte es nicht, aber mir war wahrscheinlich klar, dass es passieren würde«, brachte er als Äußerstes hervor. Und: »Der Gedanke an den Tod stand durchaus im Raum, doch ich glaube nicht, dass es mir klar war, dass ich es tun müsste.«

Der Angeklagte sei kein Berufskrimineller, bemühte sich

Endres, »sondern jemand, dem wir zurufen möchten: ›Hör auf, lass es gut sein!‹«. Doch inzwischen gebe es nur noch ein »Zerrbild« des Angeklagten in der Öffentlichkeit, ja, er werde geradezu als Monster geschildert. »Wenn er weint, wird ihm das als Selbstmitleid ausgelegt, wenn er versucht, unauffällig zu sein, dann wirft man ihm Gefühlskälte vor.« Dabei werde Magnus Gäfgen sein Leben lang unter der Tat leiden.

Dem pflichtete gewissermaßen der Psychologe Professor Norbert Leygraf bei, der ein Gutachten des Angeklagten angefertigt und vorgetragen hatte: »Wenn Gäfgen eine nichtaggressive Möglichkeit gehabt hätte, an Geld zu kommen, hätte er es gemacht.« Aus langjährigen Erfahrungen mit anderen Tätern wusste Leygraf, dass »Planungslücken« keine Seltenheit waren. Wenn die Pläne mit Normen in Konflikt kämen, werde es oft diffus. Bestimmte Dinge male man sich nicht gerne aus, man mute sie sich nicht zu. Die Tötung eines Kindes zum Beispiel. »Wie das genau abläuft, stellt man sich lieber nicht vor.« Nur ganz abstrakt denke der Täter über so etwas Grausames nach, etwa dergestalt: Das Kind muss wahrscheinlich sterben.

»Es ist ein riesiger Sprung hin zu diesem Delikt«, Gäfgen habe sich in einer massiven inneren Konfliktsituation befunden, das Bild des freundlichen jungen Mannes aufrechterhalten wollen. Er habe das Bild des völlig Unaggressiven, des Lieben in der Öffentlichkeit transportiert. Er sei den »Weg der schrittweisen Selbstkorrumpierung« gegangen. Niemand beschäftige sich gern mit seinen Fehlern. »Niemand von uns ist so toll, wie er gerne sein möchte, aber normalerweise ertragen wir die Diskrepanz.«

Dass Magnus Gäfgen zu Handlungen fähig war, die man ihm nicht zugetraut hätte, hielt das Gericht schließlich auch im Urteil fest. Er hatte Freunde und Bekannte bestohlen; die Aussage von Florian Klasen, dass der Angeklagte gedroht habe, ihn umzubringen, wenn er sich nicht mit ihm träfe, wurde durch die Unterlassungsaufforderung des Rechtsanwalts der Familie Klasen aus dem Jahr 1994 untermauert, die Richter Bachl während einer Sitzung verlas. Die Erklärung des Verteidigers, Gäfgens Drohung an Florian könne auch als »verzweifelter Hilferuf« verstanden werden, aus »Gier nach Liebe«, überzeugte keinen der Urteilenden. Und noch etwas stellte sich im Laufe des Verfahrens heraus: Die Staatsanwaltschaft hatte schon einmal gegen Magnus Gäfgen ermittelt, wegen der »Androhung eines gemeingefährlichen Verbrechens«. Das Verfahren war nach Zahlung einer Geldbuße in Höhe von 500 Mark eingestellt worden. Der Beschuldigte hatte seinerzeit ohne viel Aufhebens die Strafe akzeptiert, woraufhin die Staatsanwaltschaft von der Erhebung einer öffentlichen Klage absah. »Ich wollte das vom Tisch haben«, sagte Magnus Gäfgen.

Es war laut Urteil am 20. April 2001, etwa eineinhalb Jahre bevor Magnus zum ersten Mal in seinem Leben gewalttätig wurde. Der damals 26 Jahre alte Student hatte mit seinen Kumpeln ordentlich einen gekippt, doch offenbar noch nicht genug. Mehr Alkohol musste her, und beseelt von dem Bedürfnis nachzuschütten, begab er sich, in Begleitung von Freunden, zu einer BP-Tankstelle in Sachsenhausen. Als die Gruppe das erste Mal dort einkehrte, erhielten sie noch das Gewünschte. Als sie kurz darauf aber ein zweites Mal erschienen, weigerte sich der Tankstellenpächter, den jungen Männern noch mehr alkoholische Getränke zu verkaufen. Es gebe nur etwas für Leute, die auch tankten, argumentierte er. Magnus spazierte daraufhin aus dem Kiosk auf eine Zapfsäule zu und spritzte etwas Benzin auf den Boden. Jetzt habe er ja getankt, verkündete er. Der Pächter rief die Polizei. Bevor Magnus die Tankstelle verließ, wischte er das verspritzte Benzin vom Boden wieder auf. In der Nacht aber rief er den Pächter an. Er habe einen großen Fehler gemacht, bekam dieser zu hören. »Morgen brennt die Bude.«

»Der Angeklagte ist in Wirklichkeit noch viel grausamer, als wir gedacht haben.« Mit diesem Satz beendete Nebenkläger Eberhard Kempf sein Plädoyer, in dem er Magnus Gäfgen vorwarf, heimtückisch, aus Habgier und zur Verdeckung einer Straftat gemordet zu haben, während Endres und sein Mitverteidiger Stefan Bonn die Ansicht vertraten, als Mordmerkmal komme ausschließlich Heimtücke in Betracht. Seine Tonlage hatte der Staranwalt, der die Eltern des Opfers vertrat, auch in diesem letzten Satz nicht verändert. Der Neunundfünfzigjährige blieb immer sachlich und ruhig, sein Vortrag war monoton und frei von Emotionen. Gar nichts schien er mit seinem Gegenpart Endres gemein zu haben, dem Showman in Cowboystiefeln, der sich zu seinem prominenten Mandat auch in einer TV-Runde äußerte und seinen Blick mitunter erwartungsvoll zur Pressetribüne wandern ließ; der die Emphase pflegte und der Dramatik seiner Worte mit der entsprechenden Körpersprache Nachdruck verlieh. Kam Endres wie ein Revoluzzer daher, trat Kempf wie der Vertreter eines Kirchenvorstands auf, scheinbar konservativ bis in die Knochen, aber mit einer Vergangenheit, die diesen Eindruck Lügen straft: Einst Mitglied beim Kommunistischen Bund Westdeutschland kämpfte er für Vertreter einer Szene, die sich damals gegen den Staat zur Wehr setzte. Mit so viel Erfolg, dass sich unterdessen nicht mehr viele seine Dienste leisten können, sondern vor allem jene, gegen die er einst angetreten war: Politiker und Wirtschaftsbosse.

Kempf bewegte sich kaum, hob nicht die Stimme, wenn er dem Angeklagten ein »kaltblütiges, planvolles Vorgehen« vorwarf, wenn er beschrieb, mit welcher Rücksichtslosigkeit der Täter seine Intelligenz einsetzte, wie brutal er vorging, mit welcher Dreistigkeit er gegen jene agierte, die nicht so wollten wie er; in seinem Geständnis habe Gäfgen doch nur den äußeren Ablauf beschrieben, lediglich das, was nicht mehr zu leugnen war. Katharina habe er gekauft, »sie war Teil seiner Außendarstellung«, und letztlich habe der Angeklagte auch noch behauptet, dass sie es gewesen sei, die ihn zur Tat getrieben habe. So wie der Plan, der ihn angeblich zu etwas gezwungen habe, was er eigentlich nicht wollte, wie Jakobs Verhalten in den letzten Minuten vor seinem Tod. »Das Opfer ist am Ende selber schuld.«

Magnus Gäfgen bat die Richter inständig, von der Feststellung der besonderen Schwere der Schuld abzusehen. »Ich bitte um Strafe, aber keine, die mich vernichtet«, flehte er in seinem Schlusswort. Am 28. Juli 2003 – knapp vier Monate dauerte der Prozess – wurde er zur Höchststrafe verurteilt. Das Frankfurter Landgericht erkannte auf besondere Schwere der Schuld.

Sein umfassendes Geständnis wirkte sich nicht auf das Urteil aus und das widersprach damit Endres Ansicht, dass die Bedrohung seines Mandanten durch Daschner als schuldmindernd hätte berücksichtigt werden müssen. »Das möglicherweise rechtswidrige Verhalten des Polizeivizepräsidenten Daschner und des Kriminalbeamten (...) kann (...) nicht die Tragweite entfalten, die Tatschuld des Angeklagten, der seinerseits anderen Menschen und damit der Rechtsgemeinschaft schwersten Schaden zugefügt hat, als weniger schwer zu gewichten«, hieß es in dem Urteil.

Endres kündigte schon einen Tag vor der Entscheidung im Magazin »Focus« an, vor den Bundesgerichtshof nach Karlsruhe zu ziehen, falls sein Mandant zur Höchststrafe verurteilt würde. Dann, so zitiert ihn Deutschlands berühmteste Boulevardzeitung, »ist Magnus in drei Jahren frei«.

Der Bundesgerichtshof wies die Revision als »offensichtlich unbegründet« zurück. Endres reichte Verfassungsbeschwerde beim Bundesverfassungsgericht ein. Durch die Androhung von Gewalt sie die Menschenwürde seines Mandanten verletzt worden, argumentierte er.

Gäfgen fühlte sich vom Rechtsstaat ungerecht behandelt. Auch der Psychologieprofessor hatte seiner Meinung nach versagt, denn sein Gutachten habe kaum dazu beigetragen, dass auch er selbst verstehen könne, warum er die Tat begangen habe. Schließlich war es doch nicht so geplant, wie es endete.

Ruhe

> **Hallo Jakob, ich bin das Mädchen, das dich heimlich auf dem Pausenhof immer beobachtet hat. Ich liebe dich. Viel Spaß.**
>
> *Unbekannt, aus dem Kondolenzbuch*

Jakob begrüßte Magnus schon von der Ferne. Kurz vor der S-Bahn-Unterführung trafen sie zusammen. »Hey, Jakob, gut dass ich dich treffe«, sagte Magnus wie geplant. »Elena hat gestern eine Jacke bei mir vergessen. Würdest du ihr die mitnehmen? Ich fahre dich dann auch nach Hause.« Jakob wunderte sich womöglich einen Moment, dass seine Schwester doch zu Maggi in die Wohnung gegangen war, aber sie musste ihm ja auch nicht alles erzählen. Er nickte. So viel Zeit musste sein. Und wenn Maggi ihn anschließend heimbringen würde, wäre er noch rechtzeitig zum Mittagessen da. »Ja klar«, sagte er und machte kehrt.

Nebeneinander gingen sie am Wienerwald vorbei, und Magnus setzte alles daran, Jakob im Gespräch zu halten.

Nur keine Sekunde Stille.

»Und wohin fahrt ihr in den Urlaub?« – Jakob plauderte drauflos: Mit George und Cyril nach Paris, zu Elodie, weiter, bis ans Meer …

Magnus nahm nur wahr, dass der Junge redete. Er vermied es, ihm ins Gesicht zu schauen, in die Augen, die vor Freude strahlten über das, was er bald zu erleben glaubte. Stattdessen sah Magnus sich um. Suchte die gegenüberliegende Straßenseite ab, musterte die Passanten, die zu Tengelmann strebten, an der Bushaltestelle warteten. Vielleicht treffen wir ja jemanden, der Jakob kennt oder mich. Vielleicht steht gleich jemand vor uns, grüßt. Dann könnte ich nicht weitermachen.

Jakob war verstummt und blickte fragend zu ihm auf. Magnus hatte keine Ahnung, wovon er gesprochen hatte, lächelte aber zu ihm hinab und erkundigte sich nach seinen Lehrern, von denen einige ja auch ihn unterrichtet hatten. Und schon schwätzte das Kind weiter. Das Handy. Es könnte doch klingeln, jetzt, dachte Magnus. Warum rief niemand an, der ihn auf der Stelle bräuchte. Oder Jakob. Der hatte doch ganz sicher auch eins. Es gab doch keine Kids mehr, die nicht mit Handy herumliefen. Wenn bloß jemand den Jungen anrufen würde, wo er denn steckt. »Bin mit Maggi unterwegs«, würde Jakob sagen, und alles wäre gelaufen. Er würde allerdings auch erzählen, dass er eine Jacke von Elena mitnehmen sollte …

Die drei Minuten Fußweg bis zu seiner Wohnung waren ein schier endloser Marsch.

Im Wohnzimmer stellte Jakob seinen Rucksack vor sich ab und öffnete ihn, um Elenas Jacke einzupacken. Da begann sich in Magnus' Kopf alles zu drehen. Keinen klaren Gedanken konnte er mehr fassen. Mein Plan … ruhig bleiben … mach keinen Fehler … Katha … du bist am Ende … Wie ein Wahnsinniger begann er in der Wohnung hin und her zu laufen, tat so, als suchte er die Jacke, die es nicht gab, während Jakob plapperte wie ein Wasserfall. Warum ruft denn niemand an? Warum steht nicht plötzlich jemand vor der Haustür? Ich könnte aufhören, schoss es ihm durch den Kopf. Jakob erzählte von der Eintracht und sah sich dabei neugierig die Fotos an der Wand an: Magnus zwischen Freunden …

Nicht aufhören.

Wie willst du erklären, dass du Jakob in die Wohnung gelockt hast?

Verdammt, konzentriere dich.

Auf den Plan. Einfach nur dem Plan folgen. Wie im Tunnel …

Magnus ging zu dem Tisch im Wohnzimmer. Unter diesem befanden sich zwei Streifen Klebeband. Sie klebten dort, seit der Erpresserbrief in der Schublade lag.

Eine Weile stand er einfach nur vor dem Tisch. Stumm. Jakob schräg hinter ihm.

Er griff unter den Tisch und zog einen Klebebandstreifen ab. Langsam drehte er sich um und klebte ihn Jakob über den Mund. An den Augen des Jungen sah er, dass er das für einen Scherz hielt. »Hast du ein Handy?«, fragte Magnus. Mit den Händen gab Jakob ihm zu verstehen, dass er keines habe.

»Dann gingen bei mir die Scheuklappen runter, und ich habe meinen Plan abgespult«, gestand Magnus vor Gericht.

Mit sanfter Gewalt legte er Jakob über das Knie bäuchlings auf den Boden. Es war so einfach. Er war ja noch ein Kind.

»Jakob, es ist ernst.«

Da begann sich das Kind zu wehren. Magnus lehnte sich auf ihn, drückte ihm die Hände auf dem Rücken zusammen und fesselte sie mit Klebeband. Dann umwickelte er auch die Füße. Dabei sprach er unentwegt auf Jakob ein, immer eindringlicher, denn der Junge zappelte und stieß verzweifelte Laute aus. »Jakob, sei ruhig«, zischte Magnus. Vergeblich. Das Kind beruhigte sich nicht, schien vielmehr außer sich. So hatte Magnus einen Menschen noch nie erlebt. Er erschrak. »Hab keine Angst. Es passiert dir doch nichts«, wiederholte er unentwegt. Und als dies auch keine Wirkung zeigte: »Du siehst doch, dass es nichts bringt.« Ihm brach der Schweiß aus. »Hör auf, Jakob. Bitte, bitte hör doch auf!«, flehte er, aber Jakob schien nicht mehr erreichbar. Magnus drückte ihm die Hand auf den Mund, redete und redete – und bekam auf einmal keine Luft mehr. Er ließ von Jakob ab und stand auf, konnte sich aber kaum gerade auf den Beinen halten. Ihm war schwindelig. Wie benommen torkelte er durch den Raum und hoffte, Jakob würde sich beruhigen, wenn er Distanz wahrte, wenn er ihn nicht mehr festhielte.

Aber Jakob gab keine Ruhe. Es ging immer weiter. Wie sollte er ihn so durch das Treppenhaus tragen? Magnus lief hin und her. Beugte sich noch einmal zu ihm hinab und redete auf ihn ein. Immer lauter: »Sei ruhig, Jakob, sei endlich ruhig. Es passiert dir nichts!« Doch auch Jakob wurde nur noch lauter, versuchte mit aller Kraft zu schreien, sich von den Bändern zu befreien … Was mache ich, wenn die Nachbarn das hören? Wie soll ich das hier erklären, wenn jemand kommt?

»Ich wusste nicht, was in meinem Plan vorgesehen war, dass Ruhe ist. Dass es Ruhe gibt. Ich musste diese Ruhe haben«, sagte Magnus rückblickend. »Den Rest habe ich nur noch als Bilder im Kopf, als ob eine Kamera in der Decke sei.«

Er kniete neben Jakob. Und weinte.

Dann nahm er noch einen Klebestreifen.

Es musste jetzt Ruhe sein.

Er klebte Jakob das Band über die Nase. Drückte ihm wieder den Mund zu. Dann auch die Nase. Packte ihn fest am Hals. Würgte, schüttelte das Kind, drehte es vom Bauch auf die Seite.

»Das Würgen brachte auch nichts. Ich habe noch nie einen Menschen gewürgt, ich wusste gar nicht, wie das geht. Ich habe dann das Würgen auch wieder gelassen, das war auch sehr kurz«, sagte Magnus später aus.

Wieder kniete er neben seinem Opfer. Schluchzend. Aber ohne seine Hand vom Gesicht des Kindes zu nehmen. Dann lehnte Magnus seinen Kopf an Jakobs Kopf, minutenlang, und bat ihn, endlich ruhig zu sein.

»Nachdem ich ihn gewürgt hatte, habe ich ihn einmal im Halsbereich geschlagen. Seitlich, mit der Faust«, meinte sich Magnus später zu erinnern. »Es war nicht effektiv. Ich wusste gar nicht, wie das Schlagen geht.«

Die Hand blieb auf Mund und Nase liegen. Es schien, als würde sich das Klebeband schon lösen.

Noch eine Minute.

Dann wurde Jakob langsam ruhiger. »Schlaf, Jakob. Bitte schlaf«, flehte Magnus. Jakob zappelte nicht mehr.

Magnus beobachtete, wie das Kind noch mit den Augen zwinkerte, während es immer ruhiger wurde.

Bis es ganz ruhig war.

In seinem Geständnis sagte er, er habe keine Gewalt anwenden, sondern Jakob Schritt für Schritt erklären wollen, was er vorhabe. Damit er keine Angst bekäme. »Ich meine zu wissen, wie man mit Kindern umgeht.«

Danksagung

Ich danke demjenigen, der mir die Möglichkeit eröffnete, dieses Buch zu schreiben, meiner Agentin, die mich so einfühlsam unterstützte, und meinem Motivator; ich danke jenen, die vertrauten und riskierten, die sich nicht vor Scham und Tränen scheuten, und allen, die mich im vergangenen Jahr getragen und ermutigt haben.